激活学习型组织

THE SPIRAL OF LEARNING

Praxis of Organizational Learning, Innovation & Knowledge Management

邱昭良 / 著

机械工业出版社
CHINA MACHINE PRESS

当今时代，激活你所在组织的学习能力、成为学习型组织变得越发重要而紧迫。但是，建设学习型组织是一项复杂的系统工程，涉及多个方面的要素，彼此之间也存在着大量微妙而复杂的相互联系，可谓"牵一发而动全身"。本书基于系统思考和生态演进的思维，提出了激活学习型组织的"四阶八步螺旋"整体行动框架，并解构了组织系统变革的构成要素及关键要点，阐述了实践中的挑战、对策以及常用的方法与工具，为企业家、各级管理者提供了建设学习型组织的操作指南。

图书在版编目（CIP）数据

激活学习型组织 / 邱昭良著 . —北京：机械工业出版社，2023.6
ISBN 978-7-111-73163-4

I. ①激… Ⅱ. ①邱… Ⅲ. ①企业管理－组织管理学 Ⅳ. ① F272.9

中国国家版本馆 CIP 数据核字（2023）第 083407 号

机械工业出版社（北京市百万庄大街22号　邮政编码100037）
策划编辑：秦　诗　　　　　　责任编辑：秦　诗　岳晓月
责任校对：贾海霞　卢志坚　　责任印制：李　昂
河北宝昌佳彩印刷有限公司印刷
2023 年 7 月第 1 版第 1 次印刷
147mm×210mm · 11 印张 · 4 插页 · 254 千字
标准书号：ISBN 978-7-111-73163-4
定价：79.00 元

电话服务　　　　　　　　　　网络服务
客服电话：010-88361066　　机　工　官　网：www.cmpbook.com
　　　　　010-88379833　　机　工　官　博：weibo.com/cmp1952
　　　　　010-68326294　　金　书　网：www.golden-book.com
封底无防伪标均为盗版　　机工教育服务网：www.cmpedu.com

FOREWORD ｜ 推荐语

新的时代要求中国企业家和管理者展现出新的气质、新的才华、新的行动，持续提升学习力，激活学习型组织。昭良博士打造了学习型组织理论与实践的"旋转门"，他的这本新著提供了激活学习型组织的系统方法和实践工具。

——白长虹

南开大学商学院院长、教授、博士生导师

学习型组织不只是一套理论，更是一种实践。邱昭良博士是国内最早一批研究、推广、实践学习型组织的优秀专家之一，我们从神交到深交即源于对学习型组织的共同关注。他对学习型组织的深厚研究、深刻洞见以及深度耕耘，奠定了其在这个领域的威望和地位。这本新作基于系统思考和生态演进的思维,对学习型组织进行了全面的梳理,并提供了一套创新性的"四阶八步螺旋"方法论和实践指南,极具启发性和指导性。书名中所包含的不易被察觉的寓意——一切组织都能够成为学习型组织,我们需要做的就是去"激活"它,这不仅是作者美好的祝愿,也体现了一位严谨学人心怀知识的向善理念。

——常亚红

《培训》杂志联合创始人、培伴 App 主理人

打造高质量的学习型组织依然是各类组织生存与发展的关键。这本书从四个维度、八个方面提出了激活、发展卓越学习型组织的有效策略,很有价值!

——陈劲

清华大学经济管理学院教授、《清华管理评论》执行主编、
中国管理科学学会副会长

自创办正中集团初期,我就希望把正中办成一个学习型组织,因为我相信,只有这样才能适应快速变化的市场环境,持续创新;与此同时,各级管理者和员工都应该成为学习型个人,因为只有这样才能不断提高能力与绩效。为此,多年来,在邱昭良博士的支持和陪伴下,我们一直在努力实践学习型组织建设。很高兴邱博士的最新力作《激活学习型组织》出版,这本书是他 20 余年在学习型组织领域研究与实践的智

慧结晶，给出了把企业激活、成为一个学习型组织的整体框架——"四阶八步螺旋"，以及大量实用的方法、工具和操作指南，不仅实战性强，而且对我们持续推进学习型组织建设具有直接的指导意义。我郑重推荐本书，希望每一位对学习型组织感兴趣的企业家都认真阅读本书。

——邓学勤

正中集团董事长、总裁

在当今高度动态变化的全球环境中，我国企业面向全球最佳实践，开放学习，历经各种挑战，展现出强大的韧性和可持续发展的能力。随着近年来数字化转型和创新发展，企业的学习能力变得更加重要，邱昭良博士的《激活学习型组织》一书，系统全面、实战性强、通俗易懂、具有可操作性。我与邱博士相识多年，这些年来，他一直深耕组织学习、复盘、知识管理、系统思考等领域，出版了许多书籍，他还理论联系实践，深入企业辅导，积累了大量实战经验，本书也特别值得推荐。

——董小英

北京大学光华管理学院荣休教授

老龄化社会、国际格局变迁、经济发展模式切换以及人工智能等，都在推动人类社会发生一系列深刻变革。在这样的时代背景下，《激活学习型组织》一书为读者提供了一个系统性框架，帮助组织在个人、团队、组织等各个层面上向学习型组织迈进。该书作者邱博士集多年研究与实践经验之大成，从原则到模式、方法、最佳实践，为我们提供了一本行动宝典，帮助我们提升学习速度，以效果为导向，通过双环到多环的学习方式，穿越周期，笃行致远。

——李东朔

UMU创始人、董事长兼CEO

随着中国经济进入高质量发展阶段，企业家面临新的挑战，他们必须提升系统思考能力，持续推动组织学习与企业创新。但基于我们多年的企业调研和观察，建设学习型组织开始容易，深入和坚持难。邱昭良博士的新书《激活学习型组织》为企业持续实践学习型组织提供了行动指引，有助于企业提升组织学习和创新能力，引领企业迈向高质量发展的新征程。

——李兰

国务院发展研究中心公共管理与人力资源研究所所长、研究员

战略是企业实现长期可持续发展的核心问题。尽管战略的制定与实施主要是管理者的职责，但是在组织内部创造出浓烈的学习氛围，形成鼓励学习和创新思考的机制，打造出具有包容性、有活力、善于吸收和进化的团队，是制定并有效实施战略必备的土壤，也是企业突破条条框框、实现创新与变革的源泉。在当前世界处于百年未有之大变局的形势下，

企业原来成长、发展的边界条件和内在逻辑都已经发生了很大的变化，这就需要企业不断适应变化、反复研究、加强学习，以主动变革的心态制定下一阶段的战略目标和路径。为此，激活学习型组织所起的作用日益凸显。

昭良博士的这本书不仅帮助我们厘清了关于学习型组织的一些基本概念和理论框架，更为我们系统地梳理和分析了企业如何能有效地建立学习型组织这一重要课题，提醒我们建立学习型组织不仅需要管理者的热情和重视，更需要形成一套可执行和可衡量的机制，本书读后令人受益匪浅。

——李蓬

联想控股股份有限公司首席执行官

一家公司能否穿越周期取决于公司的战略和组织能力，而其背后的基础则是组织学习力。水滴公司在跌宕起伏的大环境中，不论是制定出合适的发展战略，还是持续地实现组织能力提升，都离不开组织的学习能力。对于我来说，激活水滴全员的学习能力、让水滴成为一个学习型组织是最为关键的任务之一。邱昭良博士的这本书是非常好的建设学习型组织的操作指南，本人受益匪浅。

——沈鹏

水滴公司创始人兼 CEO

没有人生来就会所有的东西，实际上，每个人生下来的时候什么都不懂，虽然天性中我们与生俱来带着所有的潜力和可能，但是若无后天的学习，这些潜力和潜能就不可能被激发。知道学习、愿意学习、会学习的人是最强大的人，他们每时每刻都在汲取身边的营养，滋补着自己，学习型组织也同样如此。

学习是有方法的，掌握了方法事半功倍，不掌握方法便无从下手。邱昭良博士的这本书不但提出了理念，还给出了方法，相信大家一定会开卷有益，我极力推荐本书。

——孙陶然

全国工商联常委、北京市工商联副主席，拉卡拉集团、蓝色光标集团、昆仑学堂体系型创业课创始人，《创业36条军规》《有效管理的5大兵法》《精进有道》作者

学习型组织并非新概念，但在应用层面很多企业仍然面临不全面、不深入、不持久等多重挑战。今天，当各种外部环境的突变真实发生在你我身边时，我们应该认识到：激活并成为学习型组织，让企业进化超越环境变化，是在激烈竞争中生存并胜出的不二法门。该书核心框架"四阶八步螺旋"，是邱博士基于深耕多年的系统思考和生态演进思维以及大量企业实践所提出的解决方案，对于激活组织学习力，不仅能够启迪新知，还可以为行动赋能。

——熊俊彬

CSTD中国人才发展平台创始人

多年企业经营的实践让我深刻地认识到,把企业建设成为一个学习型组织,是一个复杂的系统工程,也是一个漫长的生态过程。为此,我诚挚地向各位企业家推荐邱昭良博士的新书《激活学习型组织》,该书基于系统观念和生态思维,为激活、建设学习型组织提供了总体行动框架和具体操作指南。书中有很多邱博士近年来的原创知识产权成果,我们在金地华东区域的经营与管理中有幸部分引入,成效斐然。期待更多企业家能从中受益,提升组织及其成员的能力与绩效,共同活出生命的意义。

——阳侃

金地(集团)股份有限公司副总裁,

兼任华东区域地产公司董事长、总经理

21世纪人类已进入知识经济时代,知识的创新成了经济发展的主要引擎。随着新知识、新技术的快速、爆发式增长,社会需求也出现新的变化:所有的组织都应当成为学习型组织,为其成员提供终身学习的平台。

邱昭良博士从学习型组织新理论刚面世时,就孜孜以求、锲而不舍地学习、研究它,经过20多年不懈地努力,他把自己造就成了国内知名的学习型组织专家。邱博士的新著《激活学习型组织》是他20多年学习和研究的成果,具有理论联系实际的特点。该书不仅有理论指导意义,更有丰富的实践参考价值。我衷心地祝愿所有读者能深受其益。

——叶延红

中国著名人力资源专家、学习型组织专家，

中国人民大学客座教授

今天很多企业在打造"学习型组织"上进行了诸多尝试，虽然花费了大量物力、财力，却成效甚微。邱昭良博士的这本书找到了问题所在：企业真正应该做却常常忽略的，是用建设"学习型组织"这个挑战去激活团队的能量，重新定义团队的沟通方式和合作模式。只有这样，企业的学习才能跟上变化的速度，才能将学习成果转化为企业的直接绩效。相信读完这本书，你和你的组织既可以看清道路，也能够找到方法。

——俞敏洪

新东方教育科技集团创始人

邱昭良博士不仅有深厚的理论功底和学术造诣，也有丰富的企业实战经验，20余年专注于推动学习型组织在中国的研究与实践，为包括中国建材在内的数百家企业提供过相关咨询与培训服务，而且成效显著。该书是他长期深入研究与大量实践后的原创性成果，也是操作性很强的系统性解决方案。相信该书能够对广大企业建设学习型组织的实践产生积极的推动作用。

——张金栋

中国建材股份有限公司副总裁

邱昭良博士一直是我十分敬重的、非常谦逊的优秀学者。他是我国较早研究推进学习型组织管理的学者之一，是我研究工作中接触到的我国翻译、发表学习型组织管理著作最多的学者，也是助力推进学习型社会建设与学习型组织管理的著名学者。

在这本新作中，邱博士紧紧抓住了当今飞速发展的时代特征，基于系统思考和生态演进的思维，精确解构了组织系统变革的构成要素及关键要点，为帮助企业管理者有效推进学习型组织建设、应对企业面临的挑战，提供了多种不同的思路、方法与工具。这些都是邱博士的原创，也是本书的亮点所在。邱博士的这部新著，集聚了他近年来多项原创研究成果和实践经验，也是集国内外创建学习型组织的理论与实务、经验与教训之大成。

党的二十大报告明确提出："推进教育数字化，建设全民终身学习的学习型社会、学习型大国。"我们相信邱昭良博士的这本新书《激活学习型组织》，能为新时代的新发展做出新贡献。

——张声雄
上海明德学习型组织研究所所长，
亚洲学习型组织联盟创始人、总干事

目录 | CONTENTS

推荐语

第1章 学习型组织：樱桃好吃树难栽 /1

VUCA：商业环境的新常态 /1
L ≥ C：学习敏捷度是制胜的不二法门 /3
学习型组织的四重功效 /4
学习型组织实践的四重挑战 /8
激活学习型组织的"四阶八步螺旋" /11

第2章 澄清认识，激发动力 /21

学习型组织：名称之惑 /21
九种常见的认识误区 /25

什么是学习型组织 / 29
正本清源：学习型组织的"波粒二象性" / 30
组织学习的三个视角 / 33
学习型组织的三个层次 / 40
澄清认识、激发动力的六种方法 / 45

第3章　建立组织学习促进与保障机制 / 65

群体学习的三个必要条件 / 65
培育沃土，创新之花自会绽放 / 67
"社会场"：组织学习与变革的基础 / 74
组织学习促进与保障机制的五项构成要素 / 76

第4章　系统规划 / 83

五项修炼：建设学习型组织的核心技术 / 84
组织学习系统：学习型组织建设的五要素 / 96
组织学习鱼：建设学习型组织的系统生态方法 / 103
组织学习九宫格：解密学习型组织的构成要素 / 109
学习型组织系统规划的四项内容 / 113
学习型组织系统规划的五项关键成功要素 / 132

第5章　找准切入点，进行试点 / 137

建设学习型组织的 9 个起跑点 / 138
激活学习型组织的 18 个切入点 / 140
如何选择激活学习型组织的切入点 / 165
如何确定试点单位 / 170

　　　　试点单位的八种实践策略　/ 173

　　　　对试点的管理　/ 177

第 6 章　善用方法与工具　/ 181

　　　　防止学习型组织"泛虚"的四个要点　/ 183

　　　　方法与工具：从理念到行动的抓手　/ 187

　　　　组织学习方法树 2.0　/ 189

　　　　定制适合你的"学习型组织工具箱"　/ 202

　　　　如何应用方法与工具　/ 205

第 7 章　整合应用，建立组织学习机制　/ 221

　　　　破解工学矛盾　/ 222

　　　　启动学习支持业务的"成长引擎"　/ 231

　　　　整合应用：深化学习型组织建设的必由之路　/ 233

　　　　闭环组织学习体系必备的四类机制　/ 238

第 8 章　建立并持续壮大联盟　/ 251

　　　　试点团队的挑战与对策　/ 253

　　　　建立信任，开启团队成长的引擎　/ 257

　　　　卷入更多资源，发展壮大联盟　/ 261

　　　　促成态度转变　/ 270

　　　　领导者的变革　/ 276

第 9 章　定期评估与复盘，实现持续改善　/ 281

　　　　端正评估的目的　/ 282

　　　　构建立体评估体系　/ 284
　　　　有效评估的"三阶九步法"　/ 300
　　　　学习型组织建设评估的关键成功要素　/ 308
　　　　通过评估与复盘，实现八项改进　/ 312
　　　　学习型组织建设：始终在路上　/ 315

附录 A　学习型组织学习资源　/ 319

附录 B　学习型组织建设系列咨询与培训服务　/ 321

参考文献　/ 331

后记　/ 333

CHAPTER 1

第 1 章

学习型组织
樱桃好吃树难栽

VUCA：商业环境的新常态

近年来，人们常用"易变"（volatile）、"不确定"（uncertain）、"复杂"（complex）和"模糊"（ambiguous）四个英文单词首字母的缩写"VUCA"[一]，来形容当今商业环境所具有的特性。

虽然很多人对"VUCA"这个词并不陌生，但 2020 年，一场突如其来、横扫全球的新冠疫情，除了让几乎每个人、每个家庭和每个企业都受到了巨大的冲击和影响之外，也让人们真切地体会到了"VUCA"其实早就存在于我们每个人的身边。

[一] 中文发音为"乌卡"。该说法原是美国军方对"冷战"之后国际局势特征的描述，后来被广泛应用于商业领域。

第一,"易变":病毒传播与变异速度很快,超出了许多人的想象,"德尔塔""奥密克戎"……一代代病毒变种,让人应接不暇,而疫情形势也反反复复、变化无常,让我们整个人类都疲于应付。

第二,"不确定":对于新冠病毒,每个人都深切地感受到了空前的"不确定性",我们不知道病毒从哪里来、会发展成什么样,不知道何时、如何终结病毒的影响。

第三,"复杂":各国、各地区由于政治、经济、民生等诸多因素的差异,对疫情防控采取了不同的政策或措施,所以各行业受到的影响差异很大,旅游、餐饮、会展、服务业等遭受重创,而在线会议、核酸检测、疫苗等行业则异军突起。

第四,"模糊":很多人把新冠疫情称为"黑天鹅",不仅影响因素众多、波及范围广泛,而且这些影响因素到底是什么、相互之间的关系如何,也非常模糊,没人说得清楚。各种防疫措施到底在多大程度上有效、对各方面的利弊得失如何,更是众说纷纭。

因此,正如古语所讲:一叶知秋。从疫情这件事上,我们真切地感受到:当今时代,"VUCA"已经成为商业环境的"新常态"。

尽管就像老子在《道德经》中所讲,"飘风不终朝,骤雨不终日",新冠疫情终将过去,但谁也不知道下一只"黑天鹅"会在何时、何地、以何种形式出现。

同时,除了这些难以预测的"黑天鹅",还有大量的"灰犀牛"也许正在向我们奔来。⊖比如,数字化、人工智能、机器人、

⊖ 一般来讲,"黑天鹅"指的是意料之外、难以预测、一旦发生却可能产生颠覆性影响的小概率事件。因为过去人们一直认为天鹅都是白色的,直到后来才发现还有黑色的天鹅。"灰犀牛"则指那些大概率会发生、影响巨大、但当前因不起眼而未引起足够重视的危机。就像一只很常见的灰犀牛从远处向你走来,因为距离远,你很可能没当回事,当你察觉到危险、想要跑开的时候,却为时已晚。

物联网、新能源、基因编辑……尽管这些技术现在也许看起来离你和你的企业还很远，但说不定哪一天，它们就会"突然"变成庞然大物，让你或你的企业陷入危机之中。

在这种情况下，每个人都不得不思考一个问题：面对这样的挑战，我应该如何应对？

这个问题的答案关乎每个人的生活与发展。

每一位企业家或管理者也必须思考并回答这样的问题：我们的企业应该如何应对这样的挑战？

这个问题的答案与每一家企业的生死存亡息息相关。

$L \geq C$：学习敏捷度是制胜的不二法门

对于上述问题，一些先贤智者早就给出了他们的答案。

例如，哈雷戴维森公司（Harley-Davidson）前 CEO 理查德·蒂林克（Richard Teerlink）说："我所知道的成功适应变化的唯一途径，就是学习。"

类似地，美国学者利昂·麦金森（Leon Megginson）也指出："根据达尔文的进化论，在剧烈变化的环境中，能够生存下来的，不是那些最强壮的，也不是那些最聪明的，而是那些最灵活的。"

在我看来，"灵活 = 聪明 + 强壮"。无论企业还是个人，面对复杂、多变、不确定、模糊的商业环境，不仅要有聪明的头脑、敏锐的洞察力，能够从大量噪声干扰中觉察到缓慢发生的、微小但根本性的变化趋势，而且要有灵活、敏捷的行动能力，可以快速调整。只有这样，才能顺应变化，获得生存和发展。

因此，个人和企业应对变化的基本（甚至可以说是唯一）途径就是"学习"。这可能就是我们中国古人所说的"以不变应万变"

的智慧。"学会如何学习",不断提升自己的学习力,就是应对各种各样变化的"不变"的根基。

事实上,在当今世界,对于企业和我们每个人来说,"要不要学习"根本就不再是一个问题。如果不学习,个人和企业必然会落伍,甚至被淘汰。问题的关键在于学习的速度与效果,也就是学习敏捷度(learning agility)!

就像壳牌石油公司前企划部主任阿里·德赫斯(Arie de Geus)所说:"未来唯一持久的竞争优势,就是有能力比你的竞争对手学得更快。"借用生态学的一个公式"L ≥ C",英国管理学家雷吉·瑞文斯(Reg Revans)也指出,一个有机体要想生存下来,其学习的速度(L)必须等于或大于环境变化的速度(C)。

归根结底,企业和个人在这个时代所面临的竞争,比拼的就是谁学得更快、谁学得更好!

当今时代,环境的变化速度空前,对个人和组织的学习力提出了更高的要求。因此,我们可以毫不夸张地讲,提高学习敏捷度将是个人和组织在 21 世纪制胜的不二法门。就像管理学家彼得·圣吉(Peter Senge)所指出的那样:真正能在未来获得成功的组织,将是那些发现有效途径去激励人们真心投入,并开发各级人员的学习能力的组织——这样的组织,被称为"学习型组织"。

学习型组织的四重功效

学习型组织,如果拿人来打比方,她并不是现在才横空出世的少年。

事实上,她如今已近花甲之年。

"学习型组织"孕育于 1963 年,西尔特和马奇(Cyert &

March）在《公司行为理论》一书中明确提出了"组织可以不依赖于其成员个体而进行学习"的观点,因而被学术界视为组织学习领域的奠基之作。

但是,她真正出生是在1978年。那一年,哈佛大学的阿吉里斯和舍恩（Argyris & Schon）出版了专著《组织学习:行动视角的理论》,明确提出了"组织学习"这一术语,并阐明了组织学习的框架及机理,提出了单环学习和双环学习的模型。因此,他们两人也被称为"组织学习之父"。

她快速成长和"华丽变身"是从1990年开始的。那一年,彼得·圣吉出版了畅销书《第五项修炼:学习型组织的艺术与实务》,引发了大量企业对"学习型组织"这一理念的兴趣与实践热潮。如果说"组织学习"是严谨的、学术导向的科学,那么"学习型组织"则是务实的、实践导向的艺术。

自20世纪90年代以来,对组织学习的研究以及学习型组织的实践都取得了长足的进展,逐渐枝繁叶茂,走向成熟。

就像孔圣人所说,60岁是"耳顺"之年,也就是说,心态平和、不故步自封,能够听得进各种声音,从善如流。对于已60岁的学习型组织她老人家来说,相信也应如此。

的确,在过去60年里,学习型组织经历过风光无限的青春时光,曾经是炙手可热的"显学":据说,当时商学院里的教授如果不提学习型组织,就显得落伍了;企业家如果不提学习型组织,就显得没有眼光。当然,她也曾经历漫漫长夜,似乎被人遗忘了,门可罗雀。

但是,今天,创建学习型组织这一任务从未如此重要而紧迫。

也许有人会说,现在,学习型组织是"英雄归来",但我不这么认为。

在我看来，学习型组织从未离去！尽管她的形态或存在方式千变万化，但激发组织学习力、提高运作效率、推动创新与变革，一直是各类组织和领导者追求的目标。

也许有人会说：学习型组织似乎是一些跨国公司或大企业的"专利"，但我认为这其实是严重的误解或误导。

虽然人们经常传颂的学习型组织案例多以一些大企业、明星企业为主，但事实上，更大量的是普通企业在践行学习型组织，只是它们不为人知晓而已。

在我看来，学习型组织绝非大企业的专利，也不是"锦上添花"之举，而是每一个组织都应该而且可以采纳的管理举措。

综合我的观察与实践，我认为，学习型组织对于企业的价值包括如下四个方面，分别对应着"活着"的四个境界。

第一，适应环境变化，让企业"活下来"。

如上所述，面临内外环境的各种变化，一个企业要想能够适应环境变化、活下来，必须有敏锐的洞察力，并快速激发创新，推动组织变革。这是学习型组织的首要价值。

就像彼得·圣吉在《第五项修炼：学习型组织的艺术与实务》一书中所说，1970年《财富》世界500强排行榜上的企业，到1983年已经有1/3销声匿迹。事实上，从长期来看，企业平均寿命一直在缩短，这是一个非常明显的趋势。例如，有研究指出，2020年，入选标准普尔500指数的公司平均寿命仅为21年，而1965年这一数字为32年。据推算，大多数企业的寿命甚至不到人类平均寿命的一半。

当今时代，受到错综复杂、扑朔迷离的环境的影响，不仅很多中小企业能否"活下来"成了近在眼前的现实挑战，就连一些知名的企业（如华为）也提出了"把活下来作为最主要纲领"的口号。

面对企业"短寿"的窘境,破解之策就是让企业成为学习型组织,激发组织活力,让企业化险为夷或起死回生。在这方面有许多案例,如《走出沙漠》一书中所记载的联合利华荷兰公司的案例,以及我在《学习型组织新实践:持续创新的策略与方法》中记载的鲁南水泥、江淮汽车的案例。

第二,强化核心能力,让企业活得更强壮。

组织作为一个系统,通过激活学习型组织,可以全方位地提升组织能力,让企业活得更强壮,在竞争中脱颖而出。这样的例子数不胜数,美军、通用电气、华为,都是通过系统化的组织学习,打造核心竞争力,获得并保持竞争优势。

第三,有效管理知识,让企业活得更灵活。

组织学习与知识管理是一个硬币的两面。激活组织学习,就是有效地管理知识。这样可以让企业活得更灵活——不仅更加强壮,而且更加聪明。

英国石油公司将知识管理融入项目运作流程之中,实现了涵盖"做前学""做中学"和"做后学"的闭环组织学习体系;[1]美军也搭建了完整的知识萃取和运营的体系。[2]

第四,共同创造未来,让企业全体成员活出生命的意义。

从本质上看,学习型组织建设就是一个组织变革的过程,是组织如何更快、更好地改变现状、实现共同愿景的过程。在这个过程中,企业全体成员能够实现自我超越,不断提高自己的目标、提升能力,创造出超越个体才华组合的卓越成就,活出生命的意义。

---

[1] 参见:科里逊,帕塞尔.英国石油公司组织学习最佳实践[M].李准,译.北京:机械工业出版社,2003。

[2] 参见:加尔文.学习型组织行动纲领[M].邱昭良,译.北京:机械工业出版社,2004。

这四重功效对应于"活着"的四重境界，无论是初创企业，还是大型跨国公司，都应该成为学习型组织。

学习型组织实践的四重挑战

正因为学习型组织有很多功效，所以引得无数企业家为之折腰，前赴后继地推动学习型组织实践。

但是，就像俗话所说，"一分耕耘，一分收获"，要想获得上文提到的好处，必然要付出代价。而且，按照一般规律，收益越大，所需付出的代价也就越大。学习型组织建设也是如此。

基于我本人20余年研究与实践学习型组织的经验，我认为，建设学习型组织非常困难。就像跨栏跑一样，学习型组织建设要面临一个又一个的挑战或障碍，而且这些障碍并不是静止的或一次性的，而是层层叠叠、相互交错，且处于不断变动之中（见图1-1）。为此，激活学习型组织需要企业家与各级领导有足够的智慧，持续地付出心力，并且要有足够的耐心与毅力。

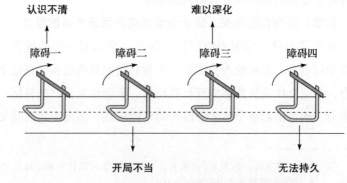

图1-1　建设学习型组织的四重挑战

按照我在《学习型组织新实践：持续创新的策略与方法》中的总结，概括而言，这些挑战或障碍包括四大类。

1. 认识不清

学习型组织的理念传播以及企业实践已有多年，但因其是一个复杂的系统工程，所以内涵与范围众说纷纭，甚至学习型组织研究者之间都没有达成共识。就像我在多家企业调研时发现的那样，如果你让同一家企业的高管说说他们对学习型组织的理解，每个人都有自己的见解和看法，虽然不能说他们的理解是错误的，但大多含糊不清，或者只是关注了一个整体中的某一个或少数几个侧面。

在我看来，如果一个团队就学习型组织的精髓认识不清，缺乏"共同认可的定义"，每个人都依照自己的"偏见"来解释学习型组织的含义，按照自己的理解和价值判断去行动，就难以达成共识、形成合力，将造成学习型组织建设出现"泛虚"等问题和多重挑战（邱昭良，2004），要么浮于表面，要么流于形式，要么在开始取得了一定成效之后便停滞不前。

事实上，认识上的误区是学习型组织实践过程中需要克服的首要挑战。

2. 开局不当

在澄清认识、达成共识之后，面对企业这样一个复杂的系统，牵一发而动全身，那么，激活学习型组织到底从哪里入手？应该如何起步？对此，很多企业不仅没有思路，而且容易陷入"摘低处的果实"的误区，也就是说，只做一些简单的、表面的工作，比如组织培训、让员工读读书或搞几次分享活动等。虽然这样很容易实施,也有一定作用,但是并没有真正发挥学习型组织的作用,甚至在我看来这些表面工作是一个陷阱。原因包括如下几个方面:第一,简单的、形式化的工作往往不是企业经营与管理的重点,因而无法受到各级领导者和员工的重视,也无法发挥学习型组织的真正价值;第二,容易让建设学习型组织的努力流于形式或者沦为"走过场""搞运动",变成"一阵风",来得快,走得也快;第三,由于缺乏各级领导者和员工的支持,在后续深入推进的过程中,困难重重。

3. 难以深化

从本质上看,学习型组织的精髓在于转变组织成员的思维模式和工作能力,提高团队协作效果,系统地提升组织能力,推动整个组织的变革。但是,这真的不简单,也不容易。就像很多企业的实践所显示的那样,采取一些措施、见到一定效果并不困难,真正困难的是如何推动深层次的系统性变革。如果不能进行深层次的组织学习与变革,只是停留在表面,走走过场、搞搞运动,这样即便看起来轰轰烈烈,但是没有办法持久。所以,很多企业建设学习型组织的努力,往往在两三年之后就不了了之了。因为一旦进入"深水区",企业建设学习型组织的挑战就越大,进展就越慢,这往往会动摇一些人的信心,影响组织成员对于学习型组织建设的投入度,从而让学习型组织建设的努力受阻,举步维艰。

4. 无法持久

就像海尔集团前董事局主席张瑞敏所讲的,"没有成功的企业,只有时代的企业"。的确,企业自身与顾客、竞争对手、商业环境一直在变化,颠覆性变革也许在明天就会发生。即便是当前成功的企业,也很容易陷入"成功者的诅咒"之中,因为就像很多案例显示的那样,成功容易让组织成员滋生骄傲自满的情绪,甚至导致僵化的心智模式。因此,虽然人们经常说"失败乃成功之母",但有时候"成功也有可能成为失败他爹"。所以,在建设学习型组织方面,令人颇为尴尬的一个窘境是:虽然学习型组织致力于让企业成为"长寿公司",但是说实话,这几乎是一个不可能完成的使命。真正能够超过百年而且一直长盛不衰的企业,凤毛麟角。即便是一些兴盛一时的优秀企业,也会在"各领风骚三五年"之后黯然失色。相应地,从全球范围来看,想找到持续成功的学习型组织的案例也很困难。不少曾经被作为典范的成功案例,一段时间之后也遭受到了挫折,甚至陷入失败或困境。

因此,学习型组织建设绝非轻而易举,也不可能一蹴而就。企业家和各级管理者所面临的艰巨挑战是:如何建立一种机制或系统,让学习型组织建设可以持续下去,使企业能够一直有效应对未知的各种挑战。

相对于前三项挑战,第四项挑战更为艰难。

激活学习型组织的"四阶八步螺旋"

按照我的经验,为了应对上述挑战,要激活学习型组织,需要协调各方面的要素,多管齐下,并动态调整。就像种庄稼一样,要想硕果累累,既离不开肥沃的土壤,又需要精心地松土、播种、浇水、施肥、除草……经过一段时间,作物得以生根发芽、茁壮成长、结出硕果,而收获又能让人们进一步改进土壤,培育更多作物。这是一个持续不断的过程。

基于我的研究与实践,我认为,要持续地推动学习型组织建设,大致要经历以下四个阶段,包括八项核心工作。

阶段 1:松土

要想庄稼长得好,土壤必须得肥沃。因此,在我看来,在一个组织决定踏上建设学习型组织之路的起步阶段,睿智的企业家或管理者要像农夫那样进行"松土",创造适宜学习、创新与变革的环境。

本阶段主要工作包括但不局限于如下两项。

(1)澄清认识,激发动力

要克服建设学习型组织的第一重挑战,需要组织成员从认知上把握学习型组织的精髓与内涵,并明确它对于个人、团队和组织的意义与价值,激发动力,并达成共识。

为此,需要追根溯源,从源头及其发展脉络上来理解学习型组织的本源,采用一种更为全面的观点,综合不同学者从不同视角得出的见解,形成一个兼容的、系统化的框架。在实践中,要在组织或团队内部建立共同认可的定义,经由集体对话,增进相互了解,并将每个人的"偏见"作为塑造整体的一个个"碎片",避免因认识误区而对策略共识及行动产生不利影响。

毫无疑问,建设学习型组织不是某个人、某个部门或少数人的事,而是需要整个组织的参与,和每个人都息息相关。事实上,如果某些人对学习型组织建设不认可或不参与甚至抵触、反感的话,肯定会影响学习型组织建设的效果。因此,要让每个人都发自内心地认识到建设学习型组织对自己、自己所在的团队以及整个组织的意义和价值,激活每个人的参与热情,凝聚众力,这样才能顺利起步(参见第 2 章)。

（2）建立组织学习促进与保障机制

人的行为会受到所处系统的结构以及环境的影响，而人类社会系统与环境也是由人的行为塑造的。因此，按照我提出的"组织学习鱼——建设学习型组织的系统生态方法"，要建设学习型组织，需要塑造适宜学习、创新、分享的文化氛围，建立相应的系统结构，包括领导行为、团队规则、考核与奖惩机制、时间、空间以及基础设施等"组织学习促进与保障机制"（参见第3章）。

阶段2：播种

"松土"之后，要播下种子，并精心呵护，使其生根发芽。类似地，激活学习型组织要精心选择切入点，从局部或个体开始，进行试点，激发个体或局部的学习与创新，提高工作效能。同时，要及时进行复盘，以培养建设学习型组织的能力。

在这一阶段，主要工作包括但不限于如下两项。

（1）系统规划

组织作为一个系统，建设学习型组织是一个系统工程，存在多个方面要考虑的因素，而且彼此之间存在着微妙而复杂的相互影响。为此，需要参考经典的系统化的学习型组织模型，进行系统的思考与规划，以纵观全局，并把握要点，制定出适合你所在组织的学习型组织建设整体规划（参见第4章）。

如果不做系统规划，学习型组织建设很可能只是一堆杂乱无章的点状行动，就像雨点儿打在沙滩上一样，没有章法甚至相互掣肘，根本没有什么效果。同时，没有系统规划，也难以平衡或协调当前与长远、局部与整体，无法形成合力，无法确保学习型组织建设的顺利推进。

（2）找准切入点，进行试点

就像罗马不是一天建成的那样，在进行系统规划时，也要分清轻重缓急，找准切入点，选择试点，把握推进的节奏（参见第5章）。

在这里，需要把握好系统规划与有效行动之间的辩证关系。虽然我倡导要进行学习型组织建设的系统规划，但是这并不意味着你一定要在有了规划之后才开始行动。如果有了系统规划，而且规划的质量很高，肯定会对行动有很好的指导、协调作用，有助于保证学习型组织建设的效果。但是，即便你有了很棒的规划，如果没有行动，任何规划都是一堆废纸。何况，对于学习型组织建设这样复杂而动态变化的系统工程而言，不可能提前做出一个完美的规划。因此，与其等待做出一个好的规划之后再行动，不如在初步权衡各方面因素之后，就快速采取有限度的行动（通常是"试点"），然后进行复盘、改进更为有效。

建设学习型组织是一个循序渐进的过程，不可能一蹴而就。所以，通常要把总体规划分为若干阶段，并在初期选择合适的试点，就像在肥沃的土壤里"播下种子"，让它得以生根发芽、茁壮成长，并结出硕果。按照我的经验，如果初期的试点选择得当、效果显著，就会启动一个"成长引擎"，让学习型组织建设进入一个良性循环（见图1-2）：试点效果显著，人们就会增强信心与积极性，从而更容易带来后续努力的回报。相反，如果初期试点效果不理想，很可能陷入恶性循环。因此，一定要精心选择、认真筹划、集中精力，争取"一鼓作气"，取得"开门红"。之后，要及时进行学习型组织建设的复盘，进行改进。

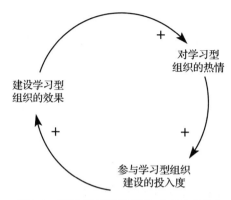

图 1-2　建设学习型组织的"成长引擎"

阶段 3：扎根

要想硕果累累，就需要根深叶茂。为此，要精心培育，使作物茁壮成长。引申到建设学习型组织上，就是要在进一步深化试点，让播下的"种子"能够持续成长之外，还要及时总结经验教训，拓展应用的深度，建立组织学习机制，让学习型组织建设与组织的经营、管理与运作紧密结合起来。此外，在各个单位之间，要通过建立制度化的传播与交流机制，形成学习型组织建设联盟以及团队学习网络与社区。

根据我的经验，要想让学习型组织建设深入"扎根"，有如下两种基本策略，就像人要两条腿走路一样，这也是本阶段的两项基本任务。

（1）善用方法与工具

正如孔子在《论语》中所说："工欲善其事，必先利其器。"掌握实用的方法和工具，不仅可以在理论与实践之间搭起桥梁，而且可以极大地提高行动的效力。自 2003 年开始，笔者基于大量企业的实践经验，陆续开发出了以"五项修炼"和"组织学习"为核心的一系列实用的工具与方法，如复盘、系统思考、团队学习引导、改善心智模式与创新、知识炼金术、组织学习方法树（邱昭良，2004）等。多家企业的应用经验表明，上述工具与方法对于学习型组织创建工作的"落地"与深化具有重要的作用。因此，无论是试点单位，还是组织整体，都需要找到适合自己的方法与工具（参见第6章），这样才能做到"事半功倍"。

（2）整合应用，建立组织学习机制

传统上，人们在创建学习型组织的过程中，首先采取的措施就是进行理念宣导，大量进行学习型组织或"第五项修炼"等理念的培训。不可否认，很多企业或个人仅仅因为接受了学习型组织相关的理念，就发生了显著变化。然而，在我看来，这远未发挥学习型组织的魅力。事实上，很多企业在进行了广泛的理念培训之后，仍然不知道如何在实际工作中应用学习型组织的理念，因而深层次的组织学习与变革并未发生。

因此，要深化学习型组织的建设，就需要将学习型组织的理念、工具与方法应用于实践，与组织实际工作整合起来，搭建并强化组织学习机制。这就是我所倡导的推动深化学习型组织创建的"整合应用"模式（参见第7章）。

在我看来，"整合应用"将是超越理念宣导、工具与方法应用之后，深化学习型组织创建的第三步。只有走到这一步，学习型组织建设才能深入而持久，成效才能更大。无论是国际上的案例，还是中国一些优秀企业建设学习型组织的案例，都已经证明这一点。

阶段 4：成林

就像俗话所说：一花独放不是春，万紫千红春满园。要想生生不息，必须形成一个生态。类似地，要想持续地推动学习型组织建设，促动组织发展与持续创新，必须用系统和生态的思维模式，在深度、广度、持续性上不断拓展。除了扩大试点范围，建立更广泛的联盟之外，也要建立组织学习机制、形成体系，并持续优化组织学习促进与保障机制，形成文化与习惯。我将这一阶段称为"成林"。

这一阶段的工作包括但不限于以下两项。

（1）建立并持续壮大联盟

每个人都有其独特的心智模式，因而对于事物的认知和态度都是有差异的。对于学习型组织也是如此。有些人会积极参与，甚至主动引领，有些人看到有效果会积极跟进，更多的人会随大流，而有些人却顽固不化，甚至有极少数人会持否定、反对的态度。对此，要区别对待，采取合适的应对策略，争取更多的人支持并参与到学习型组织建设的过程中来，发展壮大联盟，避免"自嗨"或形成小团体（参见第 8 章）。

（2）定期评估与复盘，实现持续改善

我曾将学习型组织的评估称为"世界级难题"，因为每一个企业都是独一无二的，也是一个动态性复杂系统。事实上，包括彼得·圣吉、南希·狄克逊（Nancy Dixon）、大卫·加尔文（David Garvin）等在内的很多学者，都认为评估学习型组织几乎是不可能的。然而，从实践角度看，在创建学习型组织的过程中，评估不仅非常重要，也是必不可少的——就像我们需要定期体检一样，以便我们能够从过去经验中学习，更好地指导未来的发展（参见第9章）。

的确，基于评估，发现亮点与不足，并通过复盘总结经验教训，加深认知，激发和维持动力，同时摸索到行之有效的机制、方法，找到改进的方向，实现一个或多个持续改善、螺旋式上升的闭合循环（见图1-3）。正是这样一些闭环，推动着组织螺旋式上升，不断改进自身的学习以及创新和发展。

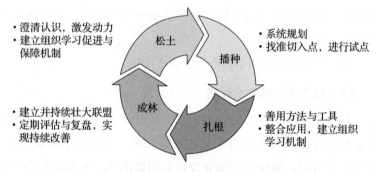

图1-3　激活并建设学习型组织的"四阶八步螺旋"

当然，以上四个阶段、八项举措（见表1-1）虽然有一定的内在逻辑顺序及关联，但是并不是线性的，而是一个持续不断的系统化生态过程。

表1-1　激活学习型组织的"四阶八步螺旋"

障碍/挑战	对策	行动举措
认识不清	松土	● 澄清认识，激发动力 ● 建立组织学习促进与保障机制
开局不当	播种	● 系统规划 ● 找准切入点，进行试点
难以深化	扎根	● 善用方法与工具 ● 整合应用，建立组织学习机制
无法持久	成林	● 建立并持续壮大联盟 ● 定期评估与复盘，实现持续改善

第 1 章 学习型组织：樱桃好吃树难栽

下面，我将分八章对这八项工作进行深入探讨，并介绍相关的一些方法、工具，以及实践挑战与策略要点。

思考与练习题

1. 对照 VUCA，想一想你所在组织所处的环境有哪些特征？它们对你的业务和管理有哪些影响？
2. 总体而言，你认为，相对于环境变化速度，你所在组织的学习速度如何？
3. 你如何理解本章所述的学习型组织的四重功效？对比上述四重功效，你认为，哪些功效对于你所在组织的当前意义更大？
4. 如果你们尝试过学习型组织建设，你认为主要有哪些挑战？如果你所在组织拟采取措施激活学习型组织，你认为可能会遇到哪些挑战？
5. 你如何理解激活学习型组织的"四阶八步螺旋"？如果你所在组织拟采取措施激活学习型组织，参考这一框架，你认为应该怎么做？

CHAPTER 2
第 2 章

澄清认识，激发动力

学习型组织：名称之惑

很多企业在推进学习型组织的实践时，都会遇到"到底用什么名称来称呼这一努力"的困惑。

一开始，很多人可能没有多想，就应用了"学习型组织"这个名词，比如很多领导会说，"我们要成为一个学习型组织"。虽然学习型组织是行业公认的术语，但是在你进行实践时，如果不假思索，也没有给出明确的定义或经过慎重的研讨，直接套用这一术语，可能并不是睿智的做法。因为尽管学习型组织的理念在中国传播已经有了近30年的历史，但很多机构和个人对学习型组织的认识仍然存在诸多误解，并由此导致行动上出现一些错误倾向。

举例来说，根据我对很多企业创建学习型组织实践的观察，我认为，很多人对学习型组织的内涵与外延认识不清，出现了"泛化"和"虚化"两种倾向。这对于学习型组织的健康发展非常不利。

首先说说"泛化"。虽然企业是一个系统，包罗万象，但是，要想有效推动学习型组织的实践，必须清晰、精准地界定它的内涵，这样才能梳理清楚它和其他要素之间的关系。不过，这并不容易。因此，在实践领域，很多人望文生义、挪用概念，将其范围不适当地延展，什么都被贴上"学习型组织"的标签，包括员工培训、企业文化建设、战略规划与业务流程优化、信息技术应用、"送温暖"活动、兴趣小组、读书会等。学习型组织建设固然是一个系统工程，但如果企业的每一项活动都被作为学习型组织建设的内容，学习型组织将变成一个无所不包的"大杂烩"。就像有实践者戏言道：学习型组织是个筐，什么都能往里面装。在我看来，若把握不住学习型组织的精髓，在实践中就会迷失在细节性复杂里，就像一个人如果失去了灵魂，就难以展现其真正的价值，也不会有持久的生命力。

再说说"虚化"。在实践领域，很多组织把学习型组织创建活动形式化、表面化：只停留在口号上，没有落实到行动中；只停留在做做表面文章，没有与企业的业务相结合。更不要说一些人连学习型组织是什么还没有搞清楚，就"一窝蜂"地开始搞学习型组织。一方面，有更多的企业投入学习型组织的实践固然是可喜的，这有助于学习型组织理念的普及；但另一方面，这也可能是有害的，因为"搞运动""走过场"或"一窝蜂"的后果，可能导致学习型组织内在价值的"提前稀释"，从而影响学习型组织的深入健康发展。

在我看来，如果观念上存在误区，就会给学习型组织实践造成不良的影响，这表现在以下两个方面（见图 2-1）。

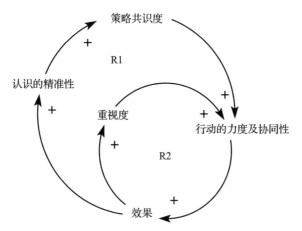

图 2-1　认识误区对学习型组织建设的影响

1. 策略共识与行动协调

首先，如果对学习型组织的认识存在误区，而且高管团队无法达成共识，就很难制定有效的策略，继而导致行动上缺乏协调、力度不足，甚至相互掣肘，这肯定会影响学习型组织建设实践的效果。效果不佳，又会加剧团队成员对于学习型组织的认识误区，从而形成一个恶性循环（见图 2-1 中 R1）。

例如，许多业务部门的领导认为学习型组织建设不是自己的事（认识误区），因而他们就主张让人力资源部或培训部来主导学习型组织建设（缺乏策略共识），并在实际推动组织变革或能力提升的过程中不积极参与（行动力度不够），因而导致学习型组织建设并未取得预期的效果（效果不佳），而这又会使他们更加确信学习型组织建设不管用，不是他们自身的责任。诸如此类的状况，不一而足。

2. 重视度与投入力度

同时，如果学习型组织建设效果不佳，除了影响大家对学习型组织的认识精准度之外，也会降低组织成员对学习型组织建设的重视度，从而降低行动的力度与协同性，进一步降低学习型组织建设的效果。这是另外一个恶性循环（见图 2-1 中 R2）。

在这方面，英国石油公司就是一个典型的案例。它在导入组织学习与知识管理努力时，就发现员工对术语的使用非常敏感。如果你说要搞知识管理，许多人要么以为你要上一套系统，把文档、资料等管理起来，要么以为你要把他们所掌握的"知识"（信息或技能）给控制起来，因而会感觉受到一些威胁，甚至引起抵制；如果你说要搞"组织学习"，许多人也是一头雾水，以为你是要组织几场培训，或者认为这应该是人力资源部门的事情，与自己关系不大。总之，术语使用不当，对推行相关的管理举措影响显著。虽然他们最终还是使用了"知识管理"这一术语，但是在企业内部着实花了不少口舌进行沟通，以便让大家认识到这项工作的内涵、意义以及与每个人的关系。

事实上，英国石油公司的实践经验表明，做一套 PPT，在公司内部会议上给大家宣讲知识管理或组织学习，或者搞几次培训，这些方式的效果并不理想（因为人们更习惯于"眼见为实"）。在他们实实在在地利用组织学习与知识管理相关技术，帮助业务部门推进了工作、解决了问题之后，才真正打开了局面。是这些活生生的"故事"让大家真切地理解并认同了这项工作对自己的价值，主动拥抱和主导了知识管理。

类似地，对于这一问题，彼得·圣吉给出的建议是：在开始起步时，不要使用"学习型组织""组织学习"或类似词汇，不要简单地重复这些术语或使用这些标签，最简单的方法是脚踏实地，用实质内容来代替口号，从员工和客户的价值或利益出发，创造出真正的能力，取得真正的成功，这才是最重要的。基于我的实践经验，我认为，无论你使用什么名称来称呼你即将开始的建设学习型组织的努力都可以，但是，重要的是，一定要通过精准的定义和集体研讨，确保团队成员乃至组织全体成员都能精准地理解它们的内涵，并促进大家达成共识，明确它们和每个人的工作及绩效的关系，引起大家的真正重视与投入。只有这样，才能越过这场动态"跨栏跑"的第一重障碍物。

九种常见的认识误区

根据我和很多企业家、管理者的交流，我认为，人们对学习型组织的常见误解包括如下九种。

误区一：把学习型组织当作某种形式的组织

很多文献会总结出学习型组织的若干特征，例如"扁平化""柔性化""自组织"等；还有一些人是以描述的方式来定义和理解学习型组织的，例如"具有共同愿景""具有浓厚的学习氛围"等。那么，这是否意味着学习型组织是某种形式的组织呢？

对此，我认为这是一个认识上的误区。学习型组织从本质上讲是一个组织持续变革的过程。组织的类型、所处的阶段、面临的问题不同，建设学习型组织也就有不同的切入点和策略重点。同时，伴随着组织的发展，组织的形式或特征也在不断演变之中，组织学习的策略与机制也要相应调整。因此，学习型组织不存在固定的模式或所谓的"标准特征"。

误区二：把学习型组织等同于个人学习或教育培训

一看到"学习型组织"，很多人往往未经深入分析和思考，仅凭字面理解，"望文生义"，就把学习型组织简单理解为加强员工教育与培训。这样不仅容易使学习型组织创建工作流于形式或停留在表面，也远未发挥学习型组织的真正魅力与价值。

事实上，学习型组织的真谛是组织发展，而不是个人学习的简单累加。换句话说，即使组织中的每个人都在学习，整个组织也未必是学习型组织。只有组织行为上的变革，才是学习型组织的真正检验标准。

误区三：把学习型组织当作"另外一项工作"

一些人把创建学习型组织当作"另外一项工作"，与企业的经营管理或业务脱节，各级业务领导不参与或主导，而只是让工会、党委、人力资源部或行政管理部门来牵头。这样容易使学习型组织建设工作脱离业务运作，成为"两张皮"，不能落到实处、显出实效，形成"虚化"的态势，不利于促进组织的创新与深层次变革。事实上，创建学习型组织必须与组织的实际工作紧密结合，这样才有可能产生效果并深入持久（参见第7章）。

在这里，我们也要警惕走向另外一个极端，即很多企业把创建活动等同于日常工作的"翻版"，什么都贴上学习型组织的标签，形成"泛化"的态势。因此，必须把握关键，不偏不倚。

误区四：把学习型组织等同于"五项修炼"

由于学习型组织理念在中国的传播，在很大程度上是伴随着《第五项修炼：学习型组织的艺术与实务》这本书进行的，因此，一谈到学习型组织，几乎所有人都会想到彼得·圣吉和"第五项修炼"。实践证明，"五项修炼"确实是一个有效的行动框架（参见第4章），但只谈第五项修炼，把学习型组织等同于"五项修炼",死读书、读死书,不仅会导致视野狭窄、行动受限,而且也是不够的,有时甚至是危险的,因为书上所讲的理论或方法,并不一定适合你所在的组织。

实际上,学习型组织理论作为植根于组织行为学、社会心理学、系统动力学等专业领域而发展出来的一门新兴、交叉学科,有多方面的理论与实践成果,"五项修炼"只是其中一个典型代表而已。如果我们眼中只有这一幅风景,看不到其他景象,那就有可能受到蒙蔽,行动上产生局限。我们只有打开视野,解除"蔽"障,才能发现更多实用、有效的理论成果与应用指南,提高行动能力和效果。

误区五:把学习型组织当作理念或理论

有些人认为学习型组织仅仅是理念或理论,属于精神或思想意识的范畴,这也是一种常见的误解。如果只是把学习型组织停留在理念层面,仅用于宣讲,即便不是"说说而已",实际效果也很可能是有限的。

如上所述,学习型组织经过近60多年的研究与实践,已经发展出诸多实用、有效的实践模式、方法、工具以及最佳实践要点。它不仅成为组织发展的核心,而且对战略管理、质量管理、流程优化、企业文化、知识管理等职能领域也具有显著的促进作用。因此,它不仅是一种理论或理念,更是一门实践的艺术。

误区六:把学习型组织当作追求的目的

很多领导提出:"我们要成为学习型组织!"这种决心和远见固然令人钦佩,但正如彼得·圣吉所说,你的客户和员工并不在乎你是"学习型组织"还是"创新型组织",或者是"ABC型组织",他们在乎的是你能否为他们带来价值,能否协助他们为客户创造更大的价值。

因此，学习型组织只是一种手段或举措，而不是最终目的。从本质上讲，学习型组织的目的在于推动组织变革、促进人与组织的发展。如果把手段当作目的，就犯了"本末倒置"的错误。

误区七：把学习型组织当作阶段性项目

很多企业把创建学习型组织等同于一个阶段性的项目，采用线性思维模式，像"搞运动"一样，简单划分为几个阶段，诸如导入宣贯、选点示范、总结推广、巩固提高、评比验收等，认为花个三四年时间就能"成为学习型组织"而万事大吉了。显然，这与学习型组织的本质内涵是背道而驰的。

事实上，只要组织面临新的形势，有新的问题，就有必要而且可以通过建设学习型组织，达到持续学习、创新、变革从而促进发展的目的。片刻的松懈都有可能使组织的发展陷入停滞，甚至带来灭顶之灾。所以，彼得·圣吉指出，学习型组织建设在某种程度上讲，只有起点，没有终点，谁也无法宣称自己已经是学习型组织而无须努力了。

误区八：把学习型组织"模式化"或"脸谱化"

在开始创建学习型组织时，很多人很自然地希望找到一个统一的或固定的创建模式，以便"按图索骥"，并按照一些可量化的评估标准，去考核下属公司或单位创建学习型组织的成效。

殊不知，由于每个组织都是独一无二的，创建学习型组织也不存在固定的模式或路径，因而制定评估标准不仅困难，更需要付出心力与智慧、精心筹划（参见第9章），不能仅仅关注于一些表象或形式。如果不能结合企业自身的实际情况，创造性地灵活运用，只是热衷于总结或套用固定的"创建模式"与经验，并且制订出严格的、更加注重形式的考评体系，让下属企业或部门参照执行，一方面会限制下属单位的选择权和创造性，造成"千人一面"或"一刀切"的恶果，另一方面也与学习型组织的本质内涵格格不入。

误区九：把学习型组织当作"上级要求"或外来的压力

一些人把创建活动等同于上级领导布置的一项任务或母公司的硬性要求，往往囫囵吞枣、生搬硬套。虽然这样也会产生一些行动，但如果只是"要我做"，而不是"我要做"，时间一长，组织成员将可能会失去动力，产生敷衍了事的情绪，从而蜕化为形式主义或"走走过场"。与此同时，一旦外界的要求有所变化，学习型组织建设也可能就不了了之了。

因此，必须让员工发自内心地理解学习型组织对于企业发展的价值和战略意义，从而将其内化为全体员工真心认同的共同目标和内在渴望——这才是推动组织持续创新与变革的内驱力，也是支撑人们克服各种困难与挑战的精神能量。

综上所述，走出学习型组织的认识误区，树立正确的认识并达成共识，是成功激活学习型组织的第一步。

什么是学习型组织

从某种意义上讲，人们之所以对学习型组织存在诸多认识误区，一方面，因为学习型组织是一个系统工程，包含很多维度或要素，自然可以从不同角度进行解读；另一方面，也是因为很多专家给出了各种各样不同的定义，众说纷纭，让人莫衷一是。

那么，到底什么是学习型组织呢？

让我们先来看一些流传甚广的定义：

- 彼得·圣吉认为，学习型组织是"能够持续开发创造未来的能力的组织","在其中,大家得以不断突破自己的能力上限,创造真心向往的结果,培养全新、前瞻而开放的思考方式,全力实现共同的抱负,以及不断一起学习'如何共同学习'"。

- 大卫·加尔文认为,学习型组织善于创造、获取与传播知识,并根据新知识与洞察力来修正其行为。
- 迈克尔·马奎特认为,系统地看,学习型组织是能够有力地进行集体学习,不断改善自身收集、管理和运用知识的能力,以获得成功的一种组织。
- 丹尼尔·金认为,几乎所有的组织都会学习,不管其有意还是无意。学习型组织是指那些有意识地激励组织学习,使自己的学习能力不断增强的组织;而一般的组织则对组织学习听之任之,或者不断削弱其组织学习能力。

综合各方面的研究,我提出了一个更加系统化的定义:**所谓学习型组织,指的是能够敏锐地察觉到内外环境的各种变化,通过制度化的机制或有组织的形式,捕获学识,管理和使用知识,从而增强群体的能力,对各种变化进行及时调整,使得群体作为一个整体能够不断适应环境变化,而获得生存和发展的一种新型组织形式与发展机制**(邱昭良,2003)。

正本清源:学习型组织的"波粒二象性"

按照上述定义,学习型组织和光一样,也具有"波粒二象性"。也就是说,光既是波,也是粒子。类似地,学习型组织既是一种"新型组织形式",又是一种"组织发展机制"。

一方面，针对任何一个特定组织（如企业、政府机关、社团组织、社区，以及上述单位中的非正式组织、部门、工作团队等）而言，建设"学习型组织"意味着，相对于现状，组织要具备某些新的特征、条件或要素（比如"持续学习"、开放、创新等），在不同阶段有不同的形态或表现。从这个维度讲，学习型组织要回答的基本问题就是：我们希望创造出什么样的未来？相对于现状，我们面临哪些挑战？应该如何应对这些挑战，以实现我们期望的未来？采用这种视角的人们，关注的重点是组织"形态"的变迁，以及实现这些变迁的途径与策略。

另一方面，建设学习型组织也是一个持续不断的过程，任何一家企业都不可能永远保持在某一种状态上，因而，学习型组织也是推动组织持续学习、发展与演进的机制或措施。从这个维度看，学习型组织要解决的核心问题是：为了让这些组织能够"持续学习"，应该采取哪些措施、机制或办法？一个组织究竟该如何学习？采用这种视角的人们，关注的重点不是组织的特定形式、性质或构成，而是组织的"学习"（发展、变革、创新过程）。

组织能力研究者杨国安博士等人认为，过去许多著作都常列出学习型组织的特征，并将其作为衡量与指引企业迈向学习型组织的关键指标或检查清单，然后建议企业主管对照这些特征去建设"学习型组织"。这种主张背后的假设是："学习型组织"只有一类，而且是放之四海而皆准的。但从实践来看，这一主张无疑会四处碰壁，因为每个组织几乎都是独一无二的，它们的学习和发展策略重点与方式各不相同。对此，我表示赞同。但是，对于任何一家组织来说，追求某些被众多企业实践验证的普适性特征，或者一些具有探索精神的先锋企业表现出来的领先性特征，也是有价值的。

当然，找出组织期望的或理想的学习型组织的特征固然重要，但在现实中，这种做法却有可能对实践产生误导。因为组织的情况千差万别，如果非要将学习型组织定义为一个集合了若干特征的特定组织形式，不亚于一个"乌托邦"：对它的描述越具体，它的适用性就越差；将其描绘得越美好，它离现实的距离就越远，对实践的指导意义就越小。

因此，我主张采取更为务实的态度，将学习型组织建设理解为组织发展的过程，每个组织根据自己的实际情况，既要有中长期的目标和追求，也要在不断前进的道路上设立一些更为现实且有针对性的"阶段性目标"，如同中国特色社会主义实践过程中提出的"社会主义初级阶段""小康社会"等。只有这样，才能指引我们一步步地迈向我们心中理想的目标。

根据这种见解，各个企业都应该根据自身的历史、文化、经营策略、资源，以及面临的竞争形势、产业与市场环境等具体情况，设计组织未来一定时期内优化的形态、方向和目标（"组织形态"），并选择、使用相应的方法与措施，推动组织从"现状"走向期望的另外一种状态（"愿景或目标"，无论是明确的还是隐含的），以实现预期目标，获得创新与发展（"组织发展机制"）。

从这种意义上讲，光既是"粒子"也是"波"的这两种属性并不是矛盾的，而是同时存在、密不可分、和谐统一的，就像《周易·系辞上》所讲，"一阴一阳之谓道"，学习型组织的两重属性也是如此。

事实上，不同优秀企业的组织形态及其采用的组织学习方式也是千差万别的。例如，3M、谷歌、IDEO等公司致力于营造自由、宽松、员工自组织、能激发和培育创新的"沃土"，主要采用像试验、团队创新、内部交流等机制；三星、施乐、摩托罗拉等公司希望提升组织的运营效率,采用了标杆学习(Benchmarking)等方法;丰田则希望组织能够高效率、高质量地运作,采用了持续改善(Kaizen)的机制……这些都是行之有效的组织学习方法。而通用电气(GE)在不同时期,为了达到不同的目标,先后采用了诸如群策群力、标杆学习、六西格玛(Six Sigma)、行动学习(Action Learning)等不同的组织学习方法(参见第6章案例6-2)。

组织学习的三个视角

我相信,组织是一个复杂系统,建设学习型组织也是一个艰巨而复杂的系统工程。

对于一个复杂系统,如果我们将其想象成一个"万花筒",在任何一个时点上,从不同角度望过去,都会看到不同的风景,虽然这些风景有些是相通的,因为它们从本质上讲是内在相连的,但景物、视野与侧重点却会千差万别,且处于动态变化之中。如果理解不到这一点,每个人固执己见,都认为自己是正确的,其他人的看法都是错误的,那就自然会发生争执和分歧。这就是荀子所讲的:"夫道者,体常而尽变,一隅不足以举之。曲知之人,观于道之一隅,而未之能识也。"(《荀子·解蔽》)因此,要正确地认识学习型组织,促进团队成员达成共识,就需要采用系统思考的智慧,从多个视角来观察,并搞清楚不同视角之间的关联。

基于我对学习型组织相关研究文献的梳理,我认为,定义学习型组织有三个视角:创新与适变、社会互动(集体协同)以及信息与知识。这其实也是建设学习型组织所包含的三种核心机制,它们同时并存,相互融合、促进和交融,共同作用于一个目的,即实现人与组织的可持续发展——这是学习型组织的核心目的之所在。

1. 创新与适变

学习型组织首先表现为组织作为一个有机体，能够及时察觉环境的变化，并调整自己的行为，以适应环境的变化。所以，创新与适变（组织变革）是认识学习型组织的第一个视角。正如克里斯·阿吉里斯所说，组织学习是发现错误、改正错误的过程。

在我看来，从创新与适变的视角看，组织学习包括三个层次。

（1）纠错

为了适应环境变化，组织需要建立三种机制：一是有很多"检测器"，可以监测环境中的变化以及组织行为是否有偏差；二是有高效的"处理器"，可以解读这些信息、分析原因并找出应对策略；三是有协同有力的"行动器"，可以采取措施以纠正偏差。系统同时具备上述三种机制，就会发生简单的组织学习行为，及时察觉偏差并纠正偏差，这通常被称为"适应性学习"（adaptive learning）或"单环学习"（single-loop learning）。

事实上，连类似空调这样的机械系统都包括上述三种机制，有检测和纠错的功能，更不要说生命系统或社会组织系统了。在现代企业中，大都存在计划—执行—检查—调整（plan-do-check-act，PDCA）循环机制，它们发挥着"单环学习"的功能，使得组织能够按照预先设定的目标前进。

（2）改进

即便没有偏差或错误，组织也可以通过努力，发现改进或创新的空间，实现能力的提升，行为和绩效的改善。当然，这些改进既包括持续性的、小的渐进式改善，也包括间歇性的、重大的根本性变革。

如上所述，当今时代，环境的变化要求企业更快、更好地推动创新和改进，因而组织的学习也不能仅停留在纠错和适应性学习的层面。要激活学习型组织，不仅要重视和推动各个层面的创新，也要进行重大的结构调整、业务重组，或者有意识地激发人员观念变革、推动组织转型，人们常将这种学习行为称为"变革性学习"（transformative learning）或"双环学习"（double-loop learning）。

（3）创造

毫无疑问，在剧烈变化的环境中，仅有适应性学习或改进是不够的，因为剧烈的变化会令原有的规则或模式失效。在这种情况下，依然遵循原有的目标和标准，只会使企业离成功越来越远。为此，很多学者主张，组织必须反思其预先设定的目标、标准以及潜在的假设，忘掉一些既有的规则，更新观念，而不应只是简单地根据预先设定的标准去纠错。只有这样，才能激发出全新的、创造性的学习行为，使组织获得新的知识与技能，这样的学习被称为"生成性学习"（generative learning）或"再学习"（deutero learning）。

需要说明的是，上述三种类型的学习不是相互矛盾的，它们同时存在于组织内，相互促进或影响，构成了一个综合的组织学习体。基于组织的需要，识别并推动上述三类组织学习，就是从创新与适变的视角来激活学习型组织。

2. 社会互动

除了创新与适变的视角之外，组织学习另外一个研究视角是组织内部成员之间的协作与社会互动。也就是说，组织学习不是组织内部个体学习的简单相加,而是一个社会化的过程。从这个角度看,关键要素包括三个方面:第一,组织成员如何看待自己和他人,能否持续提升个体能力?第二,组织成员如何相处和协同配合,以提高团队的智慧与绩效?第三,团队之间能否相互整合,从而提高组织的运作效率?

概括而言,从社会互动的视角来看,组织学习的构成要素包括三个层次。

(1) 个人发展

组织是由个人组成的,个人的学习与发展是组织学习的源泉。因此,在学习型组织中,每个人都要持续提升自己的专业能力,不断超越与精进。就像彼得·圣吉所讲,"自我超越"是学习型组织的精神基础。所谓自我超越,指的是组织成员持续提升自己的能力,从而不断实现自己的愿景与使命,活出生命的意义,并实现持续精进的过程。

与此同时,组织成员间要增进相互了解,建立共有的心智模式(shared mental model),提升团队协作能力以及对组织共同愿景的认同。在这方面,彼得·圣吉所讲的改善心智模式、系统思考都是个人层面的修炼,而团队学习与共同愿景是团队或组织层面的修炼,但其中的基本要素(包括对话、反思等)也离不开个人的参与。因此,我认为个人发展是建设学习型组织的基础。

(2) 团队协同

如上所述,组织学习不是个人学习的简单累加,而是一个通过人际互动产生的团队协同、整合的过程。事实上,团队协同是连接个人学习与组织学习的枢纽。如果团队协同质量高,可以实现"三个臭皮匠,抵个诸葛亮"的境界;相反,如果团队协同质量不高,则可能陷入"团队中每个人的智商都在120以上,而团队整体的智商只有60"的窘境。因此,在某种意义上讲,团队学习是组织学习的核心。事实上,在现代企业中,团队是基本的工作、管理单元,也是学习型组织实践的"主战场"。

(3)组织整合

组织是一个复杂的系统,具有"整体大于部分之和"的特性。因此,从组织整体的层面上看,即使每个团队内部都能高效协作,组织整体的行为与绩效也未必能够得以优化。甚至我曾见过一些实际案例,在公司中,每个部门都尽心尽责、兢兢业业,拼命努力地工作,但整个组织的绩效却节节下滑。这就是彼得·圣吉所讲的,动态性复杂系统所具备的特性——"越用力推,反弹力量越大"。

因此,为了使组织整体行为得以改善,需要组织内部各构成单元搭配合理,彼此之间加强整合,通过系统思考,激发集体的智慧,提升组织的整体实力。

类似地,个人、团队与组织这三个层次也是并存的,相互影响、不可分割。相应地,识别并激活这三个层次的学习,就是从社会互动这一视角来推动学习型组织建设。

3. 信息与知识

学习由感知开始,与知识密切相关。因此,有相当多的学者是从知识或信息的视角来研究组织学习的。例如,乔治·休伯(George Huber)指出:"如果一个实体通过处理信息使它的潜在行为范围发生了变化,就可以认为它在学习。"菲尔和莱尔斯(Fiol & Lyles)认为:"组织学习是指通过更好地掌握知识、增进理解而改善行为的过程。"莱维特和马奇(Levitt & March)认为:"组织学习是指从历史中汲取经验，形成惯例以指导行为的过程。"总而言之，在我看来，为了进行组织学习，组织必须具有感知内外环境变化的信息获取机制，以及知识交流与传播机制，及时监控环境的变化，解释反馈信号，辨别错误，并采取适当的应对措施以改正错误。因此，从信息与知识的视角来研究、推动组织学习，也是一个现实可行的路径。

具体而言，从知识或信息的视角来看，可以将组织学习分为如下三个紧密相关的构件。

（1）获取信息

为了促使学习的发生，组织必须能够从内外部各种渠道和途径获取信息。在这方面，关键问题包括：需要收集哪些信息？从何处收集数据？如何获取数据？谁来执行这些任务？

在当今的信息时代，我们已经被淹没在信息的"洪流"之中。商业书籍、杂志、会议、网站的数量以惊人的速度持续地增长着，各种新观点如雨后春笋般涌现。在这种情况下，获取数据相当容易，但真正的挑战在于如何从大量不相关的数据中找出自己想要的信息，同时还能以一种开放的心态，随时准备接纳那些出乎自己意料的、甚至是不友好的意外。事实上，一些组织学习能力很强的企业，例如沃尔玛、通用电气等，可以快速地从大量商业数据中提炼出有价值的信息。尤其是近年来，大数据和人工智能技术给人们获取信息提供了更多的可能性。

除此之外，企业还必须改善"共有的心智模式"，提高"发现"新知识、新实践的能力。

（2）解释信息

在收集到所需的信息之后，组织需要对这些信息进行解释，形成观点或立场，从而帮助自己做出决策，并指导相应的行动。这样，原始数据就得到了处理，并转化为有价值的信息和知识。这也是组织学习发生的基本环节。这一阶段的关键问题包括：这些信息意味着什么？应该将它们划归哪个范畴？它们体现了什么因果关系？对后续行动有什么样的影响？

所谓解释信息，就是联系上下文，理解数据的含义，找出其背后隐含的模式或规律的过程。如果不对获取的原始资料进行分类、组合，或者将其放到更大的情境之中，它们将一文不值。不过，真正困难的是，我们每个人内心深处都隐藏着一大堆根深蒂固的信念、标准与规则，它们影响着每个人对于信息的获取与解读。就像彼得·德鲁克所说，所有的公司都有一个隐含的"经营理论"，即一套共享的关于市场、客户、竞争者、技术、组织的使命和能力的基本假设，它们为解释事件、指导行为提供了一致而内敛的框架。不幸的是，它们都有一个致命的弱点：它们都是不完整的，而且最终将变得陈旧过时。为此，管理者必须持续地测试并更新自己的心智模式，并想办法对"共有的心智模式"施加积极的影响。

从激活学习型组织的角度来看，除了确保团队成员个体能够清醒地觉察并浮现、检验、改善自己的心智模式之外，也要培养团队成员之间的深度会谈、系统思考能力，实现对信息高效、睿智的解读，这也是推动组织学习的核心要素。

（3）应用与共享信息

在对信息进行充分解读之后，组织要在经营与管理中使用这些信息，对其进行有效管理，并经由团队成员之间的社会互动，实现知识的共享。这不仅是组织学习的必要环节，也是促进团队成员个人发展、实现团队协同与组织创新的基础条件。在这个阶段，关键问题包括：什么新活动是恰当的？哪些行为必须修正？组织整体如何产生恰当的反应？哪些人还需要这些信息或知识？如何让有需要的人获得这些信息？我们如何管理这些信息？

的确，按照学习型组织的定义，如果一个组织不能有意识地根据新的信息来修正自己的行为，它就不能称为一个学习型组织。基于实践经验，我认为，在应用与共享信息方面，有三个步骤是必需的：

第一，管理者要能根据信息的含义采取具体的行为，以应对变化。这既与团队成员个体有关，也与组织文化息息相关，需要人们摆脱思维定式、偏见与习惯的束缚，克服惰性，锐意创新。为此，管理者必须传递出清晰的变革信号，消除过时的做法，并为团队成员提供练习新行为的"演练场"。

第二，将信息以及行之有效的策略传播给其他部门，让整个组织都能采纳新的行为。这一步的本质是知识的传播与共享，并由此促进组织绩效的提升。

第三，将信息以及行之有效的策略进行有效存储，以便于重复使用，形成组织记忆。这主要涉及组织的知识管理，要建立一种可以从自己和别人的经验中学习的机制，并能产生、储存和搜索知识，以达到组织行动的理想效果。

学习型组织的三个层次

除了存在上述三个视角和九个构成要素之外，企业也是由多个人构成的，具有一定的层次性。也就是说，若干个人组成部门（或团队），若干个部门（或团队）组成更大的部门……一直到整个企业。因此，也可按层次对组织学习进行分析。

事实上，就像《礼记·大学》中所说："古之欲明明德于天下者，先治其国；欲治其国者，先齐其家；欲齐其家者，先修其身。"这里面其实就包含了对我们人类组织的层次划分。最基本的单位是个体（"身"），接下来就是我们每个人身边和自己有紧密互动的团队（"家"），然后是每个团队所在的组织（"国"），最后是各个组织所处的、更大的社会集合体（"天下"）。

根据以上分析我们可知，要激活学习型组织，至少包括三个层次：个人、团队和组织。

1. 个人学习

从本质上讲，组织作为人群集合体是无法进行学习的，它必须通过其成员个体才能学习。个体是组织的细胞，只有个体才能学习。个体的创新精神、学习力是任何学习的源泉。如果组织成员个体没有学习的动力或能力，个体不能学习新的技能、实施新的行为，整个组织也将无法学习。因而，个人学习是组织学习的基石与源泉。

在本书中，个人学习指的是在个人层次上，持续深化和拓展自己的技能、知识和世界观，根据环境需要和个人目的，改变个人的行为和绩效表现。

2. 团队学习

对于组织而言，仅有个人学习是不够的，必须经由制度化的交流，将新的创意、做法和技能共享给组织中的其他个体。对于个体而言，日常活动接触和交流最多的是团队，因此，团队学习成为组织学习的纽带与核心。事实上，一些学者（如彼得·圣吉、南希·狄克逊等）把团队当作组织学习的主要"阵地"。

在本书中，团队学习指的是在团队层面上，不断获取新的技能和知识，深化和拓展团队的能力，改善团队内部成员之间的关系与协作，以适应环境的变化，并经由对行动与结果的反思来增强团队的效能。

3. 组织学习

毫无疑问，新做法在团队中的传播会受到组织结构、企业文化等要素的影响，不仅不确定能否引发组织变革，本身也是一个渐进的过程。因此，在组织层面，既要建立多样化的组织学习机制，促进知识的创造与应用，也要有适宜的组织学习促进与保障机制，精心策划并推进组织的创新与变革。

与团队学习类似，组织学习指的是在组织层面上，将组织作为一个整体，持续获取新的技能和知识，深化和拓展组织的能力，改善组织内部个人之间以及部门之间的协作关系，以适应环境的变化，并经由对组织行为与结果的反思来增强组织的效能。

事实上，在企业中，任何一项关乎组织层面的学习，都离不开这三个层次。让我们看一下案例2-1。

◎ 案例 2-1

李想的战斗与成长

计算机专业毕业的李想（化名）加入某公司5年了，隶属于电信运营商事业群，之前参与过不少信息与通信技术（ICT）系统项目。近年来，公司大力推动云服务，并相应地组建了"重装旅"战略预备队，计划培养一大批有丰富经验、能提供高质量云服务解决方案设计的专家。虽然家在北京，但为了响应公司号召，并考虑到可以更多地提升自己以及将来实现更好的发展，李想报名参加了战略预备队。

经过层层选拔，李想终于入选了第3期"重装旅"战略预备队，他的编制也相应地从办事处调入了事业部重装旅作战营。很快，他就收到了公司战略预备队"慕课"㊀（MOOC）学习平台的账户与密码。按照要求，他需要在参加集训之前，完成相关知识模块的学习，并通过相应的考试。由于李想非常珍视这次机会，所以，尽管交接期工作很繁忙，但他还是利用业余时间，非常认真地按模块进行在线学习。好在这些课件都是"微课"，大多是公司专家讲解的多媒体视频，每段在10分钟左右，很好理解。

7月的深圳骄阳似火，顺利完成在线学习并通过了考试的李想，和来自全球的另外二十几位同事，作为"重装旅"战略预备队的集训班学员，参加了为期一周的集训。集训课程安排得很满，除了有专家简明扼要的讲解、实战案例分享，还有大量的模拟实战、"火药味"很浓的对抗（PK）演练，学员们分成几个小组，在不同环节分别扮演不同的角色，完成特定的任务，之后就是小组复盘、专家点评，每天都搞到很晚，但大家都像"打了鸡血"一样，斗志昂扬。因为大家都知道，要想在战场上少流血，就得在集训中多流汗。当然，还有每天的考试，简直让人喘不过气来。但是，李想觉得还可以，因为自己在做项目时，有时候也是这样

㊀ 所谓"慕课"，直译过来就是大规模开放在线课程（massive open online courses，MOOC），因其首字母组合的中文发音近似而被译为"慕课"。近年来，慕课不仅在教育领域得到了广泛应用，也是很多企业在线学习的重要实践。

连轴转的状态,何况他也期待着通过集训,"转人磨芯"㊀。

一周集训时间转瞬即逝,李想顺利通过了集训,被转入战略预备队作战营,不久就被派到了西欧某国代表处,那里正有一个大型"云转型"项目,李想作为解决方案经理,在项目中担任"主攻"之一,要面临真正的作战考验。每个项目都是特殊的,他参与的这个项目也是如此,不能完全照搬集训中所学的东西。但是,坦率地说,因为训练期间学习到的很多东西都是来自实际业务"作战",很好地模拟了真实场景,而且很实用,所以,集训所学对于李想在这个项目上的方案设计和专业支持提供了很大帮助。

6个月后,李想参与的项目获得了客户的认可,合同签署完毕并正式启动。因为表现优异,李想获得了项目负责人的认可。在作战营的集中安排下,李想回到深圳总部参加了"云转型"复盘研讨班。他不仅分享了自己参战项目的复盘报告,而且听了其他同事的项目案例,拓展了视野,并和大家一起深入探讨了云转型项目的典型打法、关键要点、常见问题及有效对策。经过"答辩",评委们一致同意李想"出营",成为一名合格的解决方案经理。

在上面这个案例中,李想在参加集中训练之前的在线自学、一周的集中训练、在项目中的实战、实战之后的复盘,以及复盘之后的集中分享、研讨,都是个人层面的学习。通过这些方式,个人的知识、技能得到了提升。

㊀ 所谓"转人",即把人从现有技能培养,转变成为新的技能组合;所谓"磨芯",是指不仅要注重技能培养,更要关注对员工内在精神气质、意志品格的磨练。

在参训过程中，学员们分成小组听讲、研讨、对战以及复盘，是以团队的形式进行学习；集训结束后，李想参与到实际项目中，该项目团队进行研讨、制订方案，并通力合作推进各项工作，克服一项又一项困难，也是团队层面的学习。

从业务出发，设立战略预备队这样的人才培养项目，对参训学员进行选拔、管理、激励、任用、考核，涉及很多部门的协调（比如李想原来所在的办事处、事业部训练营、作战营、西欧项目部等），通过这些措施的落地，推动了云转型业务的开展，则是在组织层面上的创新、变革与学习。

因此，在推动组织学习、建设学习型组织的过程中，需要从上述三个方面来进行设计和实施。

澄清认识、激发动力的六种方法

实践经验表明，建设学习型组织需要激发各层级人员的热情，这离不开各级领导者的支持与参与。确实，很多组织变革项目都是由公司高层领导发动和引领的，大量组织发展措施也需要各级领导者和员工来实施。但在现实中，虽然很多人都认可学习的重要性，但对学习却并未"真正"重视。同时，人们对学习存在各种各样的动机、期许或诉求，如果不能形成共识，也会影响学习型组织建设的成效。

因此，要激活学习型组织，一方面要澄清认识、走出误区，精准地认识学习型组织；另一方面，需要激发组织成员学习、创新、变革的热情，并通过深层次的对话达成共识，以凝聚众力。这是建设学习型组织"松土"阶段的重要任务。

试想一下，如果大家都认识到学习型组织的价值，并且目标一致，就会积极主动地结合实际，发挥创造力，遇到困难也会千方百计地寻求解决方案，并相互扶持，坚持不懈。相反，如果各级管理者意识不到学习型组织的价值和意义，行动上就可能缺乏主动性、创造性和坚定性，实践效果就会大打折扣。因此，明确学习型组织对个人和企业发展的价值，激发动力，凝聚共识，是启动学习型组织创建并维持动力的关键，也是学习型组织实践的重要内容。

那么，如何让各级领导者和员工认识到学习型组织的重要性呢？根据实践经验，主要包括以下做法：

- 加强正面的宣传和教育，普及学习型组织的理念和价值。
- 加强交流和会谈，倾听每个人内心深处的热望和对未来的期许，将其整合起来，塑造大家真心认同的"共同愿景"。
- 找到团队或组织成员的"痛点"，通过解决问题，让大家认识到学习型组织的价值。
- "行胜于言"，选择试点，以实际效果说服他人。
- 建立定期的学习计划、回顾、经验交流机制，在学习与行动和绩效之间建立关联。
- "故事比你会说话"，在组织内部寻找、传播依靠组织学习取得成功和进步的故事。

结合国内外优秀企业的最佳实践经验，下面我给大家介绍澄清认识、激发组织成员动力、形成团队共识的六种方法：定义学习型组织、共同愿景工作坊、欣赏式探询、未来探索、"会叫的狗"汇谈以及利用故事的力量。在建设学习型组织时，企业可以根据实际情况选择使用。

1. 定义学习型组织

有力的行动源自清晰的认识。如上所述,在日常生活中,虽然每个人都在谈论"学习型组织",但他们所理解的"学习型组织"的内涵可能存在显著差异,以至于"各说各话",或者有产生分歧与冲突的可能。只有通过深度会谈,才能消除分歧、达成共识,提高行动的效力。

与此同时,让组织成员说出自己对组织未来的渴望,对于激发组织成员实践学习型组织的热情,找到创建学习型组织的切入点、努力方向以及评估标准,具有重要价值。因此,在"松土"阶段,公司领导可以组织高管团队成员、各部门负责人及业务骨干(乃至全体成员),进行一系列"定义学习型组织"的研讨。

这一方法由夏洛特·罗伯茨(Charlotte Roberts)、理查德·罗斯(Richard Ross)和阿特·克莱纳(Art Kleiner)等人整理,至少需要为期半天的团体研讨,也可酌情调整为 1～2 天。⊖

相应的研讨议程大致包括如下六步。

第一步:敞开心扉

引导师可以抛出一个假设性问题,"假如我在一个学习型组织中工作,那么……",让与会者设想他可以在一个自己真心向往的组织中工作,然后请他描述一下在他的心目中:

- 什么政策、事件或行为使得这个组织欣欣向荣?
- 组织成员如何行为处事?他们如何与外界发生互动?
- 这个理想中的组织和你现在的组织有何不同?请提炼出五条组织特征。

⊖ 作者整理自《第五项修炼·实践篇》,并结合自身实践进行了适当修改。

这一阶段可使用的方法包括对话中的"围圆"和使用"说话棒",让每个参与者自由发言,引导师或指定的记录人(最好具备视觉记录技术)记下发言要点;也可发给每个参与者若干张卡片或即时贴,让其在每一张卡片上记录一个要点,然后依次分享,并将相应的卡片粘贴到白板上(将记录相似观点的卡片粘贴在一起)。

第二步:求同存异

根据第一步中汇集的各种观点,让参与者讨论确定至少五项最重要的组织特征,给每一项编上号码,以便后续讨论。

第三步:设身处地

引导参与者逐项讨论第二步中得出的五项组织特征:如果组织具备了这个特征,结果会怎么样?能给组织带来什么?能给个人带来什么?

在回答这些问题时,引导师需要对某些特征进行适当的引导,以激发更深层次的思考。

第四步:精选提炼

在第三步讨论的基础上,挑选出最重要的五条特征,引导大家讨论、修改,并最终确定这些特征的内涵与措辞描述。

第五步:预想未来

引导参与者讨论:要想实现这些目标,我们现在应该怎么办?会遇到什么困难或障碍?应该如何解决?需要学习和掌握哪些新的技能和方法?

值得提醒的是,这一阶段的研讨要具备创造性和建设性,不要变成"吐槽""发牢骚"大会,或者令团队成员产生"畏难情绪"。

第六步:设置标杆

通过引导参与者讨论"我们怎样才能知道自己在进步""有没

有什么标志或里程碑"这样的问题，就上述五项组织特征的进展设置阶段性的评估标志，以便组织成员能够在创建学习型组织的过程中，知道组织已经或正在取得进展。

根据实践经验，在组织和引导此项活动时，需要注意下列事项：

- 因为学习型组织建设需要全员参与，因而，全体组织成员都有必要参与这一活动。但是，在一些大型企业中，可以分层次、分部门、分阶段来组织实施。在一次研讨会中，可适当考虑不同部门或层级的人员搭配。
- 最好由一位团队引导师进行引导，这样可以保持中立，营造适宜的研讨氛围；高层领导也要作为普通一员，平等地参与讨论。
- 如果参加人数超过10人，建议分为多个小组，每组5～7人为宜。在分组时，可考虑打乱部门或层级界限，避免出现各自为政或本位主义的局限。
- 为促进团队成员积极参与、畅所欲言，可以使用名义小组法或团队列名法以及头脑风暴法等团队研讨技术。
- 在第二步中，不要使用投票方法以求迅速得出结果，应引导参与者充分交流，每个人都要发言，并通过对话达成共识。
- 环境要宽松宜人。在研讨过程中，应注意营造开放、自由、民主的氛围，不要批评，也不要有层级意识，更要避免领导或专家"一言堂"抑或少数人控制研讨过程的状况。

2. 共同愿景工作坊

很多公司每年都要制订计划或预算，但传统的计划与预算工作往往变成冰冷的"数字游戏"或充满明争暗斗的"权力博弈",并没有发挥应有的功效。人们通常没有机会深入探讨自己发自内心的渴望,以及对于市场、未来和客户的构想,也缺乏没有任何私心的碰撞和共创。结果是,公司的战略规划和预算没有任何新颖的想法,无法激发大家的热情或承诺,甚至还会滋生矛盾与冲突,导致战略根本无法实施。

与此同时,共同愿景作为彼得·圣吉所称的"五项修炼"之一,对于凝聚大家的共识、了解彼此的关切、增强团队的战斗力都具有重要意义。因此,很多企业将塑造共同愿景作为建设学习型组织的切入点(参见第 5 章)。在这方面,可考虑举行"共同愿景工作坊"汇谈[注]。

共同愿景工作坊是一个为期 2～3 天的新型战略研讨会,可以作为厘清共同愿景的重要方法来使用,也可以作为战略规划或年度计划与预算会议的前置活动,增强规划的有效性。它从个人愿景开始,侧重于激发个人的承诺、集体的热情与集思广益。

一般来说,共同愿景工作坊包括五个步骤。

第一步:畅谈个人愿景

所有参与计划的高层管理者都要参与会议。会议一开始,让他们"不谈公事",而是畅谈个人对于未来的期许与愿景,以打开心扉,增进团队成员相互之间的深入理解,为后续的对话奠定良好基础。

在实践中,这一步可采用"对话漫步"的形式,让团队成员"结对子",于室外漫步,畅谈下列话题:

- 我为什么来到这里做现在这份工作?

㊀ 有时也被称为"大墙会议"。

- 如果一切如我所愿，我希望自己5年后过什么样的生活？那时候，我的工作是什么样子？

之后，可交叉或集体分享各自的故事以及感触。

第二步：引导共同愿景

在分享个人愿景的基础上，进一步扩大谈话内容，引导组织成员畅谈共同渴望实现的未来景象。

这一步是一个比较微妙的过程，引导师可以让团队成员将个人愿景中的核心要点或价值期许提炼成关键词，逐一发言之后，引导大家发现或寻找有哪些共同点。对于差异，既不能置之不理，更不能删除了之，而是要引导大家思考：尽管这些关键要点现在看起来是有差异的，但是它们是否有内在关联？有没有一个更高层面的概念，可以涵盖或包容这些差异？

此外，还要引导团队成员超越自身愿景，以更广阔的视野思考他人（包括同事、员工、自己的家人等）、整个组织、顾客、社会以及其他利益相关者，争取形成一个更大的、和谐相处的全景图。

这一步要就下列问题达成共识：为了支持、反映及扩大自己的个人愿景，组织的未来应该成为什么样子？组织的愿景如何支持、反映及扩大个人的愿景？

第三步：描绘组织现状

在澄清了共同愿景之后，引导团队成员思考并客观、审慎地评估组织现状，研讨下列问题：什么阻碍了我们的前进？对于实现组织愿景，当前最主要的障碍因素或最大的挑战是什么？

在引导这一阶段对话时，不要让讨论变成发牢骚或抱怨，或者过于空洞、抽象，要坚持"有理、有据、有节"的原则，摆出事实以及观点。

第四步：拟定行动策略

在团队成员对现状达成共识之后，引导团队成员开始考虑：应该采取什么样的行动？先干什么，后干什么？应该如何合理地分配资源，才能实现组织的目标？需要建立什么样的价值观，以协调大家的行动？

第五步：分解实施战略

为了有效推动战略的实施，需要将其分解为更易于管理的任务，并明确分工，制订时间进度计划，然后定期进行跟进和控制。

在以上五步中，前四步是战略研讨会的主要议程，第五步涉及后续实施。

3. 欣赏式探询：启动积极变革的力量

传统上，组织变革都是侧重于修补短板，弥补缺陷、劣势或不足，认为组织变革是解决一个个差距或问题的过程。但是，欣赏式探询[一]（appreciative inquiry，AI）是一种全新的积极变革方法，它秉承"激发优势与热望，共创美好未来"的理念，将人群组织或社区视为一个有机生命体，通过系统地发现并激活赋予组织生命最大潜能的优势，来谋求个人、组织及其外部世界的美好未来。

欣赏式探询由美国凯斯西储大学管理学院大卫·库珀里德（David Cooperrider）教授始创于1987年，现已广泛应用于组织变革、学校、社区发展、非政府组织（NGO）发展、教练以及家庭、亲子关系等众多领域，取得了良好效果，并受到各方的重视。联

[一] 关于"欣赏式探询"的详细介绍，参见：库珀里德，惠特尼. 欣赏式探询[M]. 邱昭良，译. 北京：中国人民大学出版社，2007.

合国前秘书长科菲·安南曾说:"我特别赞赏欣赏式探询这一方法,并感谢你们将其引入联合国。"密歇根大学资深管理学教授罗伯特·奎因(Robert Quinn)则认为,欣赏式探询正在掀起组织发展领域的一场革命。

基于我的实践经验,我认为,在激活学习型组织时,可以通过应用这一方法,来帮助大家畅谈对于未来的期许,厘清愿景,促使大家达成共识,并将其转化为有效的行动。

概括而言,在组织变革中应用欣赏式探询的过程包括四个关键阶段,被称为"4D循环"(见图2-2)。

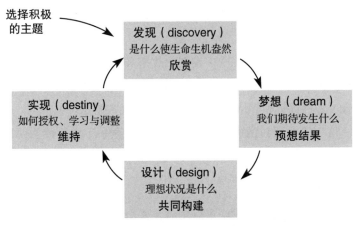

图2-2 欣赏式探询的"4D循环"模型

(1)发现

欣赏式探询认为组织是值得大家深情投入的神奇之旅,未来充满了惊喜和无限的可能。因此,它从发掘个人与组织的优势、正向能力开始,动员整个系统,使所有利益相关者都参与进来,通过运用"欣赏式面谈",探索、发现个人与团队的希望、梦想,畅谈他们珍视的价值,以及"巅峰体验"背后隐藏的各种优势、"积极的核心"(positive core),揭示出赋予组织、部门或社区生命意义并使其处于最佳状态、保持活力的关键特质。

这一阶段需要探索的核心问题是:是什么使生命生机盎然?成就我们过去与现在成功的关键要素、正向能力是什么?

(2)梦想

在确定了个人与组织的核心优势之后,梦想阶段的目的是使组织全体成员基于这些优势,畅想大家对于未来的渴望和他们共同想要创造的、更加美好的未来。随着人们对未来的描述越来越清晰,组织的共同愿景就会像全息影像一样,栩栩如生地呈现在人们面前。

在本阶段,上一阶段中发现的故事和见解将被整合起来,通过拓展人们的视野,激发人们的想象力,共同探讨、创造组织在整合了各种优势和能量之后所能展现出的动人景象。

这一阶段研讨的关键问题包括:我们存在于世所欲为何?我们期待发生什么?

(3)设计

在厘清了愿景和战略重点之后,要引导人们将注意力转移到如何在现实中创造出理想中的组织。为此,要厘清理想中的组织所需具备的各种条件,对其进行设计,以使人们可以利用并放大"积极的核心"产生的正能量,实现全新的梦想。

这一阶段需要人们突破现状以及现有的思维模式与共同假设,探讨的核心问题包括:理想的状况是什么?假如我们已经设计出了理想的组织,可以支撑我们去实现心仪的愿景,那会是什么样子,它有哪些关键特征?

(4) 实现

在设计阶段完成之后，人们会满怀希望和动力，采取必要的行动，去实现自己期望的变革。同时，需要建立联盟，不断增强整个系统的"肯定能力"（affirmative capability），维持持续进行积极变革和改善绩效的动力，以实现更为远大的组织目标。

在此过程中，组织成员学习、掌握了新的技能，调整或改变了原有的行为模式，并已经将新的行为模式转化成了自觉的习惯，就好像一支训练有素的爵士乐队，可以即兴演奏，这就会自然而然地推动组织变革，朝着团队共同渴望的未来前进。

本阶段涉及的核心问题包括：为了实现我们共同渴望的愿景、打造理想中的组织，我们应该做些什么？如何调整我们的行为？我们需要学习和掌握哪些新的技能？如何授权、学习与调整？

基于实践经验，欣赏式探询应用范围广泛、操作灵活，上述4D循环既可以在为期两三天的一次工作坊中基本完成，也可以单独使用，或者分为若干模块，在一定时期内实施。

4. 未来探索

未来探索（future search）是一种通过集体对话来畅想未来、规划行动的会议，以帮助利益相关者增进相互了解、达成共识，并将共识转化为行动。这一方法由马文·维斯伯德（Marvin Weisbord）和桑德拉·简诺夫（Sandra Janoff）提出。

未来探索会议有四个关键原则：

- 把整个系统放到一个屋子里（即构成系统的利益相关者都参与到研讨中来）。
- 以整体的视角纵观全局，帮助每个人看到更大的画面。

- 集体探求、达成共识，描绘共同渴望实现的未来。
- 让人们自主管理，并对行动结果负责。

一般来说，未来探索会议一般需要 2～3 天，适于 30～80 人。会议的流程大致可分为如下五个阶段。

（1）回顾过去

在这一阶段，与会者可以分组，按照不同的线索，通过分享故事，畅谈我们从何而来，到底是什么造就了今天的我们，有哪些亮点和里程碑。

一般来说，有三类人是必不可少的：拥有知识与信息的人士、拥有权威与采取行动所需资源的人士、受到会议结果影响的人士。

经过研讨，以参与者过去共同的经验为基础，将那些真正有意义的重大事件罗列出来，进行集体呈现，并将其作为第二阶段的起点。

（2）聚焦现在

在这一阶段，引导与会者共同探讨下列议题：当下面临的最重要的外部趋势有哪些？我们内部在做什么？有哪些引以为傲的地方，有哪些遗憾的地方？

对此，与会者必须积极思考并聆听他人的观点，就讨论主题达成共同的认知，并且依据重要性排序。

（3）畅想共同渴望的未来愿景

在这一阶段，与会者共同想象、描绘自己真心想要创造的未来是一幅什么样的景象。他们要把眼光放长远，先放下当前的各种冲突和问题，一起畅想未来，并达成共识。

（4）凝聚共识

接下来，每个小组开始思索并讨论：为了实现他们想要的未来愿景，需要克服哪些障碍？有哪些必备的资源？就此，他们要就未来的行动策略达成一致。

（5）拟订行动计划

在最后一个阶段，与会者要研讨：从现在到未来，为了克服障碍，解决问题，需要采取哪些具体的行动？除了具体的步骤，也要明确相应的负责人、时间进度以及所需的资源支持。

会议结束之后，他们可以提出下一步的行动方案与报告。

在我看来，未来探索是塑造共同愿景的一种实用方法，对于激发大家的热情、达成共识有一定的意义和价值。

5."会叫的狗"汇谈

在日常生活中，人们经常被各种各样"紧急"的问题（就像"救火"）牵着鼻子走，对于那些"真正重要但不紧急"的战略性问题（就像"消防"），却很少有时间进行思考和规划对策，即使偶尔提及，也难以深入思索与讨论。更为重要的是，在组织中还存在很多"禁忌话题"，无人愿意提及或坦诚地探讨，但如果对这种情况不加遏制，这些"禁忌话题"就可能成为侵害组织机体健康的"慢性毒药"，甚至会悄无声息地蔓延、扩散。

因此，要激活学习型组织，就要找出真正重要的战略性问题，并让团队成员坦诚地交流一些敏感而重要的"禁忌话题"，以帮助人们达成共识，激发变革的热情。为此，你可以组织团队成员进行"会叫的狗"汇谈。

"会叫的狗"汇谈，是一个工作团队或临时团队开诚布公地讨论业务战略问题，评估潜在的威胁和机会，并且规划集体行动的一次或多次主题对话活动。该方法由理查德·罗斯和夏洛特·罗伯茨在《变革之舞》一书中提出，一次研讨约需 0.5～2 天，可以每个季度进行一次。实践经验表明，这一方法有助于促进集体思考，在纷繁复杂的局势中找出真正重要的问题，从而开创新局面。同时，通过这一方法，也可以找到建设学习型组织的必要性和切入点。

具体引导步骤包括以下四步。

第一步：把"狗"汇集到一起

研讨的第一步是介绍会议的目的、流程与规则，并引导团队成员就如下三个方面问题进行思考与研讨：①叫着的狗：重要且紧迫的事项；②不叫的狗：具有战略意义、重要但不紧迫的事项；③睡着的狗：没人愿意提及的"禁忌话题"。然后，以轮流发言的形式，就上述问题进行集体分享与交流，并达成共识。

第二步：叫着的狗

让团队成员首先讨论那些"重要且紧迫"的事项（"叫着的狗"），使用聆听、兼顾主张与探询等方式，了解彼此的看法，共同寻找潜在的应对策略并达成共识。

第三步：不叫的狗

让团队成员讨论"重要但不紧迫"的事项（"不叫的狗"）。它们是重要的潜在威胁或机会，虽然现在看起来并不紧迫，但倘若把它们忽视了，很可能未来会演变成"叫着的狗"，让你头疼不已。因此，这些问题不容忽视，并需要预先采取一定的应对措施。

在这一步，不要匆忙得出结论，而是要有意识地发现你以前没有想到过的问题的方方面面。同时，真正重要的，与其说是找到解决问题的对策，不如说是团队成员思维模式的转变。

第四步：睡着的狗

当小组研讨质量和效率提升之后，可以引导团队成员讨论"睡着的狗"——那些棘手的、潜在的或敏感的话题。这类问题很少有人愿意提及，即便提及，有时也很难深入讨论下去。因此，需要营造一种安全的氛围并善加引导。

需要说明的是，要提高这一活动的效果，讨论氛围的营造至关重要。只有在安全、平等、坦诚、开放的氛围中，人们才能畅所欲言。否则，即便按照上述流程完成了讨论，也很可能只是在走过场，纯属浪费时间。为此，最好让有经验的、合格的团队引导师（facilitator）进行引导，这样有助于提高讨论的质量和研讨效果。

6. 利用故事的力量

克里斯·科里逊（Chris Collison）和杰弗·帕塞尔（Geoff Parcell）在英国石油公司内部推动知识管理时，采取了讲故事的方法。他们寻找公司内部已经发生的成功范例，并将其作为启动知识管理项目、激发人们参与知识创造与分享热情的工具。事实证明，生动的故事比简单的说教效果更佳。例如，他们发现，墨西哥湾的钻井队采用行动后复盘的方法，用了3天时间反思并总结他们的工作计划，后来在他们钻的每一口油井上都节约了几百万美元。类似这样的故事在全公司内部广为传诵，不仅普及了知识管理的观念，传播了知识管理的方法，也告诉了人们知识管理和他们的工作有着紧密联系，从而对知识管理的推广、普及起到了意想不到的示范作用。㊀

㊀ 科里逊，帕塞尔. 英国石油公司组织学习最佳实践［M］. 李准，译. 北京：机械工业出版社，2003。

同样，世界银行（简称"世行"）知识管理项目部主任斯蒂芬·丹宁（Stephen Denning）也是一个讲故事的高手，他利用讲故事的方法成功推进了世界银行的知识管理。初期，丹宁曾经运用幻灯、图表、书面报告等手段，试图向大家阐述一些他自认为很有说服力的理由，以便让世行官员接受他的观念，但这一切努力都无济于事。后来，丹宁想到了讲故事的办法。1995年6月，丹宁向世行官员讲了这样一个故事：赞比亚卡马那市的一位医生苦于找不到治疗疟疾的方案，最后登录美国亚特兰大疾病控制中心的网站，在很短的时间内获得了想要的全部信息。世行官员听完这个故事，很快就将工作人员汇集起来讨论知识管理事务，并向行长提交了报告。1996年8月，世行行长在年度会议上宣布，要把世行变革成一个知识共享的组织，世行要成为"知识银行"。○

如今，讲故事已经作为一种新的管理方法，被众多国际企业所接受：IBM管理开发部专门请来在好莱坞有15年剧本写作和故事编辑经验的剧作家担任顾问，向管理人员介绍好莱坞讲故事的经验，帮助管理人员掌握讲故事的技巧；耐克公司则设立了正式的"讲故事"计划——每个新员工入职后要听一小时的公司故事，耐克的教育总管有时也被戏称为"首席故事官"。正如哈佛大学教授霍华德·加德纳（Howard Gardner）所讲的，"讲故事是最简单、最有凝聚力的工具"。

因此，讲故事，看起来不起眼的小方法可以起到意想不到的大作用。在推动学习型组织建设时，可以利用讲故事的方法，来传播观念、激发热情、凝聚共识。

那么，如何利用讲故事来凝聚大家的共识呢？根据一些企业

○ 丹宁. 故事的影响力[M]. 刘莉, 译. 北京：中国人民大学出版社, 2010.

的实务做法,我认为主要步骤包括五步。

第一步:明确目的

按照丹宁的经验,只有当确定明确的目的后,才能有针对性地进行故事陈述。比如,在勾画未来的故事里,领导者的最重要任务之一,是为人们描述一个愿景,让人们相信这个愿景,在想象中熟悉这个愿景,并愿意行动起来去实现这个愿景。如果要达到这个目的,故事就应该能够激起听众憧憬未来的欲望。另外,还应该从正面的角度描述愿景,告诉人们需要瞄准什么样的目标,而不是注意避免哪些情形。这样,他们就更有可能战胜变革中的不确定性。

第二步:收集典型案例

好的故事能把员工与企业文化黏合在一起,同时触及听众的心灵。当然,故事必须是真实可信的、有针对性的(也就是说,不管每个听众是否有相同经历,他们都会面临类似挑战)。所以,最好的途径不是杜撰一个故事,而是广泛收集真实的案例,并在此基础上进行整合。

例如,联邦快递檀香山分公司的邮递员吉姆斯·布什,在暴风雨天气中,正在投送一封加急邮包。突然,一阵强风把这个邮包从他的无篷货车上刮了起来,掉落在海面上。布什毫不犹豫地跳进海里,捞起了邮包。重新包装之后,布什顾不上换下自己湿淋淋的衣服,就急忙将邮包送到了客户手里。基于这一真实案例,联邦快递公司将其树为典型,整理成故事,广泛宣传,号召大家学习他不计个人安危,全心全意为客户服务的崇高行为和优秀品德。

第三步:精心准备故事陈述

每一个故事都要有何时、何地、何人、何事、何故、如何等若干要素，才能表达清楚。但是，如何表述才能产生更大的影响力，依然很有学问。为此，需要精心准备具体的陈述方式。例如，开头可通过陈述问题、挑战、冲突或者设问等方式，引起听众的注意，也可简洁地交代何时、何地，开门见山地介绍相关背景。同时，故事必须有名有姓，真实可信；叙事必须具体、生动等。

第四步：测试与修改

按照伊夫琳·克拉克（Evelyn Clark）的说法，好的故事应该能唤起人们长期被遗忘的记忆，激起人们深埋的情感，从而产生巨大的冲击力，同时使听众认同其中的主要人物，并变得愿意积极地去克服困难，导向并维持成功。因此，一个经典的故事如同一件艺术品，需要精心打磨。

在准备好故事的陈述方式之后，要选择部分目标受众进行小范围的测试，了解听众的反馈，尤其需要注意听众无意中流露出来的真实感受，并据此进行修改、优化。如果需要，这一过程可能反复数次。

第五步：通过多种渠道讲述故事

在确定了故事之后，需要通过多种渠道广泛传播。例如，阿姆斯特朗国际公司第一位CEO戴维·阿姆斯特朗（David Armstrong），把本公司的理念与员工的故事编辑成书，作为员工教育的教材；他请每一位应聘者带一本回去阅读，以便了解公司文化，然后再决定是否愿意到这里工作；同时，他把在职员工的感人故事张贴在广告栏内，印在装工资支票的信封后面，绘制在墙壁上；有时候，还会让在职员工自己扮演、生动地再现感人场面，并当场录像，刻录成CD或VCD光盘，赠送给员工相互学习。他的这种多管齐下的做法，收到了良好效果。

在中国，江淮汽车、鲁南水泥等公司，在建设学习型组织的启动阶段，也广泛采用了讲故事的方式，生动形象地传递公司的基本信念、价值观，起到了教育员工、激发员工热情的作用。

当然，讲故事应坚持宁缺毋滥的原则，而且要保持始终如一和适当的频次。此外，有效的讲述方式也很重要。

思考与练习题

1. 对照本章所述的对于学习型组织的九种常见认识误区，你存在哪些认识误区？
2. 你如何理解学习型组织？它有哪些视角，其精髓是什么？
3. 如何理解学习型组织具有"波粒二象性"？
4. 如何理解学习型组织的三个层次？
5. 参考本章所述的"澄清认识、激发动力的六种方法"，你所在组织如果拟采取措施激活学习型组织，你认为应该怎么做？

CHAPTER 3

第 3 章

建立组织学习促进与保障机制

群体学习的三个必要条件

要想建设学习型组织,首先要搞清楚几个问题:群体是如何学习的?其核心过程与机制是什么?需要具备哪些条件?

对此,让我们先看一项生物学研究:⊖

> 20 世纪初,英国牛奶供应商送到订户门口的牛奶奶瓶上没有封口,本地两种很常见的鸟——山雀和知更鸟,都可以吸食到瓶口的乳脂。这时候,这两个种群的所有

⊖ 该研究由生物学家艾伦·威尔森主持,转引自:德赫斯. 长寿公司:商业"竞争风暴"中的生存方式[M]. 王晓霞,刘昊,译. 北京:经济日报出版社,1998。

鸟儿都有奶喝。

后来,在第二次世界大战期间,牛奶供应商用一层铝箔将奶瓶封上了口。这场巨变让所有的鸟儿都喝不到乳脂了。

用了不到10年,大约在20世纪50年代,英国所有的山雀(大约有100万只)都学会了如何运用喙刺穿铝箔封口,从而又可以喝到它们喜爱的乳脂了。但是,知更鸟种群没有学到这套啄功,自然也就没奶可喝了。即便偶有一两只知更鸟掌握了这种本领,也没有传授给其他知更鸟。这可谓"会学的鸟儿有奶喝"。

为什么在不到10年的时间里,整个山雀种群成功地完成了一次群体学习,而知更鸟种群却没有学会?尽管从生理结构、智力特征、个体的创造性以及交流能力等方面而言,山雀与知更鸟没有太大区别,但为什么这两种鸟会有这种群体学习效果上的差别呢?

根据生物学家艾伦·威尔森的研究,任何一个群体要具备三种条件,才可能发展出适应环境变迁的新技能。

1. 个体的学习与创新

一个群体要想产生集体层面的学习,其成员个体必须具备创新或发展新技能的能力。他们能通过学习,创造出新的技能,以使自己用新的方式利用环境。相反,如果个体没有学习与创新的能力,整个群体也就不可能产生集体学习。

2. 社会化的创意传播机制

该群体要有一套彼此直接沟通、学习的机制,使个体的创意或新技能可以通过一种组织化、制度化的程序向整个群体传播。这种程序不是靠基因传递的，也不能局限于家族内部的世代相传，或者是适者生存，而应该是多样化的、直接的交流。

3.群体的运动性

除了制度化的信息交流机制，该群体要想产生集体学习，它们的成员个体必须有能力四处活动，并运用这种能力经常迁徙，它们群集一起或是成群地活动，相互之间产生大量互动，而不是画地为牢，在相互隔绝的领地中单独行动。

山雀是群居的动物，常常迁徙换巢，当某只山雀学习、掌握了新的技能后，别的山雀会通过它们之间平等、频繁甚至有些杂乱的沟通与交流，学习到新的技能，并经由个体和团体之间大量自由、随意的移动，加速新技能的传播，促进群体整体的学习与技能提升。而知更鸟则是有领地习性的独居动物，它们各自据守自己的领地，相互之间的交流仅止于排斥来犯之鸟，因此，就算偶有知更鸟发现了奶瓶的封口可以被啄破，其他的知更鸟也无从习得这项新技能。

由此可见，要想激发组织学习，需要从三个层面努力：

- 在个体层面上，激发每个组织成员的学习的动力与热情。
- 在团队层面上，要建立制度化的交流、协作、知识传播机制。
- 在组织层面上，营造开放、自由、创新、分享的氛围或环境，消除各种障碍。

培育沃土，创新之花自会绽放

不要以为"山雀与知更鸟"的故事只是发生在动物界。在真实的商业世界中，类似的例子也有很多。让我们看看 3M 公司的创新实践（参见案例 3-1）。

◎ 案例 3-1

3M：即时贴的故事

位于美国明尼苏达州圣保罗的 3M 公司，其产品种类达 6.6 万种之多，年年被美国《财富》杂志评为"最受尊敬的公司"。它能够持续创新和学习的秘密就在于充分发挥个人的主动性，培养员工的创新精神以及创造性思维，并建立一种适宜学习的文化，对新思想和新成果给予大力的支持，鼓励员工之间的交流和互动。从某种程度上讲，正是由于公司维护着"创新的沃土"，才能永葆青春和创新的活力。

在 3M 公司，流传着很多关于创新的传奇故事，即时贴就是其中的典型代表。

20 世纪 70 年代，3M 公司一位叫阿瑟·弗赖伊（Arthur Fry）的科学家每星期都会参加教堂唱诗班的活动，可每次都有一件事让他头疼不已。为了标记将要演唱的赞美诗在哪一页，他在诗集中夹了许多小纸片，可每次当他打开诗集时，纸片便会滑落到地板上，使他找不到当初的标记在哪里。"如果我能把纸片粘在书页上，又能方便地取下来就好了。"他心里想到。

这时，他突然想到一个主意。他记得他的同事斯潘塞·西尔弗（Spencer Silver）曾经发明了一种胶水，这种胶水因为黏性小而被认为是一大失败，西尔弗也没找到这种胶水的其他用途，但他还是将其公之于众，希望能对其他人的研究有所帮助。此时，阿瑟·弗赖伊想要用上这种胶水。

弗赖伊利用自己的业余时间研制出一种"临时书签"的样品。可他的工作并没有就此结束。接下来，他要让公司立项，并说服销售部门，让他们相信人们愿意购买这种可以粘到书上也可轻松取下的书签。但是，据弗赖伊回忆，事情进展得很不顺利，该项目曾数次被否决。

但是，弗赖伊并不甘心，也没有放弃。他和同事们采取"游击战术"，向公司里的人员分发产品样品，其中包括一些高级经理的助理。随后，他又将产品概念从书签拓展到便条，从而使产品的潜在价值大大提高。

最后，弗赖伊终于说服了商业办公供应部生产这种产品，并于1980年正式面世。一年后，弗赖伊的发明被授予了3M"杰出新产品奖"。

今天，这种产品已经成为美国最受欢迎的五大办公用品之一，并畅销全世界。弗赖伊的故事也在3M内外广为传颂。

众所周知，创新不等于创意，也不能仅停留于创意。如果只是有一些创意，甚至研发出了原型，但是不能将其转化为商业价值，也不能称为创新。

1. 创新的过程

从以上案例可以看出，要想让一个创意真正转变为创新，并最终产生效益，必须像即时贴的故事所显示的那样，经历以下四个过程。

（1）创意激发

如山雀与知更鸟的故事所示，如果个体缺乏创新思维能力，无法提出有价值的创意，整个团队或组织肯定无法进行学习和改善。为此，激发个体的创意与创造力是创新的第一步，如同点燃"火种"。

在3M即时贴的案例中，科学家弗赖伊为自己亲身遇到的问题所困惑，于是产生了一个想法（"要是能发明一种可以粘到纸上又能方便地取下来的便签就好了"），然后他想到并利用了同事过去一项"失败的"发明，提出了新产品的概念及原型。这个过程就是创意的激发。

（2）创意管理

在生活中，我们从来都不缺少想法，像弗赖伊这样的故事也屡见不鲜，但是，并不是每一个人都能成为弗赖伊那样成功的创新者。在企业里，员工也不缺少创意，但是很少有企业能够充分利用这些"火种"，将其转化为创新，创造出商业价值。因此，企业的创新能否发生的关键，就在于组织能否及时收集、评估并有效地利用这些创意。对此，我称之为"创意管理"。

在3M公司，不仅有"15%规则"——员工可以利用自己15%的工作时间来从事自己感兴趣的研发项目，还存在大量的创意分享与交流机制，以及对创新的资助基金，它们可以让创意源源不断地生发出来，并相互结合，然后发展壮大。

（3）创新实现

俗话说：行胜于言。把握住并筛选出好的创意之后，必须将其付诸实践，才会产生价值。正如罗莎贝斯·莫斯·坎特（Rosabeth Moss Kanter）所指出的那样，创新的实现不仅依赖少数人的创意，还需要组织化的制度安排，例如建造联盟和获取必要的权力，使创意转变成为现实；通过团队协作，将创意转变成可以使用的一个产品、计划或原型；通过产品的商品化，使创意被接纳、转让或扩散。由此可见，创新不等于创意或创造力（creativity），它的一个不可缺少的环节是"从说到做"，即创新的实现。

在 3M 的案例中，弗赖伊将他的想法和原有技术相结合，开发出了原型和样品，这是创新实现的第一步；其后，他又进行了测试，逐渐拓展了产品的概念，使其进一步产品化、商业化。这并非一蹴而就，其中遇到了很多挑战和压力，所以说，创新的实现既离不开创新者的热情与毅力，更需要组织、机制、文化等方面的支持。

（4）创新扩散

如果要打造一个适宜创新的组织，激发更多的创新，就不能让创新仅仅停留于局部，或者处于偶发的状态，必须使其从一个部门传播到另一个部门，从一个地点传播到另一个地点，并在组织中持续深入地生发出来、扩展开去，形成"星火燎原"之势。

在 3M 公司，即时贴作为一款创新产品，很快推向了全球，并陆续开发了系列产品，扩展到了很多领域，而且一直持续到今天，源源不断地为公司创造商业价值。

2. 创新的必要条件

创新要想发生，除了有一定过程之外，也离不开一些必要的条件。像山雀一样，3M 公司在创新方面表现优异的秘诀在于以下三个方面都很突出。

（1）适宜个体学习与创新的环境

为鼓励员工创新，3M 公司有著名的"15% 规则"，员工可以将部分工作时间用于个人感兴趣的发明或革新项目。同时，公司设立了创新奖励基金和申报、评选机制，以奖励和资助创新项目；即使未得到资助的项目，管理者也不能将其"一棒子打死"。这些措施使得3M公司能够激发个体的创造力，使创意源源不断地涌现出来，并被有效管理。如案例3-1所示，如果没有弗赖伊先生的兴趣和坚持，没有3M公司所营造的宽松环境，就可能不会有如此成功的一款产品面世。

（2）制度化的传播和交流机制

促进3M公司创新过程的核心要素之一就是技术共享。关于创新，3M公司有一条基本原则就是"产品属于各业务部门，但技术属于公司"。也就是说，各部门有权决定生产什么产品，但对技术没有所有权。在3M公司内部，所有技术都可以自由使用。在100多个实验室工作的技术人员，相互之间没有秘密可言，公司也拒绝以"非我发明"（not invent here）为借口的封闭、保守主义。比如，一种非编织材料开始是作为装饰用带子发展起来的，后来通过技术共享衍生出几十种产品，从防护眼罩到外科用绷带等。案例3-1中所提及的即时贴的发明，也是基于对原有技术（包括被认为失败的技术）的重复使用。

为了促进不断创新，3M公司对研发部门的组织结构进行了重组，将一些相关的实验室合并为范围更大的技术中心。与此同时，公司内部通过两个正式网络使科学家们保持经常接触，并鼓励跨部门的技术交流：第一，由所有主要实验室领导组成的技术委员会，每月碰一次面，并在每年三天的休假中探索共同的兴趣；第二，由科学家和技术人员组织的技术论坛，每年发起一次为期三天的集会。技术论坛分为几个部分，使具有相同兴趣的人能够用特定的材料和可应用于多种产品的技术进行工作。这种集会类似于一种"非正式的个人工作交易展示会",3M 公司中的部分单位被邀请展示它们的技术、产品和服务,它们的代表就像站在"售货亭""出售"它们的东西,并告诉人们它们的技术如何使用,产品在哪里出售,以及产品会如何改进。

此外,3M 公司技术发展部还提供了 600 多门课程,其中 20% 的课程由 3M 员工自行开发、讲授。他们之所以开展大规模的内部技术教育活动,目的不只是让人们不断打破限制的边界,而且是为了促进技术与知识的交流。

（3）创新与学习的促进与保障机制

上述创新过程之所以能够高效进行,有赖于 3M 公司鼓励学习与创新的文化。在实践中,它们表现为如下特征:

- 没有过多的规划。
- 简化繁文缛节。
- 视犯错误为正常。
- 对跨越组织界限习以为常。
- 鼓励自动自发。
- 观念由下而上流动。
- 上层人员很难封杀一种观念。
- 维持小而扁平的组织。

正是这些倡导自主权和创业精神的指导观念,如同"沃土",帮助 3M 公司克服官僚主义或封闭保守、本位主义,成为创新先锋和学习典范。

"社会场"：组织学习与变革的基础

对于上述"沃土"的比喻，一直以来，我们中国人会用"场"（"气"或"气场"）这个概念来表达。无论是老子、庄子，还是管子、荀子等古代思想家、哲学家，都提出并论述过"气"的概念，荀子也在《劝学》《荣辱》《儒效》等多个篇章中指出，社会环境对于人的行为养成有着举足轻重的影响。

近年来，随着复杂性科学、量子物理学等新兴科学研究的日渐深入，越来越多的研究者意识到，人们需要培养新的世界观和思维模式，并以此来看待我们所处的组织乃至整个世界。其中，"场"就是量子物理学研究所推动的一种新观念。在《领导力与新科学》一书中，玛格丽特·惠特利指出，按照新科学的观念，空间并不是"空"的，世界中充满很多相互影响的"场"，它们是不可见的、非物质的影响力，是宇宙的基本组成部分。每个空间，小到原子内部，大到整个宇宙，其中遍布着各种各样的"场"。虽然我们无法看到"场"，但我们可以通过观察行为而感受到"场"的存在。对于组织而言，愿景与价值观等无形的元素，是组织内部的"社会场"，看不见、摸不着，却渗透到组织的每个角落，无所不在，无时无刻不在影响着每个员工的行为。

类似地，在研究组织知识管理的过程中，野中郁次郎（Ikujiro Nonaka）等人也提出了"场"（Ba）的概念。他们认为，为了促进知识创造，组织需要提供适当的"场"，以利于个人的知识创造和积累，以及人际互动。在《创造知识的企业》一书中，他们提出了促进知识创造的五种条件：

- 组织的意图。这体现了组织对于自身使命、愿景以及目标的追求，它们是推进知识螺旋的驱动因素，也是判断知识价值的基础。
- 自主管理。这为个人和团队提供了自由行动的条件，有助于激励个人和团队获取所需的知识，增强知识的传播与贡献，提高创造出新知识的可能性。
- 波动与创造性混沌。它指的是外界环境的变化以及组织内部的变化处于一种"既有序又无序"的微妙状态，它们能够促进组织与外部环境之间的互动，有利于知识的创造。
- 冗余。它指的是组织允许员工或部门掌握暂时看起来与其当前工作无关的一些信息，或者在业务活动、管理职责上有意识地保持一些重叠。在野中郁次郎等看来，这并非浪费，而是有利于不同部门或员工以差异化的视角提供信息或观点、相互启发或"侵入"彼此的职能领域，从而促进部门之间的沟通与协同，推动知识的共享与创新。
- 必要的多样性法则。组织内部的多样性必须与其所处环境的复杂性和多样性相一致，是组织有效应对环境所带来的各种挑战的必要条件。因此，组织应确保其成员可以最快的方式获得最广泛的必要信息。

从这里可以看出，野中郁次郎所讲的"场"主要是赖以形成人际关系、发生人际互动的情境，由不同的参与者在特定的时间、空间构成，有不同的表现形式（真实的或虚拟的、正式的或非正式的、大型的或小型的、内部的或外部的、实体的或认知性的）。"场"的质量会影响到人们的人际互动与信息交流的质量，从而影响到知识的创造与共享。

在企业实践领域，汉诺威保险公司前CEO比尔·奥布莱恩（Bill O'Brien）也认为：一项干预措施的成功与否取决于干预者的内在状态。受其启发，美国麻省理工学院的奥托·夏莫（Otto Scharmer）博士认为，要想推动深层次的变革，领导者需要关注并设法改变影响行为起源的内在场域。这是组织学习与变革的基础。

的确，由于人是社会性动物，组织也是由多人构成的，彼此之间必然相互影响，因而，在组织中，人的任何行为（包括学习）都离不开他人的影响，会受到环境（包括组织机制）的影响。就像案例3-1所显示的那样，如果有了沃土，创新之花自会绽放。事实上，无论是谷歌，还是苹果、亚马逊、微软、IDEO等深具创新力的公司，都具有创新的沃土。

组织学习促进与保障机制的五项构成要素

如上所述，"社会场"对于组织学习至关重要，激活学习型组织必须有意识地设计或改进组织社会场的质量。尽管如此，人们对社会场的研究与实践还处于探索阶段。对此，可参考我提出的"组织学习促进与保障机制"及其构成要素，这对于改善组织"社会场"质量具有一定的参考意义和实践指导价值。

1998年，基于理论研究和实践案例分析，我提出了创建学习型组织的系统生态方法——"组织学习鱼"模式。在我看来，建设学习型组织作为一个生态化的系统工程，主要包括两种机制：一是组织学习机制，也就是"鱼身"，可视为骨架或主体；二是组织学习促进与保障机制，也就是"鱼鳍""鱼鳞"等辅助部分。后者并非不重要，而是和前者同等重要、不可或缺的有机组成要素。

这符合"一阴一阳之谓道"的精髓。[○]

根据我的经验，组织学习促进与保障机制主要包括以下五方面。

1. 使命、愿景与战略

使命（mission）是组织存在的目的或意义，是对利益相关者（包括客户、员工、社会等）的价值。愿景（vision）是组织成员真心渴望实现的未来景象，是引领组织发展的指南针，也是在特定阶段内组织使命达成以后的状况。更进一步讲，战略（strategy）是实现组织愿景所指引的中长期目标的途径与方式。

毫无疑问，使命、愿景与战略是组织效能的基础性影响因素。就像吉姆·柯林斯（Jim Collins）在《基业长青》一书中所讲的：真正卓越的企业是高瞻远瞩型公司（visionary company），它们有着"胆大包天的目标""超乎利润之上的追求""坚定的核心理念""教派般的文化"以及"永不满足的机制"等非凡特质。《指数型组织》一书的作者萨利姆·伊斯梅尔（Salim Ismail）也指出：指数型组织有一个共同点——它们都有一个"宏大的变革目标"（massive transformative purpose）。事实上，这是指数型组织最重要的特性。同样，彼得·圣吉也认为，共同愿景是学习型组织的基本要素之一，是"五项修炼"中的核心修炼。正如《孙子兵法》所讲："道者，令民与上同意也……上下同欲者胜。"如果团队成员没有共同认可的使命与愿景，或者对目标缺乏明确的共识，将影响到集体的决策和协同行动，损及组织绩效。

○ 参见：邱昭良. 迈向学习型组织：组织学习障碍因素分析及对策 [D]. 天津：南开大学，1998；邱昭良. 学习型组织新思维：创建学习型组织的系统生态方法 [M]. 北京：机械工业出版社，2003。

2. 组织与领导

作为一个整体，组织是人与人之间依据一定的目的和规则所形成的社会集合体，他们有不同的分工，也需要紧密协作。因此，团队成员如何搭配、分工与协作，相互之间的权力、职责及资源如何分配，是组织效能的直接影响因素。

与此同时，领导力也是组织效能的关键影响因素之一，领导的能力、态度、意愿与组织学习直接相关。事实上，在很多公司，都把领导力开发与提升作为学习型组织建设的中心议题之一。

3. 流程、制度与规范

对于现代企业而言，良好的流程、制度与规范是企业有效运作的保障体系之一，也是人与人之间、团队与团队之间协同的基本框架、规则与"协议"，因而也是组织效能的重要促进与保障因素。例如，很多项目团队采用矩阵型组织结构，这就需要团队成员熟悉自己的角色和职责，并把握好汇报与沟通的渠道与方式。为此，组织应建立相应的制度规范，促进团队成员更好地适应项目的工作方式。

4. 文化与氛围

很多学者都认为企业文化是学习型组织的重要促进与保障因素，对组织学习具有直接的影响，也是创建学习型组织的重要构成要素。事实的确如此。例如，害怕犯错误或骄傲自满容易产生"习惯性防卫"，从而影响团队成员的对话和决策；缺乏信任、尊重和珍视多样性也会影响到行动的质量和过程的效率，等等。

按照"企业文化之父"埃德加·沙因（Edgar Schein）的说法，

组织文化是某一特定组织在应对外部适应和内部融合问题过程中所学习到的，由组织自身所发现、发明、创造或者发展起来的一些基本假设和行为模式。由于它们能够发挥作用，并被认为是有效的，因而被新的成员所接受。按照沙因的看法，组织文化最核心的元素是个人与组织成员共同持有的核心理念与基本假设，它们是在个人潜意识中被视为理所当然的一些信仰、观念、规则等，是价值观与行动策略的根源。有时候人们也会把它们称为"价值观"或"指导思想"。在组织文化中，它们是组织长期发展的历史经验的沉淀，是对组织运作经验的思考与升华，集中体现了一个组织特有的文化个性。这些深层次的基本价值观念为组织中的群体所共有，即使组织成员不断更新，文化也会得到延续和保持。这种价值观不仅根深蒂固，而且往往隐秘、微妙且不易察觉，却能发挥出巨大的作用力，仿佛一只"看不见的手"在影响着人或组织系统的行动。组织价值观是组织文化的核心，也是组织文化的基石。

在向学习型组织迈进的过程中，组织所推崇的学习、创新、变革与协同的基本信念，能够引导管理者和广大员工按照统一的行为方式，有效地进行学习和知识的交流与共享，引导组织全体成员为了共同的目标而不懈努力。

在此基础上，人们一般会发展出一些具体的处事规则或行为模式，如战略路径选择、质量意识、指导哲学、考核导向等，是外显的判别标准与规范。

5. 技术与基础设施

大量研究和案例显示，适宜的时间、空间与基础设施（包括实体的和虚拟的）是个人与组织学习的重要促进与保障因素，也是创建学习型组织的基本"行动领域"。例如,3M公司有"15%规则"、谷歌公司则有"20%原则",它们为员工提供了宽松的环境、可自由支配的时间,对于激发创新有重要的支撑作用。有研究显示,平等、轻松的交流空间,例如开放式办公室、茶水间等,对知识共享与协作有促进作用。因此,为了激发组织学习,组织要为员工提供充分的学习空间、时间和条件。这同样会促进团队效能的提升。

与此同时,利用先进的信息技术手段,例如知识管理系统、数据分析与决策支持系统、团队协作系统等,也有利于团队的决策与协同行动。

如第1章所述,建设学习型组织是一个系统工程,就像种庄稼,要想获得丰收,就需要土壤(也是一个系统)中的各种元素协调配合。如果哪一种元素短缺或过剩了,都会制约作物的成长,影响收成。同时,土壤与作物也是动态变化的,并相互影响。同样,学习型组织建设也是如此。因此,在建设学习型组织的"松土"阶段,企业家和各级管理者可参考我提出的"组织学习鱼"模型中的五种组织学习促进与保障机制,从上述五个方面对本企业的"土壤"质量进行评估,并采取有效的措施,对部分"短板"进行干预,消除其不利影响或对组织学习的阻碍作用,达到相互协调和支撑组织学习的效果。就像本章的3M公司案例所显示的那样,只要土壤肥沃,学习与创新之花自然会绽放。

此外,企业家和各级管理者也要对组织的"土壤"状况进行实时监测、动态调整。这是一个持续不断的过程。

思考与练习题

1. 一个群体要想产生集体层面的学习，需要具备哪些条件？你对此是如何理解的？
2. 本章所述的 3M 公司案例，对你及你所在公司有哪些启发？
3. 创新的过程要经历哪些阶段？
4. 组织要创新，需要具备哪些条件？
5. 如何理解"社会场"？为什么说它是组织学习与变革的基础？
6. 如何理解本章所述的"组织学习促进与保障机制的五项构成要素"？对照这些要素，你所在组织哪些地方做得好，哪些地方有待改善？

CHAPTER 4

第 4 章

系统规划

　　组织作为一个系统，激活学习型组织就是对组织系统进行干预，提高系统的学习力和整体活力。为了有效地实施干预，一定要利用系统思考的智慧，使干预措施符合系统的原理与特性，顺势而为，这样才能与系统和谐相处。

　　按照我在《如何系统思考》一书中的定义，所谓系统，就是一群相互连接的实体构成的一个整体。这些构成系统的实体（或者称为要素）之间，为了特定的目的或功能，存在着大量复杂的相互连接，持续地发生着各种各样的相互作用与影响。因此，要对这样的动态性复杂系统进行干预，驱动其按组织成员的预期转变，要把握如下三个要点：

第一，要进行整体规划、统筹兼顾（参见第 4 章），避免顾此失彼或相互掣肘。

第二，要找准切入点、把握关键（参见第 5 章），并运用相应的方法与工具（见第 6 章），使其融入组织的业务与管理运作体系之中（参见第 7 章），循序渐进、稳扎稳打、不断发展壮大（参见第 8 章），罗马不是一天建成的，学习型组织的建设也不可能一蹴而就。

第三，要动态地进行监测、评估和改进（参见第 9 章）。

如果不进行整体规划，大家对于激活学习型组织到底要考虑哪些方面的要素就缺乏清晰的认识，无法达成共识，在行动上也就缺乏协同，从而造成这些要素之间相互掣肘或难以协调，最终会影响学习型组织建设的效果。

为了帮助大家做好学习型组织的规划，本章将介绍四种解构或构建学习型组织的模型，之后探讨进行学习型组织整体规划的主要内容以及关键成功因素。

五项修炼：建设学习型组织的核心技术

美国麻省理工学院（MIT）斯隆管理学院高级讲师彼得·圣吉被誉为"学习型组织之父"，虽然他并非学习型组织理论的原创者或发明人，但他的著作《第五项修炼：学习型组织的艺术与实务》不仅实现了整合创新，还引发了全球学习型组织实践的持久热潮。自 1990 年起，彼得·圣吉及其团队以及由其倡导的全球学习型组织实践社群，持续推动学习型组织的研究与实践，并产生了一系列重要成果。

这些成果主要包括：

- 1990 年，出版《第五项修炼：学习型组织的艺术与实务》，提出了建设学习型组织的行动框架及"五项修炼"技术。
- 1994 年，出版《第五项修炼·实践篇》（与人合著），对五项修炼的理念进行了深入阐释，提供了更多的方法、工具以及案例，并针对常见状况给出了行动建议。
- 1999 年，出版《变革之舞》（与人合著），阐述了应用五项修炼驱动组织变革的历程、常见挑战以及对策。
- 2000 年，出版《学习型学校》（与人合著），探讨了教育机构如何应用五项修炼，以促进学校与教育系统的变革。
- 2004 年，出版《自然流现：人类的目的与未来领域》（与人合著），对驱动人类深层次变革的源头与行动进行了探索，也是五项修炼驱动组织变革的进一步深化；2005 年，与奥托·夏莫等合作，出版了《第五项修炼·心灵篇》。
- 2006 年，基于过去 15 年全球实践经验，出版《第五项修炼（修订版）》。
- 2008 年，出版《必要的革命》，运用系统思考理念与方法，阐述了个人与组织如何共同创造可持续发展的未来。

在我看来，圣吉在学习型组织领域的上述贡献，不仅深入、全面地阐释了学习型组织的理论，而且提供了大量实用的方法与工具，以及实践案例、心得和行动指南，堪称学习型组织建设的一座"金山"。因此，了解彼得·圣吉的成果，掌握其倡导的一系列相关技能,对于建设学习型组织具有重要意义。

1. 五项修炼:学习型组织的"建筑模块"

在圣吉的成就中,最重要的当属建设学习型组织的"五项修炼"。

1990年,时年43岁的彼得·圣吉出版了影响深远的著作《第五项修炼:学习型组织的艺术与实务》,一时间引得"洛阳纸贵"。这本书被誉为"21世纪的管理圣经""20世纪屈指可数的管理经典、世界上影响最深远的管理书籍之一",被《哈佛商业评论》评为近百年最具影响力的管理类图书,荣获世界企业学会(World Business Academy)最高荣誉——"开拓者奖",可谓史无前例。

这本书中提到的"五项修炼",指的是建设学习型组织的五项技术,也就是自我超越、改善心智模式、建立共同愿景、团队学习和系统思考。

(1)第一项修炼:自我超越

"自我超越"(personal mastery)的修炼是学习型组织的精神基础,它是我们每个人学习厘清并加深个人的真正愿望,树立清晰、高远的目标,同时,又能够客观、精准地认清现状,然后集中精力,采取有效的措施,不断地改变自己的现状,实现自己内心深处渴望实现的未来景象,活出生命的意义的过程。如果能够践行这项修炼,个人就会持续学习、追求精益求精、臻于至善,并由此带动团队与组织不断学习、变革、成长。

(2)第二项修炼:改善心智模式

所谓心智模式(mental models),指的是根深蒂固存在于我们每个人心中,影响我们如何理解这个世界,以及如何采取行动的一系列图像、印象,甚至是规则、假设、信念等。因此,从本质上"心智模式"的修炼,就是把镜子转向自己,让我们看清楚自己的思考、决策和行动是如何形成的,同时尝试着用"新的眼睛"去获取一些新的信息,以一些新的规则对这些信息进行解读、思考和决策,并用一些新的方式去行动。

20世纪七八十年代,壳牌石油公司之所以能成功地经受住两次石油危机带来的巨大冲击,并成长为全球最大的石油公司之一,主要得益于学习如何显现并改善各级管理者的心智模式。

(3)第三项修炼:建立共同愿景

愿景是每个人心目中渴望实现的未来景象,所以,共同愿景就是整个组织中人们内心深处共同期待实现的一幅景象。作为团队层面或组织层面的一项修炼,建立共同愿景(building shared vision)的关键在于,想办法创造出一种共同的目的感,使人们"心向一块儿想,劲儿才能往一块儿使",做到同心协力,从而实现个人愿景和共同愿景的协同一致。

事实上,早在2500多年前,孙子在《孙子兵法·计篇》中就讲到,在决定战争胜败的"五事七计"中,首要因素就是"道",而所谓"道",从本质上讲,就是建立上下一致的共同愿景。类似地,彼得·圣吉也认为,如果组织成员能够建立共同愿望,不仅可以激励每个人发自内心地全心付出、努力工作、实现自我超越,也可以凝聚众力,使组织实现超越每个个人潜能的伟大成就。否则,一个缺乏共同愿景的组织必定人心涣散、相互掣肘,难成大器。因此,建立共同愿景也是建立学习型组织的核心修炼。

（4）第四项修炼：团队学习

在现代企业中，团队是基本的工作、管理与学习单位，而个人的行为也是首先并主要作用于他所在的团队。除非团队能学习，否则组织就无法学习。所以，团队的创新与发展是整个组织学习与发展的纽带，团队学习的修炼也是建设学习型组织的核心。

当一个团队能够高效地学习时，不仅可以使团队的整体绩效大幅提升，而且可以使团队中的成员成长得更快。但团队也存在局限性，以至于在实践中会出现"三个和尚没水吃"的状况，或者像阿吉里斯所说的"团队中每个人的智商都在120以上，而集体的智商却只有62"的窘境。团队学习（team learning）修炼的精髓在于激发集体的智慧，促进协同作战能力的提升，实现1+1>2的协同效应，让团队的智商和绩效表现超越我们每个人能力和才华的组合。

（5）第五项修炼：系统思考

企业与人类社会都是一种"系统"，是由一系列微妙的、彼此息息相关的因素所构成的有机整体。这些因素通过各不相同的模式或渠道相互影响，甚至是"牵一发而动全身"。但是，这些影响并不是立竿见影、一一对应的，而常常是要经年累月才完全展现出来。由于身处系统中的一小部分，人们往往不由自主地倾向于关注系统中的某一片段与局部，无法真正把握整体，看不到系统变化的动态，也往往浮于表面，就事论事，机械地应对。要想更有效地驱动系统变革，就要精通系统思考（system thinking）这项修炼，改变思考范式，学会用"新的眼睛"看待自己、他人以及所处的系统。

从本质上讲,系统思考就是以符合系统特性的方式,去思考和应对我们身边的各种事情。正如圣吉所讲,系统思考是让我们看见整体的一项修炼,它为我们提供了一个全新的思考框架,让我们能够看到关键变量之间的相互关联,而不是一个个的局部,看到整个变化的动态和模式,而不是转瞬即逝的一幕。

根据我个人的体会,仅仅就个人学习而言,掌握系统思考的技能就已具有重要的意义,因为系统思考既是一门科学,又是一种思维技能。由于我们生活在一个充满了各种系统的世界中,我们的思考、行动与系统密不可分,为了更好地在这个世界上生存与发展,我们需要具备系统思考的智慧。唯有如此,才能设计或优化系统的底层结构,把握系统的脉络与趋势,顺势而为,与系统共舞。

从团队和组织的角度讲,团队成员若具备了系统思考的能力,就像组织中拥有了"共同语言",可以让团队中的每个人超越自我本位的局限,看到整体,同时能够看清驱动系统行为变化动态背后的关键驱动力及其相互关系,超越"盲人摸象"的窘境,通过深度会谈,形成集体的智慧。

因此,系统思考被彼得·圣吉称为"第五项修炼"。他认为系统思考是建设学习型组织过程中最为基础的一项修炼,是学习型组织的基石。系统思考作为创建学习型组织的核心技能,可以为其他四项修炼提供有效支撑,并成为"整合其他四项修炼为一体"的理论与实务。

在彼得·圣吉看来,通过整合这五项技术,可以激活每一位组织成员持续精进的热情、锐意创新的活力,并形成整体合力,应对复杂系统的挑战，创造出超越每个个人才华组合的卓越绩效，实现各组织成员共同真心想要的未来，让组织成员活出生命的意义。这样的组织就是彼得·圣吉心目中的"学习型组织"，而五项修炼正是建设学习型组织的行动框架。

从机理上讲，这五项修炼可以组合为创造出自己想要的未来的三项核心能力，就像一个三条腿的凳子（见图 4-1），密不可分：①激发创新与变革的热望，包括自我超越和建立共同愿景；②打造反思性对话能力，增强团队协同性，包括改善心智模式和团队学习；③理解组织内外无所不在的复杂性，应对复杂性挑战，即系统思考。

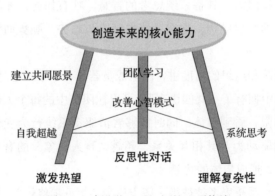

图 4-1　建设学习型组织的五项修炼

同时，它们也大致可分为个人与集体两个层面，其中，自我超越、改善心智模式与系统思考是个人层面的修炼，而系统思考、团队学习与共同愿景是集体层面的修炼。

总而言之，"五项修炼"是一个有机整体，如果能够实现协同整合，就能达到整体大于部分之和的效果，推动组织迈向学习型组织。

虽然有人认为"五项修炼"中没有多少原创性的发明，更多的是整合（事实也的确如此），但是，这并不会抹杀彼得·圣吉的贡献，或者降低"五项修炼"的价值。就像圣吉本人在《第五项修炼》一书所指出的那样，在1903年莱特兄弟驾驶着简易的"飞行者一号"证实了动力飞行的可行性之后，直到1935年麦道公司推出 DC-3 型飞机，才标志着商业航空时代的开始。DC-3 型飞机成功集成了五项关键的构件技术，并将它们协调地搭配成一个整体。DC-3 型飞机成为首款在经济、性能、可靠性上都很成功的机型，使得人类可以大规模地复制，并以此为原型进行持续地改进、创新，推动了现代商业航空业的发展。与此类似，"五项修炼"就是组织管理领域的"飞行者一号"或 DC-3 型飞机，为全球企业建设学习型组织的实践提供了行动指南。

2. 学习型组织构架：概念、工具、方法整合的框架

彼得·圣吉提出的"五项修炼"的概念是学习型组织研究史上的一座丰碑，圣吉先生运用系统动力学的观点，提炼出了建立学习型组织的关键要素，并用一个整合的模型以及相关工具，给人们的实践提供了指南，而且建立了对学习型组织研究的体系和标准语言。《第五项修炼》一书推出后，好评如潮，多次蝉联美国商业类畅销书排行榜首位。彼得·圣吉也荣获世界企业学会最高荣誉——"开拓者奖"，被《商业周刊》杂志评为"世界十大管理大师"之一。

但与此同时，大多数人都抱怨说，他们没有找到如何缩小理论和实践之间距离的指导，甚至一些对学习型组织最坚定的信仰者也厌倦了只是停留在理解概念、术语的层面上。例如，哈雷戴维森公司前 CEO 理查德·蒂林克是《第五项修炼》的坚定赞同

者,也是彼得·圣吉最忠实的支持者之一,但他发现:"我们勉强地理解了书中的那些符号,书卖了很多,它也启迪人们思考,但当你认真想做点什么时,符号却不能改变任何事情。"确实,像蒂林克先生这样的困惑并不鲜见。事实上,很多公司甚至做到了中高层管理者人手一册《第五项修炼》,但实际的学习并未发生。

产生这个问题的原因是多方面的,但重要原因之一就是,五项修炼本身更多的是一些抽象的理念,虽然理念也是不可或缺的,但理念并不能自动地变成行为,还需要具体的行动指南、启迪和实践。仅凭书籍本身,很难直接给出详尽的、有针对性的行动指南,因而难以付诸行动;而一些复杂而微妙的技能,如全新的思考方式和心智模式改善,需要很长时间才能掌握;新的情感与看法也是一个长期的培养过程。此外,深层次的信念与假设也不可能像电灯开关一样,可以自由地扳过来扳过去。

因此,彼得·圣吉及其合作伙伴在1994年出版的《第五项修炼·实践篇》一书中提出了"学习型组织构架"(Architecturing)的概念(见图4-2),探讨了理论与行动之间的关联问题。

所谓学习型组织构架,就是对于学习型组织由哪些"部件"组成,以及这些"部件"如何构成一个高效、有序、运转协调的组织等问题,给出了总体的框架和指导。如圣吉所说,建立学习型组织犹如盖一所房子:首先,你必须有"主见",想清楚"要把房子建成什么样""如何实现你的构想"这样一些问题;其次,必须备齐建房子所需的各种材料;再次,要有适当的工具,使得建筑师可以设计图纸,工匠可以展开相关的工作;最后,把相关人员组织起来,大家一起动手,把房子建起来。没有设计师的工作,这一切都无法开始。因此,"构架"作为实际工作的"壳",起着举足轻重的作用。

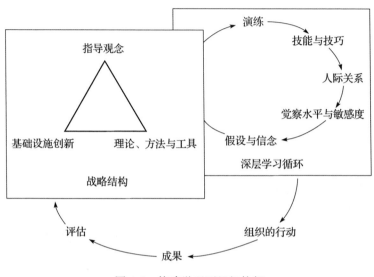

图 4-2 构建学习型组织构架

同样的道理,建立学习型组织也需要"设计师"和"总指挥",设计并指挥、协调各方面的工作。构建学习型组织构架,主要工作包括三个大的方面:①手法与招式;②内功心法;③行动管理。

(1)手法与招式

手法与招式,指的是建设学习型组织的具体措施与努力,也就是建设学习型组织有哪些实际工作,需要付出哪些努力,主要包括"指导观念""基础设施创新"与"理论、方法与工具"三部分(见图 4-2 中左侧的"三角形")。

指导观念。观念对于人们的行动无疑起到至关重要的作用。

无论自觉还是不自觉，人们的行动都会受到观念的指导或制约。要建设学习型组织，促进组织的学习与变革，就必须梳理、明确影响组织成员的思想和行为的指导观念，学习和养成一些新的观念。

例如，彼得·圣吉认为，长期以来，人们一直相信企业的目的是使股东收益最大化，这一根深蒂固的观念可能正是西方企业最大的顽疾；日本企业不把企业视为机器，而是把它当作"活的有机体"，这一观念使日本企业富有活力，对日本企业的崛起有着重要作用。再如，在一些组织中，本位主义、归罪于外是根深蒂固的指导观念，这些观念会让人们产生局限思考，难以自我反思，并有可能相互指责。为此，需要采取一些措施，让人们突破这些观念障碍，树立整体观念，鼓励自我反思、同理心与开放心态。

当然，指导观念非常微妙，它们是由远见、价值观与目的等相互作用而成的，并非肤浅的见解，而是具有哲学深度；并非口头上推崇或内心里相信的规则，而是实际践行的信念；并非静止不变的，而是会随着时间的流逝而变化；并非一蹴而就的，而是需要持续地悉心呵护。

理论、方法与工具。这是连接观念与实际工作的桥梁。它使抽象的观念变得富有现实意义，并且实际可行。在《第五项修炼》及《第五项修炼·实践篇》中，圣吉为建设学习型组织提供了很多实用的方法与工具，如"深度会谈""系统基模""学习实验室""左手栏""推论阶梯"等。这些方法、工具与模型构成了彼得·圣吉及其研究团队开展研究的"标准语言"。

在实践中，诸如群策群力、复盘、行动学习、建立企业大学等，也是被广泛采纳的管理方法。概括而言，组织需要根据实际状况选择适合自己的方法与工具（参见第6章）。

基础设施创新。所谓基础设施,就是组织为支持其成员工作、协作而运用的各种资源,包括时间、信息、资本、管理支持、权力,以及人际交往的机制、途径、渠道等。为了培养个人和组织新的行为模式,就必须大胆进行基础设施创新,以促进学习。这些创新可能包括组织结构调整、工作流程重组、实施新的奖惩制度、重建信息网络等。

例如,日本企业为了强化质量管理,鼓励一线员工参与质量活动,发明了"质量圈";海尔为了激活组织活力,发明了"人单合一"模式;美国大批企业实施"流程再造"等。这些都是基础设施创新的典型例子。

(2)内功心法

事实上,要想建设学习型组织,除了上述实际行动("三角形")之外,也离不开其背后的深层次学习循环(见图4-2中右侧的"圆形"):通过澄清、明确"指导观念",可以浮现自己内心深处的"假设与信念",这有助于提升"演练"的质量,从而提升团队成员的"技能与技巧",改善"人际关系"以及"觉察水平与敏感度",这将进一步改善人们的"假设与信念",驱动团队及组织深层次的学习与变革。

如果拿练武术来打比方的话,"三角形"是具体的"手法"或"招式",代表了大部分实际工作;"圆形"是"内功心法",是看不见的内在修炼,也就是这些措施与努力会驱动深层次的变化。练武之人可以把主要精力放在"三角形"上,但不要忘记,真正的高手必须"形神兼备"。如果只有手法和招式,也可能只是"徒有其表"。

当然,手法和心法二者相互作用、相互影响,共同推动组织向着学习型组织迈进。变化的核心在于看不见的"心法"修炼。

（3）行动管理

对于建设学习型组织的各种努力要进行有效的管理，也就是对这些"手法与招式"以及背后引发的"深层次学习循环"进行监控、评估以及调整、优化。这也构成一个闭环（见图4-2下方的"大圆形"）：学习型组织建设的实际工作会引发"组织的行动"，继而产生一定的"成果"，对照预期目标，对这些成果进行复盘、评估，从而进一步优化建设学习型组织的努力（"组织的行动"）。通过深度的复盘、反思，可以驱动深层次的学习循环。

如果说"五项修炼"是从逻辑及构成上解析了建构组织学习能力的要素，"学习型组织构架"这一概念则从一个更大的视野以及动态演进的角度，阐述了建设学习型组织的行动框架，它可以为人们实际推动学习型组织的努力提供重要的指导作用。

组织学习系统：学习型组织建设的五要素

组织学习作为整个组织的一种机能，它本身就是一个复杂的系统，美国乔治·华盛顿大学的迈克尔·马奎特（Michael Marquardt）教授在《创建学习型组织5要素》一书中指出，建设学习型组织这一系统包括五个子系统（见图4-3）。

1. 学习子系统

学习是学习型组织这一系统的核心子系统，指的是学习的层次、类型以及所需的技能。它位于组织学习系统的核心，又渗透于其他四个子系统之中。

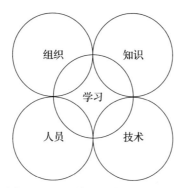

图 4-3　组织学习系统构成示意图

（1）学习的层次

如上所述，按照行业共识的划分方法，组织学习包括个人学习、团队学习、组织层面的学习三个层次。它们既相互区别，又相互联系、相互依赖，彼此之间并没有清晰的界限。

（2）学习的类型

马奎特认为，在学习型组织中，三种类型的学习尤为重要且有用，它们分别是：回顾过往经验以实现改进的适应型学习、预想未来的前瞻型学习、通过解决问题来学习的行动学习。

（3）学习的相关技能

参考彼得·圣吉的框架，马奎特认为，要推动组织学习，需要具备的关键技能包括五个方面：系统思考、改善心智模式、自我超越、自主学习与深度会谈。

2.组织子系统

组织是由若干个体按照一定契约、规则组合而成的社会集合体，也是个体、团队乃至整个组织学习的场域，其本身也是构成组织学习系统的一个子系统。其中，与组织学习关系最为密切的有以下四项要素。

（1）愿景

愿景指的是组织成员对于未来的热切渴望、长远目标以及发展方向。它有助于产生激发组织学习的动力。

（2）文化

文化涵盖组织的价值观、信念、习惯、规则以及仪式等。虽然文化看不见、摸不着，但它无时无刻不在影响着组织成员的行为与看法。在一个典型的学习型组织中，人们认为学习对于企业的成败至关重要，学习成为每个人的自觉行动与习惯，成为整个组织密不可分的职能。这种文化氛围有助于增强企业的凝聚力，促进组织学习，从而形成一种相互强化的正循环。相反，闭塞、僵化、官僚制的组织文化会阻碍组织学习的顺利进行。

（3）战略

在特定的观念指引下，组织会制定相应的战略，采取相应的举措以及行动计划，以实现组织成员共同期许的愿景。为了激活学习型组织，企业必须对需要哪些知识、如何获取这些知识（何时何地、由谁去做、怎样做）、如何应用并共享这些知识等问题，做出明确的策略安排。

（4）结构

为了实施战略、实现愿景，组织要分清职责，设置部门、层级，规定相应的权利、义务以及协同关系。一般而言，自由、平等、柔性化、无边界的组织，更便于组织成员的相互接触、交流信息，以及企业内外的协作。

近年来，在一些先锋企业中，尝试激活组织成员个体的能量，倡导自组织与敏捷、网络状的新型组织模式，这既是组织发展的新趋势，也为组织学习提供了更好的基础设施。

3．人员子系统

企业的核心是人，只有通过人学习，组织才能学习。虽然个体学习并不能保证整个组织也在学习，但是没有个体学习，组织学习就无从谈起。因此，人员子系统在组织学习系统中具有举足轻重的地位。人员子系统由各级管理者、员工、顾客、业务伙伴（如供应商、经销商、分包商、战略伙伴等）以及社区等构成。

（1）各级管理者

在人员子系统中，最重要的是公司员工和各级管理者。他们作为学习的主体，是学习型组织的"发动机"。尤其是各级管理者，作为团队和组织的领导，对于组织学习起着非常重要的作用。这至少表现在如下四个方面：第一，领导本身要善于学习，做一个优秀的终身学习者；第二，领导要成为一名好教练，辅导和发展下属；第三，领导需鼓励、促进团队协作与创新；第四，领导需为员工创造一个良好的工作氛围与基础设施。

（2）员工

员工作为企业的主体，要善于学习，要有必要的权利与责任，要勇于行动，敢担风险，努力实现自我超越，并积极发展系统思考、改善心智模式、团队学习的核心技能，从而成为构建学习型组织的基石。

（3）顾客

企业的存在当然离不开顾客。在为顾客创造价值的过程中，企业与顾客之间存在大量的互动,这本身既是宝贵的学习机会与渠道,也是组织变革、创新与成长的起点与终点。

(4)业务伙伴/供应商和销售渠道

在当今时代,几乎没有可以离开其他合作伙伴、独立运作的企业。在业务运作的过程中,企业会与自己的业务伙伴、供应商和销售渠道进行大量协作,这是组织学习的重要内容与影响因素。

事实上,近年来,对于网络组织、战略联盟、商业生态中的组织间学习(inter-organizational learning),无论是在学术界还是实践领域,都已经引起了人们的广泛关注。

(5)社区

如同"组织学习鱼"隐喻一样,任何企业的运作都离不开相应的外部环境,除了直接与企业产生交易与互动的商业实体之外,还有所处社区、外部机构、社会团体、公益组织、政府等。这些也可以为企业提供学习的机会与资源。

4. 知识子系统

知识不仅是学习的对象,也对学习本身产生重要影响。因此,知识管理是学习型组织运作的核心。从知识运营的角度看,知识子系统指的是组织为提升行动效能而采取的获取或创造知识,并对其进行加工、传递、储存与利用等的相关活动及其支撑要素。其中包括六个关键环节。

(1)获取知识

组织会从内外部各种渠道获取或收集信息,并将其转化为知识,从而指导自身的决策与行动。

（2）创造知识

构成组织的成员个体都具有学习能力，他们可以通过自身的实践以及深入钻研、分析与归纳，综合各方面的信息，创造出新的知识。同时，组织成员之间的互动也有助于知识的创造。

（3）储存知识

许多企业都将知识视为宝贵的资产，对各种性质、各种存在形式的信息或知识进行编码和保存，以方便组织成员对其进行访问与重复使用，促进知识的共享与交流。

（4）分析和挖掘数据

在当今时代，对数据进行分析和挖掘，从中提取出有价值的信息和知识，已经成为企业在数字经济时代制胜的核心技能之一。

（5）转移和传播

培根曾说过：知识就是力量。但是，在商业世界中，只有被共享和应用的知识才有力量。事实上，就像山雀与知更鸟的案例（参见第3章）所显示的那样，只有个体之间的知识转移、共享与传播，才能推动整个组织的学习。

在组织内部，不管是有意识的还是无意识的，存在形形色色、不胜枚举的知识传播与交流机制，如师徒制、在岗培训、工作研讨、专题分享活动等（参见第6章）。如果能够将知识转移与传播机制有效地激活、整合并管理起来，形成体系化与制度化，就可以更有力地推动组织学习与知识运营。

（6）应用和验证

组织成员会将习得的知识与技能应用于各自的工作中，并根据实际表现，对其有效性及自身掌握度进行校验和修正，从而构成一个闭合的循环。

需要说明的是，虽然上述六个方面在逻辑上看似乎有先后顺序，但它们并不是机械地、线性地依序进行，也不是独立存在的，而是同时并存的，相互之间有着错综复杂的联系。

5. 技术子系统

在信息社会，技术对组织学习的促进作用表现得特别明显。得益于移动互联网、物联网、大数据与人工智能等技术的迅猛发展与广泛应用，很多团队和组织可以用全新的方式进行沟通与协作，极大地提升了组织学习的速度与质量。

在马奎特看来，技术子系统指的是支持、整合学习过程，以及信息获取与交流的技术、方法和网络体系，大致可分为以下两类。

（1）管理知识的技术

从公司内外部各种渠道收集、编码、储存和传播信息或知识的相关技术、工具与方法，包括但不限于知识库、搜索引擎、内部网、视频会议、团队协作工具等。

（2）提升学习的技术

近年来，除了传统的面授培训模式之外，越来越多的企业已经在广泛地利用互联网、智能手机、音视频等多媒体技术，进行在线学习与知识分享、交流，拓展甚至增强了学习的体验。

需要说明的是，上述五个子系统并不是割裂的，它们同时并存、相互渗透和影响。在实践中，可参考此框架，对组织学习系统的健康度进行评估诊断（参见第9章），也可用以指导进行学习型组织建设的总体规划，包括结合组织实际情况，确定侧重点，并从不同视角深入探讨可能的干预措施。

组织学习鱼：建设学习型组织的系统生态方法

构建学习型组织不仅是一项系统工程，也是一个漫长而持续的"修炼"过程。为此，要运用系统思考的智慧。那么，在实践中，到底应该怎样才能做到系统思考呢？

按照我在《如何系统思考》一书中所提出的"思考的魔方"框架，要做到系统思考，需要在角度、深度和广度上做到三重思维转变：从静止、线性地看问题转变为动态、环形地思考；从停留于事件本身和表象，转变为洞悉系统底层结构；从局限于本位到纵观全局和整体。简言之，运用系统思考智慧，既要考虑全面，又要把握本质，还要动态调整。

基于系统思考的原理与方法，参考修证佛法的"见—修—行"模式，以及荀子所讲的修炼成圣的"知—行—积"模式，我于1998年提出了建设学习型组织的系统生态方法——"组织学习鱼"模式。概言之，它由四部分构成：观念、组织学习机制、组织学习促进与保障机制、行动管理。它们构成了一个有机体系，我用隐喻的方法将其比喻为一条鱼（见图4-4）。同时，学习型组织的导入与推进也离不开外部环境的配合，就像鱼离不开水一样。因此，从更大的视角来看，也可以认为"组织学习鱼"包括五个部分。

1. 观念

正确的观念是人们分析信息、形成判断的重要参照，对于个人的学习具有重要的制约或支配作用。只有树立正确的观念，才可能有正确的行动。因此，观念是建立学习型组织的"灵魂"，是"组织学习鱼"的"头"。

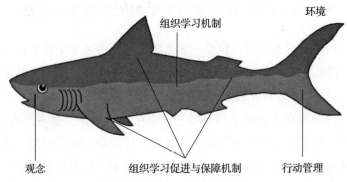

图4-4　组织学习鱼模式示意图

这里面包括但不限于下列要素。

（1）战略意图、使命与愿景

正如加里·哈默尔和C.K.普拉哈拉德所说，强烈的战略企图心是指引组织发展的重要条件。《系统思考》一书的作者丹尼斯·舍伍德（Dennis Sherwood）也认为，战略企图心与愿景是组织发展的原动力。事实上，只有有了强烈的企图心，组织才能有创新、挑战、改变现状的动力，一个满足于现状或贪图安逸的组织是没有学习动力的。

当你踏上学习之旅的那一刻起，就要清楚自己的使命。它既包括企业的业务定位，也包括公司的宗旨与长期目标。如果缺乏明确的方向，公司就会像"无头苍蝇"一样左冲右突、茫然无序。

同时，企业必须具有清晰的共同愿景。如同黑夜中的北斗星，愿景是我们心中崇高的理想，指引我们前进的方向，激励我们为其奋斗、献身。如果没有清晰的愿景，学习将不会持久。愿景与现实的差距,是创造力的源泉。

(2)对学习型组织的认知

实践表明,成为学习型组织的第一步,也是最重要的一步,就是全体成员达成共识,并树立矢志成为学习型组织的坚定信念。如第1章所述,走出对学习型组织的认知误区,是激活学习型组织要克服的首要障碍。若没有正确的认知,在建设学习型组织的过程中,就会陷入第2章中讲到的各种误区,我们就很难采取有效的行动,不仅会走弯路,而且可能永远也成为不了学习型组织。

(3)对学习的策略与承诺

学习作为组织的一项基本职能,必须有相应的管理策略,也离不开高层领导对于组织学习的承诺与投入。如果缺乏热情,组织学习就无法有效开展和持续;如果没有策略,各项措施就没法统筹协调,发挥作用。因此,通过系统规划,明确对组织学习的策略与承诺,是激活学习型组织的重要保证。

(4)指导观念

如上所述,建设学习型组织是推动组织这一系统发生创新、变革的过程,本身就是一个系统工程,必须树立正确的指导观念。就像彼得·圣吉所讲,面对动态性复杂系统,如果不能掌握适当的指导观念,就会出现"欲速则不达""渐糟之前先渐好""对策比问题更糟"或者"越用力推,反弹的力量越大"等诸如此类的问题。在实践中,公司高管团队乃至全体组织成员,都有必要参与其中,讨论并确定组织学习的指导观念。

(5)改善心智模式

除了对于学习型组织的认知,根深蒂固深藏于每个人心中、决定人们如何看待这个世界以及如何行为的心智模式，也是"观念"部分的核心内容，彼得·圣吉将改善心智模式列为建设学习型组织的"五项修炼"之一，它也是构建学习型组织的基础。

在实践中，本部分既需要在"松土"阶段重点改进，也是一个持续精进的过程。

2. 组织学习机制

要建设学习型组织，除了观念先行之外，还必须有一些落地的"抓手"、方法、机制或途径——我将其称为组织学习机制，它是学习型组织的核心组成部件，是"组织学习鱼"的"躯干"。它不仅涵盖个人、团队与组织三个层次，而且包括适用于组织学习三个视角的各种理论、方法与技术，内容非常广泛，分类方式也不胜枚举。

例如，阿吉里斯根据组织学习的性质将其分为单环学习与双环学习；大卫·加尔文在《学习型组织行动纲领》一书中提出，组织学习有五个构造模块，分别是系统化的问题解决、试验、向过去经验学习、向他人学习、转移知识；日本学者野中郁次郎从知识运营的角度提出了"SECI"架构，也就是社会化、外显化、组合化以及内隐化。下面要讲的"组织学习九宫格"（参见第4章）"组织学习方法树"（参见第6章）以及闭环组织学习体系（参见第7章），就是其中的一些分类方法。

3. 组织学习促进与保障机制

组织结构、企业文化、知识管理、人员与技术等系统的恰当配置可以极大地促进与保障组织学习的顺利运行。因此，组织学习促进与保障机制是建立学习型组织的驱动机制，是"组织学习鱼"的"鳍"和"鳞"。

正如第 3 章所述，组织学习促进与保障机制一般包括如下五个部分：

- 愿景与战略。从某种程度上看，这一部分和"观念"中的使命、愿景、战略企图心等内容是交叉的，因而也可以将其看作这些"观念"的延伸与落地。
- 组织与领导。组织结构和运行模式、各级管理者的管理风格及其行为模式，是促进或阻碍组织学习的重要因素，也会对学习型组织建设产生直接影响。
- 流程、制度与规范。按照系统的基本原理"结构影响行为"，组织的职责分工、流程以及制度、规范等，也会影响组织成员和团队的行为与绩效。
- 文化与氛围。文化是组织行为的催化剂，就像空气一样无所不在，对组织学习同样有举足轻重的作用。
- 基础设施。使用先进的信息技术，为员工提供必要的时间、空间以及相应的支撑条件，可以在很大程度上促进组织的学习与知识管理。

4. 行动管理

建立学习型组织是一个漫长的过程，必须有坚定的意志、得力的措施、恰当的切入点，并对组织各方面相关的活动与举措进行强有力的管理，包括规划、推进，以及评估、复盘与改进。这是"组织学习鱼"的"骨"和"尾"。如果行动管理不到位，企业建设学习型组织的努力就会凌乱不堪或者"瘫痪"、失能。

（1）规划

对学习型组织建设的行动管理要制定清晰的学习策略与推进

计划，明确不同部门应承担的职责、不同人员（尤其是各级领导者）要扮演的角色，以及建立协调机制。

（2）推进

按照规划，各个部门、各类人员各司其职、协调配合，实施各项活动，提升组织学习能力，改进相关要素，从而促进组织的能力、行为与绩效的改善。

（3）评估、复盘与改进

按照企业管理的基本工作模式"戴明环"（也被称为 PDCA 循环），要推进任何一项工作，都需要事先进行规划、设定目标，过程中推进到位，并且及时检查、评估，对于偏差或有待改进之处，要采取有效措施，快速调整。同样，推进学习型组织建设，也需要定期进行评估、复盘，找出利弊得失，总结经验教训，从而实现持续改善。

5. 环境

就像鱼离不开水一样，组织学习也离不开组织内部的"小环境"和组织外部的"大环境"。

从"小环境"讲，组织内部要建立适当的组织结构、管理体系、领导风格以及企业文化等适宜组织学习的场域，犹如土壤之于植物。如上所述，这属于组织学习促进与保障机制。

就"大环境"而言，组织要从供应商和业务伙伴那里获得原材料、零部件和其他必要的资源，并从投资者、政府、社会和相关组织那里获得政策、资金、人才、技术等方面的支持，把自己的产品或服务卖给用户，为用户创造价值。在这些业务合作过程中，必然会发生大量的人际互动，从而对个人、团队及组织产生各种各样的影响。从本质上讲，企业一时一刻也离不开环境。因此，学习型组织的导入与推进离不开大环境的大力配合。

总而言之，就像鱼是一个整体，离开了哪一部分都无法生存一样，组织也是一个有机的整体，只有让上述五个部分协调配合，才可以顺利克服各种学习障碍，使企业成功迈向学习型组织。作为一种系统方案，"组织学习鱼"模型不仅指明了学习型组织的基本构成"部件"，而且形象地描绘了各"部件"之间的有机联系，对于构建学习型组织具有一定的指导意义。事实上，自该模型提出以来，一些公司以此模型为框架，成功地进行了激活学习型组织的实践，而且取得了良好成效。

同时，基于此模型，可设计、开发学习型组织评估体系（参见第9章），不仅可用于学习型组织建设的规划，而且可用于定期回顾、复盘与改善。

当然，面对现实世界，任何模型都是一定程度的简化。"组织学习鱼"的隐喻可以让各级管理者理解组织学习是一个复杂的系统工程，各部分之间都不能脱离整体而单独存在和发挥作用，但它无法穷尽所有元素，也不能给出组织动态演进过程中可能遇到的各种挑战以及对策。因此，在创建学习型组织的过程中，必须秉承生态思维，运用系统思考的方法，采取动态、均衡的措施，协调推进，精心培育。

组织学习九宫格：解密学习型组织的构成要素

按照第2章所述，要系统地理解学习型组织，需要整合三个视角：创新与适变、社会互动、信息与知识。同时，学习型组织也包含三个层次：个人、团队和组织，它们同时存在、相互影响。

因此，把上述两个维度组合起来，我们就可以拆解出学习型组织的构成要素，我将其称为"组织学习九宫格"（见表 4-1）。

表 4-1　组织学习九宫格及其构成要素

层次	创新与适变	社会互动	信息与知识
个人	● 自我超越 ● 创造力 / 创新思维	● 改善心智模式 ● 系统思考	● 个人知识炼金术
团队	● 协同创新	● 团队学习	● 团队知识管理
组织	● 创新管理 ● 创新型组织	● 组织发展 / 组织变革 ● 共同愿景	● 组织知识管理

简言之，按照这一框架，建设学习型组织需要应用、协调几个方面、十三项构成要素。

1. 个人适变

个人学习与创新是组织学习的必要条件，就像彼得·圣吉所说，自我超越是学习型组织的精神基石。因此，在学习型组织中，每个人都应该成为终身学习者，持续提升个人的能力，实现自我超越。

同时，个人要善于打破固有心智模式的限制，学会创新思维、激发创造力，主动应变、不断开创新局。

2. 个人互动

个体是组织的细胞，集体的互动也有赖于个体的参与。因此，要想改善集体的互动质量，个人要提升情商（EQ）、改善心智模式，掌握沟通、对话等交际技能。

同时，为了应对无所不在的复杂性挑战，组织成员也要以开放的心灵，学会系统思考，客观、审慎地看待自己和他人，认识环境。

3. 个人知识管理

按照野中郁次郎等学者的观点，组织的知识大部分存在于个人的头脑之中。因此，个人知识管理也成为组织知识管理的一个重要组成部分，其中包括如何制定个人的知识规划、盘点个人的知识存量，学会从各种途径获取或萃取所需的知识，并有效地进行知识运营（应用与管理）。这样一些相关的技能，我称之为"知识炼金术"，是个人学会学习、提升能力的核心技能。[⊖]

4. 团队适变

对于现代企业而言，团队是基本的管理、工作、学习的单元；同时，团队也是将个人学习转化为组织学习的纽带。为此，团队能够应对环境的变化、顺利完成任务、持续提高团队的绩效，是团队创新与适变的表现，也是学习型组织的一个基本构件。换言之，如果团队之间无法有效地实现协同创新，必然会影响组织的适变与互动。

5. 团队互动

为了提升团队的效能，需要团队成员具备多样化的技能，并相互信任，愿意为共同目标而努力。同时，通过对话技术，深入了解彼此的想法，凝聚团队的智慧，从而提高团队协作的质量，实现 1+1>2 的协同效应。这常被称为"团队学习"（team learning）或"团体动力学"（group dynamics），相应的干预（或介入）措施或努力被称为"团队引导"（group facilitation）、行动学习或绩效改进

⊖ 邱昭良. 知识炼金术（个人版）：成为领域专家的系统方法［M］. 北京：机械工业出版社，2022.

技术（human performance technology，HPT）。

6. 团队知识管理

在团队中，个人的知识，无论是显性知识还是隐性知识，都可以通过业务协作和日常接触而得以相互交流。从知识的扩散角度而言，这部分知识演变成为团队共有的知识。学者南希·狄克逊认为，团队正是组织学习得以发生的主要场所。为此，团队层面的知识管理也是组织学习与知识管理的重要内容，一些常用的知识管理方法，如实践社群、复盘等，也主要侧重于团队层面。

7. 组织适变

组织作为一个整体，如何察觉环境的变化、迅速创新应变，是学习型组织的精髓之一。因此，组织要明确创新的方向与策略，采取得力措施，激发组织成员和团队的创新动力，推动组织创新。

同时，组织还要营造适宜的氛围与机制，对组织内部各种创新活动进行有效管理，使得创新能够持续地生发出来，从而创建成为创新型组织。

8. 组织互动

从组织层面上看，组织需要建立共同愿景，激发组织成员对于未来的热切渴望，并促进团队之间的协同、整合以及持续改进。

同时，为了促进组织能力的提升，改善组织运营效率，企业也需要推动组织变革、实现组织发展（organizational development，

OD)。这既是传统组织学领域的研究与实践重点,也是学习型组织建设的重要内容。

9. 组织知识管理

组织知识管理是将组织作为一个整体,从知识运营角度,分析支撑和实现组织战略所需的核心知识,对知识进行盘点,制定知识规划,同时,采取措施激发知识创新、知识共享与应用。组织知识管理不仅是组织学习的核心机制,也是学习型组织的构成要素之一。

需要说明的是,上述九个构件之间存在复杂而微妙的互动或相互影响,是一个动态并存的有机整体,不是机械地组合起来的"拼盘"或"积木",不可"分而治之"。因为从根本上讲,我认为,建设学习型组织是一个生态化的系统工程。当然,对于一个整体,我们既不能"无处下口",也不能"一口吃个胖子"。睿智的做法是:借助科学的诊断、分析技术,制定学习型组织建设的系统规划,既要选择最适合组织实际情况的切入点和策略重点,又要持续关注学习型组织系统的构成要素及其相互关联与互动,保持动态调整,在不同阶段明确相应的实施重点。

学习型组织系统规划的四项内容

如上所述,学习型组织建设是一项系统工程,不仅包括个人、团队与组织各层次,也需要全体员工和各级管理者的积极参与,还要与组织发展、业务运营与管理体系进行整合。所以,企业在开始行动之前,需要全面的调研、系统的分析、精心的规划。

只有通过调研、诊断，才能找准"切入点"，发现亟待改进的"短板"或限制因素。

与此同时，学习型组织建设各项措施之间也存在着复杂的相互关联或影响，可谓"牵一发而动全身"。如果缺乏系统的规划，将导致各项措施相互掣肘，影响创建的效果。例如，很多企业会以塑造共同愿景作为切入点，然而，正如圣吉所言，如果团队成员缺乏深度汇谈的技能，有可能激发冲突、造成误会，即使勉强确定的愿景也只会流于形式或言不及义；抑或企业文化不佳，成员之间缺乏信任，尔虞我诈，不敢讲真话，共同愿景根本无从谈起。

再如，一谈到学习型组织，很多企业会自然想到加强教育培训。然而，如果没有体系化的培训规划，学习将是杂乱无章的，根本发挥不了应有的作用。但是，想要进行培训体系规划，则需要明晰战略，同时也应具备规范的干部遴选与任用、考核与激励制度，否则培训体系将成无源之水、无本之木。此外，即使培训成了体系，公司也提供了大量的学习机会，但如果员工缺乏学习热情，或者认识上存在误区，就会形成"工学矛盾"，培训的效果也将难以保证。

为此，要想使学习型组织建设卓有成效，必须对其进行系统的筹划，包括但不限于以下四方面的内容。

1. 发现并维持驱动组织学习的"成长引擎"

从本质上讲，建设学习型组织是组织持续变革的过程。利用系统思考的智慧，在我看来，组织发展的核心无外乎两方面，即推动成长与解除障碍因素，就像《周易·系辞上》所说，"一阴一阳之谓道"。因此，为了启动学习型组织建设，一方面要设计并推动驱动组织学习的成长引擎,另一方面要预见并采取措施解除组织学习的障碍因素。

根据我在《如何系统思考》(第2版)中的定义,所谓"成长引擎",指的是由一系列相互影响的要素构成的反馈回路,如果它们能够发挥作用,每经历一个时间周期,这些要素就会发生一定程度的改变,从而推动你所关注的事物发生变化。就像踩了汽车的油门一样,只要发动引擎,汽车就会越跑越快。因此,成长引擎是驱动系统行为持续增长的底层结构。

对于建设学习型组织,也要从个人、团队和组织三个层次找到或设计出学习型组织的成长引擎(见图4-5)。它们相互促进,推动了个人、团队与组织的学习与绩效的改善。

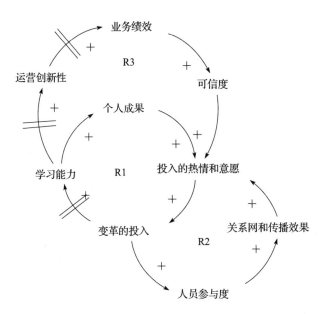

图4-5 创建学习型组织的成长引擎

(1) 个人层面的成长引擎

员工既是创建学习型组织的推动者，也是直接受益者。正如圣吉所说，获得直接的个人利益是构成深层次持续变革驱动力的首要根源。如果员工能够积极参与学习，掌握新的方法，就会提高学习能力，从而改善个人工作成果，这会进一步增强他们的学习热情和学习意愿，从而更加积极地参与到变革之中。这是一个增强回路（见图4-5中的R1），如同"滚雪球"一样，使得学习型组织建设得以持续推进。

尤其是一些发起和推动学习型组织的"主力军"，往往对学习型组织充满激情，是学习型组织的"忠实粉丝"，而他们因为热情高，所以投入大、进步快，收获也多，这会进一步坚定他们的信心，维持他们的热情。因此，要想启动学习型组织的创建并维持创建热情，就要充分利用员工个人的热情、责任感、想象力和智慧，提高个体的学习力，让大家受益（"见到效果"）。

(2) 团队传播与扩散循环

圣吉指出，创新的思想和实践经由人际网络的传播，可以产生巨大的价值，这会进一步激发人们的参与热情和变革意愿，使更多的人加入到变革的队伍中来，从而增强变革的力量。这是创建学习型组织的第二个"成长引擎"（见图4-5中的R2）。事实上，多项研究指出，在大型组织中，非正式组织和群体对于创新与变革是非常重要的。同样，英国石油、福特、英特尔、壳牌等公司的实践也表明，非正式的管理者网络（或变革联盟）在学习型组织建设过程中也发挥着关键作用。

(3) 组织发展的增强回路

经过一段时间的学习之后，人们的学习能力得以提升，团队的协作精神得以进一步增强,这将有助于产生新的业务实践(经营方法),从而取得更好的业绩,这更加增强了人们对变革的信心,吸引更多的人加入变革的行列,从而进一步激发学习与创新。这是第三个推动成长的增强回路(见图4-5中的R3)。

总而言之,无论是建设学习型组织,还是驱动业务发展,都需要识别、明确其背后的底层驱动力量(即我所称的"成长引擎")。在实践中,如果能把上述三个不同的成长过程叠加在一起,就可以启动并维持深层次的变革(参见案例4-1)。㊀

◎**案例4-1**

某科技公司的"成长引擎"及潜在的"成长上限"

我曾应某民营高科技公司(以下简称"A公司")的邀请,为其进行学习型组织建设的咨询。为此,我带领项目组对A公司的核心管理层、业务骨干及员工进行了访谈、问卷调研。

通过调研我发现,A公司由于具备一些核心技术、人脉和行业较高的进入壁垒,在成立7年多的时间里一直高速成长,已经形成三块紧密结合的业务:外包(代工)、资源销售以及解决方案与服务。虽然业务的多元化一方面使得公司发展可以更加稳健,但另一方面也加大了管理难度,并在实际工作中暴露出很多问题,甚至各业务相互掣肘,在一定程度上制约了公司的快速发展。

之后,为了促进高管团队就公司战略达成共识,强化协同,解决发展中遇到的多个复杂问题,实现公司的持续发展,我给公

㊀ 欲详细了解"成长引擎",请参阅:邱昭良. 如何系统思考[M]. 2版. 北京:机械工业出版社,2021。

司高管团队进行了系统思考技术的培训,并在培训之后,组织高管团队进行了多次研讨、共创,应用这种"共同语言",就 A 公司的成长引擎以及可能的成长上限进行了讨论、分析,让大家明确了公司三项业务各自的竞争优势和核心能力,梳理了公司的"关键成功回路",形成了全公司"一张图"(见图 4-6),并且基于实际状况,识别出了未来可能制约 A 公司发展的五个成长上限,明确了应对策略。

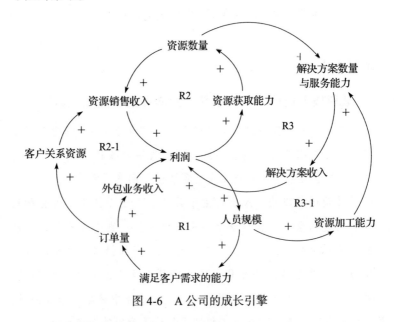

图 4-6 A 公司的成长引擎

一、明确驱动公司发展的"成长引擎"

概括来说,A 公司起家于外包(代工)业务,这里面包含一个驱动业务成长的良性循环:公司人员规模越大,就可以越好地满足客户灵活多样的需求,这样就能接到更多的订单,相应地,外包业务收入更多，公司利润也就会越多，从而使公司能够进一步扩大再生产，招聘和培训更多的员工。事实上，正是靠着这一成长引擎（见图4-6中R1），公司外包业务迅速发展壮大，成为该领域的头部企业。

A公司领导认为不能仅停留于外包业务，在积累了一定资金实力之后，公司开始通过参股、购买等方式，购置了一些数据资源，并在加工处理后进行销售。因为公司在开展外包业务过程中建立了一些行业客户资源，再加上它有较强的资源获取能力，所以，资源销售业务也快速崛起，利润也随之增加，使得公司可以进一步购置数据资源（见图4-6中的R2、R2-1）。

之后，A公司利用自身强大的数据资源处理能力以及购置的大量数据资源，对所拥有的数据资源进行进一步加工，开发出了若干解决方案与服务，形成了公司第三块业务，并使之良性循环（见图4-6中的R3、R3-1）。

二、预见潜在的"成长上限"

正如系统思考智慧所显示的那样，没有任何增强回路可以永无止境地发展下去。任何成长都必然会遇到一些障碍或限制因素。A公司也是如此。事实上，随着公司的快速发展，它也面临着越来越严峻的挑战，暴露出了很多潜在风险，其中一些问题错综复杂，非常棘手，已经威胁到了企业的健康发展，成为"成长上限"。

经过研讨，基于实际状况，A公司的管理团队认为，公司面临的主要挑战包括以下五个方面：

- 业务部门之间的协同。由于公司外包事业部和另外两个事业部共享同一个数据加工中心，因而，在业务"旺季"，三个事业部经常要"争夺"资源,并就资源调配、排产计划、交期、质量等问题吵个不停,不仅影响到相互之间的协同,甚至遭到用户的投诉。

- 质量下滑。由于工期紧、操作员技能不足、管理水平欠缺等原因,公司产品质量出现日渐下滑的趋势,一些订单甚至要多次返工,导致交期延误和客户抱怨,而源自客户压力的"赶工""插单"等措施,则让生产计划更加混乱。
- 高离职率。由于公司发展快、项目多、计划性差,各级员工普遍存在较大的工作压力,加之公司对企业文化建设长期重视不够,导致离职率居高不下。
- 管理能力不足。由于公司发展迅速,大多数管理者都是从基层提拔起来的,缺乏必要的管理培训,而且因为急着用人,很多干部都好像"小马拉大车",力不从心,不仅压力巨大,而且阻碍了业务的发展。与此同时,随着公司规模的扩大、部门的增多,业务部门之间的协同难度加大,一些流程与制度也是"政出多门"或者各自为政,混乱不堪;部分高管把很多精力放在了跑业务和具体事务上,没有规划和团队建设,客观上他们已经成为公司发展的瓶颈。
- 培训不足。由于工作繁忙,各级人员普遍缺乏必要而有效的培训,更不要提系统化和标准化的教育培训体系建设了。而这也导致操作人员技能不足、管理人员能力匮乏等,从而陷入一个恶性循环:越忙→越没时间培训→能力越得不到提升→工作失误越多或积压越多→越忙。

需要说明的是,以上只是A公司管理团队研讨提出的一些问题,还有更多的潜在或隐性问题未被提及。同时,由于组织中不同层次的人观察到的信息不同,动机或意图、经验、能力也有很大差异,导致各自的看法不一。我们在调研和访谈中了解到的问题纷乱错杂,如同一团乱麻,很难理清头绪、把握关键。

为此,我组织 A 公司高管团队和相关部门的负责人,利用系统思考的方法与工具,对相关问题进行了进一步的研讨、分析,梳理出了上述各种问题的相互影响关系,并经过探讨,明确了哪些是最根本而有效的措施("杠杆解"),提出了系统化的解决方案。

虽然大家在研讨过程中面临多方面的挑战,例如容易陷入"本位主义",经常出现"公说公有理、婆说婆有理"等现象,因而倍感压力,但是,大家都感受到了系统思考方法的威力与价值。就像 A 公司 CEO 所说,"这正是我想表达而没表达出来的""通过梳理'一张图',整个公司才能形成'一盘棋'"。

实践证明,经过研讨并达成共识的解决方案得到了顺利实施,并取得了显著成效。不仅从根本上解决了制约 A 公司发展的那些"老大难"问题,使得公司得以顺利突破"成长上限",实现了快速而稳健的成长,更重要的是,团队与组织的能力也得到了显著提升。

2. 预见并防范组织变革的"成长上限"

就像案例 4-1 所显示的那样,没有任何一个组织的成长能够毫无阻碍、永无止境地发展下去。事实上,正如阴阳是相依相存的一样,任何一个组织变革项目都会面临很多挑战或限制性因素,学习型组织建设也是如此。如果不能预见这些限制性因素,并拟定对策，成长引擎的运转就会遇到很大的阻碍。因此，在学习型组织规划阶段，在设计成长引擎的同时，另外一项重要工作就是预见或发现潜在的限制性因素并预先采取防范措施。"两手都要抓，两手都要硬"，才能驱动学习型组织的创建工作，并使其持续下去。

基于实践经验，我认为，在建设学习型组织的过程中，常见的限制性因素包括但不限于下列15项。

（1）认识不足

如前所述，对于学习型组织的认识误区是建设学习型组织的首要挑战。若存在不当认识，可能影响大家对学习型组织建设的热情与投入度。

为此，在开局阶段，应该加强学习、组织研讨，澄清对学习型组织的认识，并促进团队成员就学习型组织的定义、内涵以及价值达成共识。

（2）缺乏共识

在组织中，每个成员的看法都会有或多或少的差异，也会因受到各种因素的影响而生出或大或小的变化，因此，组织成员有时难以就学习型组织达成真正的共识，从而全心投入；即便有了共识，也会随着时间的推移与局势的发展而改变。如上所述，如果缺乏共识，将对学习型组织建设构成挑战，轻则影响大家的投入度，重则导致分歧或矛盾。

对此，可考虑的对策是：除了在开局阶段澄清认识、达成共识之外，也要在学习型组织建设的过程中，随时关注可能的变化，分析原因，采取措施，以维持共识、热情与投入度。

（3）没有时间

我的一次调查显示，企业建设学习型组织最大的挑战是"工学矛盾"，也就是大家认为自己很忙，没有时间去进行学习型组织建设。如果存在这一认知障碍，就会影响到对学习型组织的投入度。

造成这一误区的原因可能有几个方面：第一，对学习型组织的内涵认识不清，认为学习型组织是与工作无关的"另外一项任务"（参见第2章）；第二，对学习型组织的重视程度不够，事实上，学习型组织建设本身就是帮助大家提升能力、完成绩效目标的管理方法与途径之一，而不是可有可无或属于"保健品"性质的举措；第三，建设学习型组织的切入点或介入方式不当，没有与工作任务或实际挑战紧密结合。

同认识不足类似，要克服这一挑战，一方面，要加强学习、研讨，精准地理解学习型组织的内涵与价值；另一方面，要精心选择切入点与介入方式，通过整合应用机制，使其与团队成员的工作任务、痛点或挑战紧密相联。

（4）无人响应

在现实中，很多职场人士都面临着巨大的业务压力、繁多的事务，让人心神难安。在这种情况下，要让他们学习新的技能、改变原有的做法，很多人自然会不情愿，甚至部分人会产生抵触情绪。因此，在推动学习型组织建设工作的初期，有可能出现无人响应的状况，也就是员工反应漠然、不愿意投入。

如果出现这种情况，相应的对策包括但不限于：第一，组织员工参与深度会谈，了解学习型组织的含义及其对组成员的价值，澄清认识、凝聚共识、激发动力；第二，要选择少量试点，发动群众，而不是大范围地覆盖；第三，俗话说"行胜于言"，要让学习型组织建设的努力取得扎扎实实的成效，让实践成果来说话，会更有力量。

（5）抵制变革

变革必然会打破现状，影响一些人的既得利益，逼人们走出"舒适区"，因而常会受到抵制。相对于没有时间、无人响应，抵制变革对学习型组织建设的破坏力更大，也更难应对。

相应的对策包括但不限于：第一，扎扎实实地做好团队共识工作，让大家真正认识到学习型组织对于个人和组织的价值，预先化解可能遇到的各种阻力；第二，将组织变革作为推动学习型组织建设的重点与难点，进行有效管理。若遇到阻力，要认识到有阻力是正常的，不必急躁或气馁，要冷静地分析阻力产生的根因，并制定相应的对策，沉着应对。

（6）急躁冒进

组织变革要把握好节奏，一般遵循的原则是由易到难、循序渐进，这样有利于组织成员树立信心、鼓舞士气，积累一些小的成功，能成就更大、更持久的成功。但是，在企业实践中，许多企业家都是由于面临某些重要而严峻的挑战而对学习型组织产生了较为迫切的需求，从而容易急躁冒进，没有时间去深入学习、研讨学习型组织的精髓，形成共识、进行规划、做好准备。如果缺少组织学习促进与保障机制，上来就干，很可能会遭遇组织成员抵制，效果不佳，从而让学习型组织建设陷入"一鼓作气，再而衰，三而竭"的境地。

就像古语所说：欲速则不达。学习型组织建设的实践经验也表明，做好准备，务求开局速胜，是最佳策略之一。因此，在规划阶段，一方面要控制期望，制定合理的节奏；另一方面要注意选择适当的切入点并精心准备，力求"旗开得胜"。

（7）小富即安

每个人都有不同的追求，在见到了一些初步成效之后，很多人可能就会觉得满足了，从而不再努力，也就是所谓的"小富即安"。事实上，人在本性上就有保持安逸、害怕艰苦的倾向。但是，如果陷入"小富即安"的状态，学习型组织建设就会失去动力，难以深入或持续。

对此，可考虑的对策包括：第一，通过深度会谈和反思，挖掘出更深层次的使命，树立更为宏大的愿景和目标；第二，随时关注内外环境的变化，保持对环境的敏感，激发持续变革的紧迫感。

（8）知难而退

无论是提升能力、激发创新，还是推动组织变革，都不容易。事实上，在建设学习型组织的过程中，除了一开始采取的一些较容易见效的措施（也被称为"摘低处的果实"）之外，一些深层次的组织变革措施不仅复杂、难度大，而且见效慢。在这种情况下，一些人的信心就会动摇，热情会变成焦虑，从而影响对学习型组织建设的投入度，更有不少人会放弃努力。

如果出现这种状况，相应的对策包括：第一，形成团队共识，预判可能遇到的难度；第二，加强对组织变革过程的管理；第三，定期复盘，总结经验，提升能力，并坚定信心。

（9）期望过高

人们常说：期望越大，失望越大。的确，在结果既定的情况下,失望或满意的程度取决于期望与结果的差距。如果一开始就抱有不切实际的期望,那么即便按照公允的标准来看,结果还算不错,但由于期望或标准甚高,还是会造成失望,从而导致人们对于学习型组织价值或功效产生怀疑,影响对学习型组织建设的投入度。

对此,相应的对策包括:第一,正确认识学习型组织的精髓与功效,既不高估也不低估其价值与难度;第二,在规划阶段,尽量根据自身能力与资源状况,设定科学合理的目标;第三,定期复盘,对目标保持灵活性,及时调整。

(10)自娱自乐

如个人层面的成长引擎所示,很多参与学习型组织建设的个人,尤其是其中的积极分子,因为热情高、投入度高,自然受益更多,从而热情更高。这是驱动学习型组织建设的良性循环之一,虽然是好事儿,但也有可能让这些人变得过于狂热,开始"自嗨",一些人可能就会形成"小圈子",满嘴说着别人听不懂的术语,为人处事的风格也变得和组织中的其他人格格不入。这样,他们就会遭遇到其他人的抵制,而这将使得"小圈子"里的人更加"抱团儿",使其进一步孤立。这是一个恶性循环。逐渐地,"小圈子"和整个组织之间就像建立了一道"防火墙",使得建设学习型组织的努力局限在一定范围内,无法推动整个组织的变革。

为了应对这一挑战,建议的对策包括但不限于:第一,给试点团队或积极分子赋能,使其培养开放的心态,掌握双向沟通的能力;第二,创造一些条件和机制,在试点团队和组织的其他部分之间建立定期的对话机制,增进相互了解;第三,加强对学习型组织建设的行动管理，促进各级管理者和组织成员的态度转变，不断巩固和扩大变革联盟。

（11）缺乏方法

就像孔子所说：工欲善其事，必先利其器。要有效推进学习型组织建设，就要掌握相应的新方法或新工具。如果缺乏相应的方法，很可能会事倍而功半，付出了努力却达不到预期目标，从而令人心生气馁，也会影响组织成员对学习型组织的信心、热情与投入度。但是，由于缺乏经验，许多人并不知道要掌握哪些方法，也不清楚为什么要掌握这些新方法，自然会使学习型组织建设陷入泥潭。

对此，至少要注意下列三项措施：第一，在进行学习型组织的规划时，明确重点，聘请有经验的专家，结合组织的实际情况，研讨、确定所需学习、掌握的有效方法；第二，将学习、掌握这些方法作为建设学习型组织的一项正式工作，列入实施计划，并指定专人负责落实；第三，对实际应用效果加强宣传，让大家明了学习、掌握新方法与新工具的价值，增强学习的主动性与积极性。

（12）无人负责

在学习型组织建设过程中经常遇到的一个悖论是：学习型组织建设既需要有专人负责，又需要全员参与（人人均负责）。之所以称其为悖论，是因为如果有专人负责，那么其他人就会认为"这是他的事儿，不是我的事儿"；如果人人都要负责，事实上又可能造成无人负责的局面。无论哪一种情况出现，都会影响学习型组织建设的推进。

在我看来，之所以产生这一悖论，是因为对学习型组织建设的责任界定不清晰。概括而言，学习型组织建设的确需要全员的参与，只不过，不同的人应该承担不同的责任，要各负其责。例如：

- 领导：公司或各部门一把手负有规划与组织实施、指挥、协调学习型组织建设的职责，并需要以身作则、身体力行，亲自策划并领导一些重大、深层次的组织变革工程。在有些集团公司，有时也会成立由高层管理团队成员和主要事业群或业务单元负责人组成的领导委员会，履行这些职责。

- 行动管理：根据领导的设计与部署，对于学习型组织建设的各种努力进行推动与监控，对其过程进行协调与管理。通常由首席运营官（COO）、首席人才官（CHO）或首席知识官（CKO）等高层领导承担此职责，有时候也可以以人力资源管理、组织发展或企业大学等部门的负责人为主，成立专门的推进机构。

- 组织与实施：各个部门的管理者都担负着在所管辖范围内组织、实施学习型组织建设相关努力的责任。如上文所述，学习型组织建设并不是独立于企业运营与管理以外的"另外一项工作"，所以，它必然要与企业各项职责与体系融为一体。为此，各个部门的负责人都需要参与，并负有不可推卸的主导责任。

- 参与并践行：如上所述，学习型组织建设需要全员参与，每个组织成员都负有参与学习型组织建设、亲身践行的职责。

- 非正式组织或人际网络：除了正式组织体系中的各层级人员各负其责之外，按照彼得·圣吉的经验，学习型组织建设中还有一类特殊的角色,他称为"网络型领导",这些人虽然不一定是传统意义上、正式组织层级中某个部门的领导,但他们作为在组织中一些非正式网络或群体里有影响力的人,在学习型组织建设过程中也会发挥不可小觑的作用。如果他们是学习型组织的"积极分子",将有助于扩大学习型组织的影响,推动学习型组织"成长引擎"的启动与运作。

为此,在规划阶段,必须明确不同角色或部门人员的职责分工与沟通机制,尤其是明确各级管理者的责任,并采取适当的机制督促他们切实履行其责任。在实施阶段,要对各部门人员履职情况进行监督,及时反馈、沟通与调整。

(13)缺乏统筹

学习型组织建设是一个长期的系统工程,涉及方方面面,而且需要动态调整,因而,在规划时,既要考虑全面性,也应保持灵活性与一致性。但是,在很多企业的实践中,各项措施之间往往没有逻辑,想起什么就做什么,或者知道什么就做什么;同时,各个部门之间缺乏协调或互动,各行其是。这样必然影响到学习型组织建设的成效与进展。

对此,建议采取以下三项应对举措:第一,统一规划,既要有全面的布局,又要有阶段性重点;第二,定期召开学习型组织建设的经验交流会,了解各项努力的进展状况,并互通有无、取长补短;第三,提炼组织的最佳实践,形成适合自己的体系。

(14)流于表面

如第 1 章所述,建设学习型组织需要跨越的第三重障碍是难以深入。的确，很多企业采取的诸多措施都流于表面，造成难以深入的原因，除了与人们对学习型组织的认识误区有关之外，也有一些更深层次的原因。比如，随着学习型组织建设的推进，各级领导者需要具有更强的开放性，改善自己根深蒂固的心智模式，学习新的技能，而这很可能会暴露领导自身的不足，引发其内心的不安或恐惧，这既有可能降低他们对学习型组织的投入度，也可能让学习型组织建设不再深入。

根据我的经验，要想推动学习型组织建设的深入开展，需要"多管齐下"，包括但不限于下列四项举措：第一，既要精准地认识学习型组织，又要选好切入点，集中精力，做出效果（参见第5章）；第二，学习并掌握相应的方法与工具、提升个人、团队和组织的能力（参见第6章）；第三，参考整合应用机制，将学习型组织建设和企业经营与管理的各项工作整合在一起（参见第7章）；第四，定期评估、复盘，推动学习型组织建设持续深化（参见第9章）。

（15）难以持续

学习型组织建设要跨越的最后一重障碍就是难以持续。因为在当今时代，唯有变化才是唯一不变的。建设学习型组织也是只有起点，没有终点。企业一旦停止建设学习型组织的努力，组织学习能力就会陷于停滞，组织就会落伍，也就不再是学习型组织了。为此，从某种意义上讲，只有能够持续、有效地对建设学习型组织付出努力，才能充分发挥学习型组织的功效。

对此，相应的对策包括但不限于：第一，运用整合应用机制（参见第7章），让学习型组织建设与企业的经营与管理融为一体；第二，通过持续地推动学习型组织建设，使其成为各级管理者分内的工作，甚至成为一项习惯；第三，定期复盘，优化学习型组织的规划以及推进机制。

需要说明的是，建设学习型组织的挑战绝不止于这15项，我在上面提到的对策也只是经验之谈，并非全部，仅供参考。

与此同时，由于企业是千差万别的，每一家企业都独一无二，它们可能遇到的障碍因素也必然各不相同。相应地，每家企业适用的对策也要因时、因事而异。因此，在规划时，企业必须认真研讨，识别或找到自身可能遇到的具体障碍，并设计好适合自身的对策或预防措施，不可照搬照抄。

3. 资源匹配

俗话说：罗马不是一天建成的。它提示我们，即使有了系统的规划，也必须有耐心，不可操之过急。当然，如果没有系统的规划，罗马的建设可能就会杂乱无章，甚至旷日持久。

实践经验表明，在有整体规划的同时，建设学习型组织也不可贪大求全、全面铺展，否则就可能导致资源分散，各项措施也可能因浅尝辄止而不能充分发挥功效。因此，在进行系统规划的同时，必须划分出阶段，匹配相应的资源，把握重点，精心设计并打造出一些"学习品牌"或"经典项目"，确保见到实效，以鼓舞大家的信心与热情。这是学习型组织建设规划中的重要工作之一。

当然，我在这里所讲的资源，既指资金、物质、基础设施等，更包括管理者的精力、领导者和团队的能力，以及员工的热情与投入度等。

4. 行动管理机制

最后，在进行系统规划时，也需要建立行动管理机制以及持续的评估与优化机制，以便进行动态调整。两者可以结合起来，相互促进。一方面，评估和诊断可以为系统规划提供更科学的参考，避免"拍脑瓜"或根据个人好恶来做决策；另一方面，系统规划也是行动管理的依据，是确保评估与诊断体系科学合理的重要途径。

按照项目管理的一般规则，对学习型组织行动的管理要考虑下列要素：

- 时间进度计划。
- 工作进展质量。
- 人员分工与履职情况。
- 沟通与协调机制。
- 组织变革管理机制。
- 重点项目及推进策略与计划。

学习型组织系统规划的五项关键成功要素

对学习型组织建设进行系统规划，是"播种"阶段至关重要的一项举措。如果规划得当，不仅可以纵观全局，也可以把握关键，还可以协助团队成员找到适合的切入点，并提前做好各方面的筹划与准备，确保试点的成功，让学习型组织生根、发芽、茁壮成长。

根据我本人的实践以及给大量企业提供咨询服务的经验，在我看来，进行学习型组织建设的系统规划，需要把握以下五个关键要素。

1. 个性化定制

本章中介绍的四个学习型组织的系统模型,都是一般性框架,在规划时可以作为指导或参照,但千万不要忘记:任何一家企业都是独特的,所以,无论是建设学习型组织的切入点,还是战略重点、实施策略,抑或行动计划、演进路径,都应该是有差异的。

如果照搬照抄上述基本模型,可能会出现如下两方面问题:一是过度简化,可能挂一漏万,或者把握不住对本企业来说真正重要的东西;二是有可能造成"东施效颦"或"削足适履",甚至水土不服、弄巧成拙。因此,在规划时,一定要针对企业的实际情况,进行个性化定制。

2. 系统思考

如上所述,学习型组织建设是一个系统工程,不仅需要全员参与,而且涉及企业方方面面的要素,这些要素之间也实时地发生着形形色色的相互影响。因而,在进行学习型组织建设的规划时,必须应用系统思考的智慧与方法,做到以下三点:

- 全面思考,不遗漏重要影响要素。
- 深入思考:在众多影响因素中,总有一些关键驱动要素,它们是影响广泛的根本力量,或者具有"杠杆效应"。因此,要精心设计、利用并维持这些推动成长的核心力量。
- 动态思考:在组织中,各种因素是相互联系的,也处于动态变化之中,所以必须根据资源和实际情况,分清主次以及轻重缓急,选好切入点,确定阶段性的目标,把握重点,循序渐进。同时,未雨绸缪,预见并防范学习型组织的各种障碍因素。

3. 内外结合

大多数企业在制定学习型组织建设的规划时，对学习型组织都缺乏足够的经验，也往往不具备推动组织系统变革所需的专业能力，因而，如果能够得到外部专家的指导，内外结合，将有助于科学诊断，做好规划。

4. 一把手亲自主导

学习型组织建设是各级领导者达成目标、发展团队的基本手段，是其核心职责，鉴于其对于企业发展的重要性，在实施过程中更是离不开各级管理者的领导、推动，身体力行。因而，在规划时，需要各级管理者的亲自推动、主导，不可假手他人。

5. 保持动态性

学习是企业运作的基本职责，建设学习型组织是一项长期、持续的过程，因而，在进行学习型组织建设的规划时，需要设计好评估指标，设定明确、具体、可衡量的目标，并搭建好信息收集与反馈机制，便于定期进行评估、复盘、改进。

思考与练习题

1. 激活学习型组织，为什么要进行整体规划？
2. 如何理解建设学习型组织的"五项修炼"体系？核心要素有哪些，它们之间的相互关系如何？如何理解"学习型组织框架"？
3. 如何理解组织学习系统？
4. 如何理解建设学习型组织的系统生态方法——组织学习鱼？
5. 如何理解"组织学习九宫格"？

6. 要进行学习型组织系统的规划，要考虑哪些内容？
7. 如何发现并维持驱动组织学习的"成长引擎"？
8. 如何预见并防范组织变革的"成长上限"？对照本章所述的 15 项常见的限制性因素，你认为自己所在组织建设学习型组织可能会遇到的最主要的限制性因素有哪些？应该如何应对？
9. 若你所在组织拟进行学习型组织系统的规划，要推动此项工作，你应把握哪些关键点？

CHAPTER 5

第 5 章

找准切入点，进行试点

　　迈向学习型组织的进程是一个漫长、艰难的过程，企业既要承受外部竞争的压力，又要有不断挑战自我的勇气。此外，对于组织变革，很多人也会产生抵触情绪。所以说，学习型组织建设如逆水行舟，不进则退。为此，既要进行系统规划，制定现实可行的战略，又要抓住组织学习的触发因素，把握契机，选好起跑点，争取"迈好第一步"。

　　事实上，大多数企业在创建学习型组织的初期，遇到的第一个问题就是：从哪里开始？这就是本章要探讨的"选择激活学习型组织的切入点"的问题。

建设学习型组织的 9 个起跑点

由于每一家企业都是独一无二的,因此,对于"建设学习型组织应从哪里开始"这个问题,也没有唯一的答案。企业必须根据自己的实际情况,找到合适的起跑点和行进路线。

基于大量实践经验,彼得·圣吉等在《第五项修炼·实践篇》中给出的答案是,企业(或团队)可以考虑以下 9 个起跑点。㊀

起点一:从个人目标到共同愿景

从激发个人学习热情、厘清个人愿景开始,之后通过深度会谈,进行共同愿景的塑造,为组织未来行动指明方向。

起点二:系统学习新知识与新技能

可以组织公司高管团队系统学习包括"五项修炼"在内的、与学习型组织建设相关的新知识与新技能,然后通过研讨,确定行动路线。

起点三:组建自主管理的团队

领导班子要以身作则,通过深度会谈,厘清各自的角色,确定彼此相处的行为、态度、立场和基本准则,改善核心高管团队成员之间的关系,建立决策机制,提高议事能力,这样做不仅对整个公司影响巨大,还能产生较强的示范带动效应。以此为起点激活学习型组织,通常需要进行系统思考和共同愿景的修炼,也

㊀ 圣吉,等. 第五项修炼·实践篇:创建学习型组织的战略和方法 [M]. 张兴,等译. 北京:东方出版社,2002:80-82.

离不开团队学习的技巧,以及团队成员自身心智模式的改善与自我超越。

起点四:自我进行现状评估

"千里之行,始于足下",任何变革都要从清醒地认识现状开始。为此,有些公司从系统地分析组织目前的能力(内部要素)、环境(外部要素)着手,找出需要认真处理的问题,然后采取相应的行动。

起点五:从上层开始

如果公司面临财务危机或士气低落等严峻挑战,领导班子可考虑通过团队学习的修炼,反思其产生的原因并制定改进措施,或者带领大家重启愿景,激发变革的热情。

起点六:从"老大难"问题着手

每个组织都可能存在着一些"老大难"问题,通过学习并应用系统思考的技能,进行全面深入的反思,利用集体智慧,找到破解"老大难"问题的方法。

起点七:检查组织的基础结构

按照系统思考的基本原理——"结构影响行为",公司的各项政策、组织结构与规则(包括"潜规则"与领导者根深蒂固的观念)都是影响甚至决定人们行为的结构性因素。因此,公司可以从反思、分析这些结构性因素开始,找到那些妨碍学习、扼杀创新、抑制分享、影响绩效的结构性因素,并且加以处理,使其得到显著改善。

起点八：借助全面质量管理的努力

优质的工作质量、协调效率通常是组织高效运作的基础。因此，在学习型组织建设过程中，借助诸如"全面质量管理"（TQM）、"六西格玛""持续改善"等机制，激活每个员工的工作与学习热情，促进他们能力和工作质量的提升，推动组织运作效率的改善，是现实可行的选择之一。

起点九：寻找自己的切入点

每一家公司都应该找到适合自己的起跑点。除了上面所列的八个起点之外，任何方面、任何努力，只要有助于学习、改进、创新，都可以作为公司创建学习型组织的切入点。

激活学习型组织的 18 个切入点

组织作为一个系统，各个构成要素息息相关，因此，从某种意义上讲，激活学习型组织从哪里开始，其实都可以。

结合实践经验，我认为，选择激活学习型组织的切入点可以考虑如下两个维度：第一，选择组织整体，还是选择构成组织的某些部分（如部门、职能或要素）？第二，以业务运作（"事"）为主，还是以人才发展（"人"）为主？将这两个维度结合起来，常见的切入点有以下 18 项（我称之为激活学习型组织的"降龙十八掌"，见表 5-1）。

表 5-1 激活学习型组织的 18 个切入点

维度	整体	职能
运作	（1）化解危机或冲突，推动组织变革 （2）塑造共同愿景，进行战略规划 （3）加强企业文化建设 （4）组织优化或流程再造 （5）加强信息技术应用，推动数字化转型和升级 （6）搭建创新管理体系，建设创新型组织	（1）选择少量部门进行试点或组建跨部门的先导小组 （2）以行动学习或绩效改进来解决业务难题 （3）以复盘推动业务创新或持续改善 （4）通过标杆学习提升运作效率 （5）与全面质量管理或质量改善活动相结合 （6）通过知识萃取与运营，加强绩效支持系统的建设
人才	（1）建设"锐意发展型组织" （2）建立企业大学，搭建教育培训体系 （3）开发并提升领导力，加强领导班子建设	（1）加强专项人才培养 （2）加强基层班组建设 （3）加强知识管理

1. 从组织整体出发，以优化运作为主

从组织整体层面上改变或优化组织运作，包括战略、组织、流程、变革、文化等事关全局的要素，虽然难度较大，但是影响范围与影响力度巨大，一旦成功就可以取得显著成效。

在这方面，主要的切入点有如下六个。

（1）化解危机或冲突，推动组织变革

如第 1 章所述，学习型组织建设有助于推动组织创新与变革，让组织"活下来"。因此，如果组织当下面临较大的危机或冲突，领导者可以利用这一契机，促成转变。

例如，众所周知的海尔集团"砸冰箱"事件，就是通过对产品质量问题的戏剧化处理，达到了让员工树立质量意识的目的；

联合利华荷兰公司就是在遭遇严重危机、公司的竞争力和市场份额急剧下降、财务恶化的情况下，被迫"破釜沉舟"将希望寄托于创建学习型组织上，从而获得极大的成功（参见案例 5-1）。

◎ 案例 5-1

联合利华荷兰公司：走出沙漠

1995 年，联合利华设立于荷兰南部城市奥斯的食品分公司 UVGN 陷入了严重的危机：公司资金紧张、产品质量与市场占有率每况愈下。整个公司从工人到管理层都失去了斗志，"各扫门前雪"的风气盛行一时：工人只做自己分内的工作，管理者就坐在自己的座位上，对外面发生的事情不闻不问。没有人考虑产品质量问题，也没有人关心公司未来的发展。

在这种情况下，泰克斯·冈宁临危受命，担任该公司的新主席。他要做的第一项重大决策就是：是进行重新整合还是关闭公司。

1995 年春天的一个早晨，公司 1400 多名员工在工厂门前集合，准备参加公司组织的郊游活动，但出人意料的是，他们被拉到郊外的一个大货仓。整个货仓堆满了他们自己生产的不合格食品：腐烂的香肠、不断往外渗液的罐头，空气中弥漫着浓烈的腐臭气味，人们被这个场景震慑了。公司新主席的演讲为大家敲响了警钟，也激起了人们变革的斗志。

在那次戏剧性的货仓之旅之后，公司成立了一个变革小组，成员们几乎不分昼夜地奋战了数月，他们动员全体员工积极提出各种革新和改善建议，并进行了大刀阔斧的机构重组和生产力提升。到 1996 年 3 月，公司共裁员 500 人，运营费用节约了 400 万欧元，生产线的生产率提高了近 20%，基本逆转了下滑的趋势。

更重要的是，公司出现了崭新的气象。

此后，公司更是借助重组，组建了新的食品和调味类产品公司，通过采取重塑愿景、培养和发展领导团队、提升员工能力、标杆学习、持续改善等一系列组织学习措施，使公司实现了"绝地大反击"的逆转奇迹。经过5年多的努力，这家公司每年的增长率高达两位数，并最终引发了整个联合利华的改革。

即便不是像联合利华荷兰公司那样因组织陷入困境而必须进行变革，任何一家公司（哪怕是现在发展势头还不错的公司）都有必要"居安思危"，通过推动组织变革激发组织活力。例如，通用电气公司通过发起"群策群力"（Work-Out）和"变革加速过程"（change acceleration process，CAP）活动，解决了组织存在的大量官僚主义、本位主义以及"老大难"问题，实现了突破性增长。㊀

在推动组织变革的过程中，如果公司内部缺乏必要的技能，或者担心陷入"当局者迷"的状况而无力推动某项改革措施时，可以考虑引入外脑，或者寻求外部力量的支持，包括引入"空降兵"、咨询公司或者运用资本的力量等。这些力量有利于组织打破僵局，接受外界的新鲜思想与信息，从而构成推动组织深层次变革与学习的重要契机。

（2）塑造共同愿景，进行战略规划

不管公司规模大小，都有战略规划的职能，只不过有的有正规的程序和计划，有的则可能是随意的。一般地，战略规划的逻辑是厘清愿景与目标，分析环境与组织能力（常用的方法包括"五

㊀ 加尔文. 学习型组织行动纲领［M］. 邱昭良，译. 北京：机械工业出版社，2004.

力模型""SWOT 分析"等),然后制定实现目标的策略、组织结构、资源安排以及具体的行动计划。其实,这里面蕴含着组织学习的良机,如果管理得当,可以激发大家的斗志,凝聚集体智慧,促进共识,因而可将其作为创建学习型组织的切入点。

具体而言,可采取下列七种措施。

1)运用"共同愿景工作坊""欣赏式探询"(参见第 2 章)等方法,组织管理团队成员进行深度汇谈,这既有助于团队建设,又可塑造共同愿景。

2)运用"会叫的狗"汇谈等方法(参见第 2 章),对组织存在的问题及组织能力进行客观的分析,找到差距,以待改进。

3)运用情景规划法(scenario planning),对环境中的关键不确定性因素进行系统思考,这有助于人们改善心智模式,获得新的见解(参见案例 5-2)。

4)通过激发团队成员的创新思维,探索新的商业模式和运营策略。

5)运用系统思考的方法与工具,找出公司发展的"成长引擎"及潜在的"成长上限",这不仅有利于增强高层团队成员对战略的认同并达成共识,也有助于战略的执行。

6)在实施战略规划的过程中,加强信息的收集和分析等工作,可以增强公司对市场的感知,让重要的问题与决策紧密关联起来。

7)通过对战略与经营进行复盘,客观地评估组织能力,从而发现组织学习与创新的契机。

实践经验表明,战略规划是建设学习型组织最适合的切入点之一。例如,壳牌公司从 20 世纪 60 年代开始,就将情景规划法应用于战略规划,并将其作为促进组织学习的核心机制,通过改变各级管理者的心智模式，使公司顺利度过两次石油危机（参见案例 5-2）。

◎案例 5-2

壳牌公司：改变心智模式，应对石油危机

壳牌公司是最早了解加速组织学习好处的大型公司之一。它之所以能成功地扛过 20 世纪七八十年代两次世界石油危机的巨大冲击，主要归功于"学习如何浮现管理者的心智模式，并对其加以改善"。

1972 年，壳牌公司规划部采用情景规划法，精心设计了一组新的情景，以帮助公司高管以新的方式观察这个世界。例如，十几年来，世界石油的需求量一直保持持续稳步增长的态势，每个人都认为这是理所当然的，并在决策中以这种假设来进行思考。同样，因为大家都认为石油的供应持续且稳定，因此石油的价格也会保持相对稳定，不会有大幅波动。但是，这些假设都是不可靠的，依据这些假设而采取的策略也是存在风险的。相反，改变管理者的看法，想到新的可能性，就可能引发新的策略，从而开创新局。

事实上，1973—1974 年第一次世界石油危机爆发时，壳牌公司相对其他石油巨头做出了截然不同的反应。它没有像其他公司那样，依据惯性采取扩大产能、关注主要产油国和集中控制的策略，而是放缓对炼油厂的投资步伐，加大在欧佩克国家之外的石油勘探，并将决策权下放，以提高适应当地石油市场管制的能力。这些策略产生了显著效果，使得壳牌公司从位居七大石油公司的末位一跃成为最强者。

正如壳牌公司规划部前主任德赫斯所说:"要在动荡的企业环境中生存与发展,有赖于组织化的学习。这是管理团队改变对公司、市场与竞争者的共有心智模式的过程。因此,我们把规划看成学习,把公司整体规划看作组织化的学习。"

同样,沃尔玛、施乐公司也把信息的收集与分析工作嵌入公司战略规划与运营过程之中,让高级经理人直接参与信息的收集、研讨和分析,从而改进了公司对市场的感知和对机会的把握能力。

(3)加强企业文化建设

无论是从理论上讲,还是在实践中,学习型组织建设与企业文化有着紧密的联系。一方面,个人学习、团队学习等都需要相应的企业文化支持;另一方面,倡导建立新型的价值观与行为规范,引入企业形象识别系统(CIS),让企业从内到外(从VI、BI到CI)都有一些明显的变化,也容易让人们启动变革。因此,很多企业建设学习型组织的努力,都是从加强企业文化建设、促进观念变革开始的。按照我在第4章所述的"组织学习鱼"模式,观念是引领组织变革的引擎,因而企业文化建设、塑造共同愿景、梳理公司核心价值观是建设学习型组织的切入点。

按照现代心理学的观点,人的行为如同"冰山"浮在水面之上的部分,是由目的、身份、信念、能力和价值观等内在因素决定的;而价值观就如同水面下的"冰山",是一个人或组织对待事物的价值判断体系,虽然看不见、摸不着,但它无时无刻不在左右着我们的态度、观点,从而影响我们的行为。正如彼得·圣吉在《变革之舞》中所说:"如果我们的思维方式没变,对任何变革的投入都会是徒劳无功的。"因此,很多伟大的政治家、社会学家、心理学家和企业家都主张,要想引发系统性变革,就必须注重影响或引导人们价值观的改变。学习型组织建设也是如此。

但是，很多组织中或多或少地存在一些非学习导向的观念，甚至有些是阻碍学习的。例如，在一些企业中，人们害怕犯错误，不喜欢冒险或尝试新方法，不愿意与人分享知识与信息，或者无法坦诚地表达自己的看法，这样的组织又如何能成为学习型组织呢？

因此，在我国，一些企业（尤其是国有企业）在创建学习型组织的过程中，也注意到了从价值观切入、首先引导人们转换观念的重要性。因为对于一些企业来说，员工和管理者的思想观念比较落后，缺乏进取精神，缺乏竞争、市场与客户意识等符合市场经济条件的价值观，而这些落后的观念就像套在孙悟空头上的"紧箍咒"，制约着个人与企业的发展，而从观念入手，建立大家一致认可的价值观是一条可行的道路（参见案例5-3）。

◎案例 5-3

鲁南水泥导入学习型组织：观念先行

山东鲁南水泥有限公司（简称"鲁南水泥"）是中国联合水泥集团公司（简称"中联水泥"）的核心企业，采用国际先进的窑外分解新型干法生产技术，年产水泥150万吨，销售额近6亿元。该公司先后通过了ISO 9002质量管理体系、ISO 10012测量管理体系、ISO 14000环境管理体系三项国际认证，并通过导入企业形象识别系统、创建学习型组织、加强管理等措施，使一个在计划经济模式下运营十余年、连年亏损的企业，在市场经济条件下焕发出了勃勃生机。

那么，鲁南水泥是如何做到这一点的呢？曾任鲁南水泥总经理的张金栋认为，一个人必须首先树立正确的"价值观"，然后形成自己的"人生观"、对世界万物的"世界观"。只有建立了这三观，一个人才能和谐、稳定地生存和发展，一个企业同样如此。因此，在组织变革时，最艰难和痛苦的第一步就是引领观念变革，构建企业共同价值观。

1999年，濒临倒闭的鲁南水泥被中联水泥兼并，改制成为有限责任公司。在新旧转换的过程中，尽管企业从体制上、管理结构上与主体上已脱胎换骨，但员工的思想观念、行为方式依然停留在计划经济的惯性中，加上历史沉积下来的许多问题，先后两次出现比较大的风波，一时间企业风雨飘摇，似乎希望渺茫。

在这种情况下，公司党政领导进行了认真的反思，认为思想观念滞后是改制后制约企业改革、发展与稳定的根本问题。例如，有的员工认为"大家都是'国有企业的主人'，我凭什么听你的""我是国家职工，国家就得养着我，谁敢把我辞退"等；有的员工对现代企业普遍采用的薪酬激励体系有很大的抵触情绪。如果不破除这些不适应时代发展的思想观念，企业就不能发展。

为此，公司决定从1999年12月下旬开始，集中四个月的时间开展一次大规模的思想教育活动。事实上，根据形势的发展，这个主题教育活动进行了七个月。它结合随之开展的企业形象识别系统导入活动，冲涤了员工头脑中陈旧的思想观念，取得了显著的成果。通过这些活动，员工消除了许多思想上的疑虑和认识上的困惑，初步树立了市场观念、竞争观念、效益观念、分配观念、择业观念等与市场经济相适应的新观念，特别是对于员工普遍困惑的几个问题实现了观念转变。

鲁南水泥认为，企业文化体现了全体员工真心认同和共有的核心价值观，规定了人们的思考和行为模式，是一种不需要思考就能够表现出来的东西，是一旦违背了它就感到不舒服的东西，而且这些思考和行为模式还应该在新老员工交替过程中具有延续性和稳定性。一家优秀的企业，就是要创造一个能够促进员工奋发向上的心理环境，创建一种能够确保企业的经营业绩不断提高，积极推动变革、创新与发展的企业文化。

在确立核心理念和价值观体系时，鲁南水泥没有简单地闭门造车，而是在对企业的历史与现状进行广泛深入调查的基础上，集思广益，诊断企业面临的最大挑战，对症下药。经过研讨，大家一致认为鲁南水泥最缺的是团队精神和竞争意识，于是提出了以"凝结众力，超越无限"为核心理念，用"每天迈出新一步"作为企业精神口号，用"我们生产凝聚力"作为企业的广告语；同时确立了"企业命系市场""和谐经营每一天"的经营理念、"今天的努力，明天的能力"的人才理念、"团队·竞争·创新"的管理理念、"优秀的产品是由优秀的人创造"的品质理念、"有限人生，无限追求"的人格理念等。这些理念迅速得到了大家的认同，并逐渐深入人心，成为员工自觉的行为模式。

拥有了"新思想""新观念"的鲁南水泥，仿佛换了一个人似的，迅速走出过去的阴影，焕发出生机。

从上述案例可见，以观念变革引领公司发展是一条可行的变革之路，也是建设学习型组织的重要切入点，如果推行到位，可以在较短的时间内取得显著效果。

当然，由于文化和精神既需要有形的载体和形式，又看不见、摸不着，所以难度着实不小。尤其是人们观念的转变、企业价值观的革新，都需要付出长期、大量的努力。在实践中，企业文化建设往往与组织变革、战略规划等密不可分。

（4）组织优化或流程再造

面对越来越严峻的环境挑战，组织不仅要力行变革，更应该持续地进行组织优化或流程再造。就像通用电气公司前CEO杰克·韦尔奇上任初期，为了消除组织内滋生的官僚主义，借鉴类似"城镇会议"的方式，推出了"群策群力"运动，以优化组织、再造流程，取得了显著效果（参见案例6-2）。

（5）加强信息技术应用，推动数字化转型和升级

当今时代，数字化不仅是确定无疑的大趋势，在很多行业和企业中也已经成为现实。面对这种大趋势，如果哪家企业不能实现转型升级，就可能落伍甚至被淘汰。因此，如果你的企业还没有实现数字化，那就应该抓住契机，积极推动组织数字化转型升级。这是当前企业组织变革的重要主题之一。即便已经实现了数字化的企业，也要持续不断地提升智能化水平，以适应环境的快速变化。

的确，事实证明，在学习型组织建设过程中，通过采用新技术，加强对显性知识的管理、促进协同工作，对于大多数企业而言，都能起到立竿见影的效果。同时，借助先进的信息通信技术影响人们的工作方式与观念，可能比直接灌输理念、讲道理更容易一些。

在这方面，常见的做法包括但不限于以下几种。

1）搭建部门级或公司级的知识库与知识管理系统（KMS）。

2）培育专题实践社群（CoP），促进最佳实践的挖掘、知识的

创造与共享。

3）搭建企业信息门户（EIP），促进信息的汇集与分发。

4）利用群组、群件以及协同办公平台与业务运作辅助系统，促进个人和团队的协同。

5）利用电子化学习（e-Learning）或移动学习（Mobile Learning）平台，实现随时随地、按需学习。

当然，如何让这些系统在部署以后有效发挥作用，是一个需要认真对待的问题。因为相对于人们思想观念的变革以及文化变革而言，技术或系统的实施难度可能是微不足道的；同时，技术只是一种手段和组成部分，还需要其他系统、制度以及流程等协同配合，才能发挥作用。

（6）搭建创新管理体系，建设创新型组织

在竞争日趋白热化的市场中，创新无疑成为很多公司的战略焦点，因为它是业务发展的生命线，是企业制胜的关键，关系到一家企业的兴衰成败。的确，深具创新力的公司（如苹果、谷歌、亚马逊、微软、3M等）也确实表现不俗。

相反，不重视创新、做不好创新管理就容易导致企业的衰落。在《为什么雪球滚不大》中，马修·奥尔森和德克里·范·贝弗（Matthew Olson & Derek van Bever，2008）指出，企业增长停滞的根源，70%是企业战略因素，17%是组织因素，外部因素只占3%。在战略因素中，"创新管理失效"（占13%）仅次于"高估优势地位"（占23%）。

由此可见，在当今时代，企业要想获得生存与发展，每一位企业家都不能忽视创新。如果组织创新的速度赶不上环境变化的速度，未能创造出新的、成功的产品、服务和商业模式，轻则公司原地踏步，重则衰退甚至死亡。

但是，我在访谈中发现，尽管没有人否认创新的重要性，各级领导也希望做好创新，但很多企业的"土壤"并不适宜创新，它们也并不擅长培育和管理创新。在我看来，企业在创新方面面临的挑战，可概括为"两个90%窘境"：90%的管理者只是在意识上重视创新，很难落实到实际行动上；90%的企业只有少量"局部"创新，无法持续地系统创新。因此，在不确定和持续变化成为常态时，要想获得生存与发展，企业不仅需要将创新落实到行动，还需要系统性培养持续创新能力。

基于实践经验，在我看来，要实现系统创新，企业需要突破以下三重障碍。

（1）制定创新战略和创新管理机制，将创新作为关乎组织生死存亡的大事，并将其纳入日常管理，成为每位管理者和全体员工的"分内工作"。

（2）建立创新赋能机制，使各级管理者和员工都具备让创新落地的技能，掌握必要的方法与工具，让创新真正变成实际行动。

（3）建立支持创新并能持续改进的体系，激发组织的创新活力，营造适宜创新的氛围，让创新源源不断地按照规划"生发"起来。

简言之，要将创新作为激发组织学习与变革的核心职能，从个体、团队和组织三个层次采取措施，搭建创新管理机制，建设创新型组织。这本身也是激活学习型组织的重要切入点。

2. 从组织整体出发，以人才发展为主

从组织整体出发，通过建立企业大学、搭建教育培训体系、建设知识管理体系，以及开发并提升领导力等措施，促进人才的

发展，从而推动组织的发展。这也是建设学习型组织的重要策略之一。

按照这一策略，主要做法包括但不限于下列三个方面。

（1）建设"锐意发展型组织"

哈佛大学发展心理学家罗伯特·凯根（Robert Kegan）基于若干企业的实践发现，有些企业将人的发展和企业的经营放到同样重要的位置上，整个企业就是一所学校，各级管理者最主要的任务就是创造各种条件、运用各种手段指导下属、发展下属，形成通过人的发展来带动企业成长的良好局面。他将这样的组织称为"锐意发展型组织"（Deliberated Development Organization，DDO）。㊀

尽管目前 DDO 仍属概念阶段或者只是极少数先锋企业的探索，但在我看来，这也可能是未来组织发展的范式之一。如果整个组织致力于人才发展，不妨尝试从建设 DDO 开始，这本身也是建设学习型组织的努力方向之一。

（2）建立企业大学，搭建教育培训体系

毫无疑问，人才是企业生存与发展的根本保证。只有不断提高员工的能力，充分调动员工的积极性与创造性，使员工健康成长，才能保证企业的"长治久安"。为此，企业不仅要高度重视员工选拔与招聘，也不能忽视对员工的教育与培训。尤其是当今时代，面对各方面的变化，企业需要转型升级，员工也需要更快地掌握新的技能，因此，很多企业在建设学习型组织时，常采用的切入点之一就是加强教育培训。

㊀ 凯根，希莱，等. 人人文化：锐意发展型组织 DDO［M］. 薛阳，倪韵岚，陈颖坚，译. 北京：北京师范大学出版社，2020.

事实上，世界上大凡优秀企业，几乎都热衷于人力资本投资，很多企业都具有完备的教育培训体系。实践证明，精心设计的培训能实现启迪思维、更新观念、统一认识、培养技能等功效，而且易于被员工欢迎和接受（在一些企业中，培训经常被员工视为一种"福利"），有助于激发员工工作、学习和创新的热情，从而提升组织绩效。因此，可以把培训作为建设学习型组织的一个切入点。

特别是20世纪80年代以来，随着知识型员工需求的快速增长、环境的剧烈变化，以及知识"半衰期"的缩短，越来越多的企业意识到，需要更快地更新技能、激发创新、推动变革，需要进一步将学习与发展职能体系化、战略化和专业化。因此，企业大学作为一种战略选择，得到了快速发展，如雨后春笋般迅速增长。据业内人士粗略估计，1980年大约有400所企业大学，到2000年增长到2000多所，到2020年，企业大学数量已有4000～5000所。很多知名的跨国公司，包括麦当劳、通用电气、摩托罗拉等在内，都开办了自己的企业大学。摩托罗拉大学每年在培训上的投资高达1.2亿美元；通用电气每年投入到培训、教育上的经费高达9亿美元，前CEO韦尔奇不惜花费大量时间投入人力资源管理，包括亲自授课等。一些跨国公司来华投资后，也纷纷办起培训中心或管理学院，如爱立信、西门子、摩托罗拉、惠普等。

按照企业大学研究专家马克·艾伦（Mark Allen）的说法，企业大学是一种战略性工具，其职责是通过设计并推动个体和组织学习活动，来辅助公司实现自己的使命。根据业界公认的看法，一般来说，企业大学与传统培训中心的区别在于其战略性、系统性和专业性三个方面。

- 战略性，指的是企业大学需要有更高的定位，既要符合公司发展战略，也要参与制定并落实公司发展战略。
- 系统性，指的是企业大学要从总体上推动组织的人才发展、团队发展和组织发展，而不只是负责组织和实施培训项目这样的事务性工作，更不能只是"楼堂馆所"。
- 专业性，指的是企业大学要具备推动组织发展、引领组织变革、赋能业务、孵化创新等必需的核心能力和专业技术。

实践经验表明，企业大学对推动企业人才战略落地、组织学习体系搭建起到了积极的作用。

当然，需要强调的是，要想让企业大学真正发挥作用，仅做培训是不够的，除了要对培训进行精心设计和管理，与工作紧密结合，抓住人们的痛点或刚需之外，还必须创新培训的方式，强化成员的参与，实现业务主导与成果落地。此外，还需要考虑相关的配套措施，如企业文化、管理体系与制度、技术等，多管齐下，协调推进。

（3）开发并提升领导力，加强领导班子建设

在组织中，再怎么强调领导力也不过分，因为它是组织运作的驱动力，影响组织的方方面面。无论是引领组织变革、推动创新，还是强化协同、提升集体智商，都要依靠各级领导干部的领导力。为此，很多企业在构建学习型组织的过程中，开发并提升各级领导干部的领导力，加强领导班子建设就成为不可或缺的核心环节。

在这方面，主要措施包括但不限于：

- 通过混合式学习项目，对全体干部或部分人群（如高管、

中层干部、基层主管或后备干部等）进行领导力培训，以开发或提升他们的领导力，促进观念更新。
- 搭建领导梯队：通过教练辅导、结对子、设立影子董事会等方式，选拔一些有潜力的年轻干部，进入更高层级的管理团队历练，促使公司形成搭配合理、人才辈出的领导梯队。
- 通过务虚会、民主生活会、拓展训练、团队建设或其他团队深度会谈形式，加强各级各部门领导班子建设。

3. 从组织的某个职能或构成要素出发，强化组织运作

从整个组织入手推动组织变革或人才发展固然是重要的，但组织的运作体现在各个部门乃至所有员工身上。与此同时，虽然各级管理者和全体员工的行为及发展对组织整体的影响力强弱不一，但是，对其所在的部门或群体却具有举足轻重的影响。因而，在建设学习型组织的过程中，要广泛发动群众，激活一个个团队，所以，从组织的某个职能、部门或构成要素出发，强化组织运作，是构建学习型组织的重要切入点。

在这方面，主要做法包括下列六项。

（1）选择局部进行试点或组建跨部门的先导小组

彼得·圣吉在《变革之舞》一书中指出，建立先导小组往往是开展深层次变革的开端。除非建立某种先导小组，否则一个组织中的新想法便不会得到孵化，没有一个将概念变为能力、理论化为实践的地方。因此，在创建学习型组织时，可以从组织存在的长期问题入手，组建一个先导小组，找出问题的真正原因，并创新性地解决问题。在实践中，先导小组可能是要解决特定问题

或完成特定任务的正式项目组，也有可能只是由一群人组成的非正式网络。

对此，我认为，企业在建设学习型组织时，可以选择少量部门或者组建一些跨部门的团队，通过学习新的技能、建立演练场，解决与组织发展相关的重要问题。这样可以把组织变革、创新或解决问题的范围控制在较小的单位之内，相对于涉及整个组织或跨部门的问题，有助于降低复杂度，更容易见到效果，从而帮助人们树立信心。同时，也可以快速总结经验，尝试应用新技能，从而促进后续行动的成功。

（2）以行动学习或绩效改进来解决业务难题

在建设学习型组织的过程中，必须将学习与工作紧密结合，其中，行动学习与绩效改进是广为流行的两种方法，通过团队研讨与协同行动，均可实现帮助业务部门解决复杂问题、促进业务绩效改善的目的。

所谓"行动学习"，指的是围绕一个亟待解决的现实问题或创新性课题，组建一个团队，在一名合格教练的指导下，团队成员经历一系列探询、质疑与反思的过程，通过内外部学习和行动，提出并实施方案，促进问题的解决，并从中学习和获得历练。这一概念由英国管理学家雷吉·瑞文斯于20世纪70年代提出，之后，在通用电气、花旗银行等企业中得到应用，并取得了显著成效。近年来，行动学习被越来越多的企业重视和采纳，现已成为中外很多优秀企业的"标准配置"。实践证明，行动学习不仅有助于业务问题的解决、绩效的改善以及创新，而且有助于人才培养。

所谓"绩效改进"，指的是针对团队或组织工作绩效方面的差距或不足，通过一个系统化的过程，利用一套相关的技术与方法，识别与界定问题，分析问题的根本原因或关键影响因素，设计并实施相应的改进措施，促进绩效的改善。

从本质上讲，绩效改进和行动学习是一致的，都是一个团队围绕一个真实的业务需求，都要经历一个学习、探询、创造和行动的过程，也往往有相应的引导师作为辅助。但是，绩效改进有更为明确具体、有针对性的组织绩效分析与改进的方法论作为支撑，而行动学习的应用范围与目的更为宽泛。

设计并实施行动学习、绩效改进项目均需要具备一定的专业能力，目前市面上不仅有大量受过相关训练、具备项目操盘经验的专业人士，而且有很多服务机构和学习资源，同时，一些公司内部也已经开展过相关实践，因而，企业或部门在构建学习型组织的过程中，可以考虑以此作为一个切入点。

（3）以复盘推动业务创新或持续改善

不同于行动学习和绩效改进通常以项目的方式来运作，复盘是一种从自身过去经验中学习的方法，可以嵌入到业务流程之中。在工作任务结束之后，或者对于某个周期的经营与管理状况，通过复盘，可以回看目标，找出亮点与不足，然后进行审慎的反思、分析，找出问题的根本原因或关键要素，并举一反三，萃取提炼出指导未来行动的一般性做法或场景化的规则，制定后续改进措施与实施计划，包括传承经验、改正不足、提升能力以及创新与改进。

实践经验表明，复盘对于组织发展具有重要意义和价值，主要体现在以下三个方面：⊖

⊖ 邱昭良. 复盘+：把经验转化为能力 [M]. 3 版. 北京：机械工业出版社，2018.

- 自身工作实践是成人学习最主要的来源，因而复盘是个人能力养成与提升的必经之路，有助于把经验转化为能力。
- 复盘是各级管理者带队伍的基本方法，可以提升团队协同作战能力，促进知识分享与创新。
- 复盘是提升组织能力的核心机制，可以将团队或局部的经验提取出来、传播出去、沉淀下来，也可以找到创新与改进的空间，促进组织的快速迭代。

在我看来，复盘是构建闭环组织学习体系的基本元素（参见第7章），通过学习，掌握团队复盘的方法论，将复盘作为一项基本工作，可以促进各个业务团队运作能力的提升，有助于业务创新与持续改善。

（4）通过标杆学习提升运作效率

不管组织内部多么擅长创造新知识，相对于真实世界的复杂性而言，也是有限的。因此，除了在组织内部促进知识创造与相互学习，也必须广泛地向外部学习、向他人学习，尤其是向先进、优秀的组织和个人学习。这是一种不可或缺的学习方法，也是个人与组织进步的途径之一。

对此，标杆学习是一种系统化地向他人学习的方法。标杆学习也称为"标杆管理""标杆瞄准"等，按照迈克尔·史平多利尼（Michael·J. Spendolini）的定义，标杆学习是针对一些被认定为最佳实践典范的组织，以持续的和系统化的流程，评估其产品、服务与工作流程，从而实现组织的改善。

虽然"标杆学习"的历史很难考究，但一般地，人们普遍相信美国施乐公司（Xerox）于20世纪80年代首先使用了这一方法（参见案例5-4）。

◎ 案例 5-4

施乐公司的标杆学习

20 世纪 80 年代初,施乐公司总裁发现,日本的复印机与它们的产品功能相近,售价却相当低廉。这导致施乐的市场占有率从 20 世纪 70 年代中期的 80% 降至 70 年代末的 30%。于是,施乐派出一个考察团,到日本企业参观学习,了解日本厂商的生产制造与运作过程,试图找到一个"基准点",从而明确自己的行动目标。

通过了解自己、了解对手以及行业中一流企业的最佳实践,对其进行研究和学习,使施乐产品的缺陷率、生产成本等大幅降低,生产周期大幅缩短,重新夺回了被日本企业占据的市场份额。

20 世纪 80 年代之后,这一方法得到了广泛普及。美国贝恩公司(Bain)的调查表明,2005 年,标杆学习的全球使用比率已经达到 80%;2006—2017 年,标杆学习一直是使用率最高的管理工具之一,其排名从未跌出前四名之列。⊖

(5)与全面质量管理或质量改善活动相结合

研究发现,全面质量管理与学习型组织的理念与模式有很多相通之处,因此,很多公司通过有效地推行全面质量管理等运动,导入学习型组织建设。

例如,20 世纪 90 年代,美国联邦快递公司在公司内部推广全面质量管理,对员工进行全面质量管理方法与工具的教育,同时广泛建立质量改善小组。1990 年,该公司加入麻省理工学院"组

⊖ https://www.bain.com/insights/management-tools-and-trends-2017/.

织学习中心"研修项目,并于第二年启动了一个实验性项目,让客户服务和运营管理的员工与客户一起进行"学习实验室"的模拟分析工作,发现包裹运送路线上可能耽搁时间的地方,并加入几个新步骤以减少差错和耽搁。这既是质量改善行动,又是一种学习过程与体验。

在中国,很多企业在创建学习型组织的过程中,也将持续改善或六西格玛作为切入点。例如,江淮汽车、鲁南水泥等公司,均采取过"找差距、消差距"的活动,让各个岗位的员工在公司内外部寻找最佳实践作为标杆,并采取措施实现改善。江淮汽车还将丰田汽车作为标杆学习的对象,而丰田精益制造系统的核心就是"持续改善"。

(6) 通过知识萃取与运营,加强绩效支持系统的建设

不同于绩效改进是项目式运作模式,绩效支持需要融入业务运作流程之中,为工作者提供"及时、有针对性、刚刚好"(just in time, just for me, just enough)的支持,使其更快更好地完成工作,达成目标或解决问题。为此,绩效支持是持续的,就发生在工作职场和业务执行的时刻。

要搭建绩效支持系统,需要以业务流程为骨架,通过知识萃取,提炼出完成业务流程中的工作任务、解决常见问题所需的经验,并将其制作成微课、工作辅助工具以及相关支持信息。之后,基于这些海量信息,加上以业务专家为辅助的支持体系,使用智能化的信息通信技术,匹配工作者相应的需求,进行智能推送或快速检索。

实践经验表明,通过绩效支持,不仅有助于个人更快更好地完成岗位工作,解决工作中遇到的各种问题,而且有利于打造组织能力，其本身也是知识运营的过程。因而，建设绩效支持系统也可以作为建设学习型组织的一个切入点。

4. 从组织的某个职能或构成要素出发，推动人才发展

人是企业这一系统中最具活力的构成要素。对于建设学习型组织来说，第四类策略就是从组织的某个职能或构成要素出发，推动人才发展。

在这方面，主要做法包括以下三项。

（1）加强专项人才培养

按照德国化学家尤斯图斯·李比希提出的"最小因子定律"，对于作物生长来说，如果缺乏了某个必备的构成要素（如阳光、空气、水、氮、磷、钾、各种微生物、土壤和有机质等），它就成了整体生长的关键瓶颈，即便其他要素再多也是不管用的。例如，如果缺钾了，就得补充钾元素，作物才能茁壮成长，否则，增加再多的氮、磷或其他东西都是毫无意义的。

同样道理，经营企业是一个系统工程，每位企业家或每个部门的管理者都应该清楚，对于自己所领导的组织而言，哪类人才或哪个构成要素是当下制约组织发展的关键瓶颈。如果你知道并且采取措施解除了这一瓶颈的制约，组织就会成长。因此，在激活学习型组织时，你可以有针对性地加速培养你所在组织最为匮乏的关键人才，如技术专家、销售干将、合格的产品经理或者运营人才等，帮助组织突破成长的瓶颈。

在这方面，相应的方法包括但不限于：

- 加大人才的招聘与选拔，并采取措施，使他们尽快融入团队，发挥作用。

- 选拔"高潜人才",为其制订并实施专项培养计划,促使其快速成长。
- 利用行动学习、混合式学习等方式,加强专项人才培养。

(2)加强基层班组建设

如第2章所述,虽然员工是学习的主体,但对于创建学习型组织而言,团队至关重要。因此,在很多企业中,往往从基层单位(如班组、车间等)入手,将班组、车间等基层单位打造成"学习型团队"或"学习型班组"。尤其是自2004年中华全国总工会等九部委联合发起的"创建学习型组织,争做知识型职工"(简称"创争")活动开始以来,各地各单位"创争"活动主要由工会系统牵头,工作重点也多在职工个人和班组建设层面。实践证明,这种策略有助于激活组织的细胞,并且实施起来简便易行,也能快速见效。

当然,为了真正使"学习型班组"建设"落地"和"深化",可以参考或借鉴下列九项行动要点。

1)帮助员工厘清个人愿景和发展规划,激发学习的热情。

2)帮助员工根据自己的岗位工作要求、个人发展规划和自身技能,制订学习计划,并定期检查、跟进。

3)紧密结合团队中心工作,通过合理化建议、质量控制(QC)小组或行动学习等方法,集中集体智慧,创造性地解决问题,并提升绩效。

4)学习并运用创新思维技能,实现持续改善。

5)以多种形式加强交流,实现知识共享。

6)强化行动后反思与复盘,提高团队执行力。

7)收集最佳实践,形成组织记忆。

8）形成团队重视并奖励学习与创新的氛围、政策与机制。

9）借鉴其他班组或单位的经验，定期总结并优化创建学习型团队的措施。

（3）加强知识管理

如第 2 章所述，信息与知识是组织学习的三个视角之一，有效改善信息与知识的收集、创造、分享、传播、应用、更新及管理的质量与效率，是激活学习型组织的干预措施之一。众所周知，人是知识的主体，因此，从信息与知识的视角启动学习型组织建设，也是行之有效的举措。

在这方面，可以采取的措施包括但不限于：

- 通过案例征集、微课大赛、内部讲师制等方式，鼓励有经验的员工整理和分享自己有价值的信息和经验。
- 通过师徒制，鼓励经验传承。
- 建立内部知识分享与交流机制，既包括基于信息技术（IT）的论坛、视频会议、社交媒体，也包括线下的专家分享、研讨会等。
- 通过复盘，萃取业务团队的最佳实践经验。
- 激发员工和团队进行知识创造。
- 建立与业务和岗位紧密相关的知识库，便于员工检索或使用。

需要说明的是，不管领导是否主动设计，不管企业有意识还是无意识，组织内部其实都或多或少存在或强或弱的各种知识管理机制。但是，在今天，知识和信息对于企业来说越来越重要，因此，改造和加强企业的知识系统，使之成为学习型组织的重要

"基础设施",已经成为一项迫在眉睫的重要工作。

此外,尽管大多数企业在实施知识管理时都离不开IT,一些公司知识管理的努力甚至是以IT为主,但事实上,这是一个流传甚广的对知识的迷思和实践误区。从知识的本性上看,人才是知识的主要载体和运用主体,知识管理并不是以事为主,而是以人为主,因此,不能将知识管理等同或仅限于IT。○

如何选择激活学习型组织的切入点

面对上面所述的4类18个可能的切入点,企业应该如何选择?

根据经验,我认为,不同的企业应该有不同的起点,这要根据企业的实际需要、面临的具体问题以及特定的时间、空间、人群等因素而定。

那么,选择激活学习型组织的切入点,到底要考虑哪些因素?

1. 整体还是局部

在选择切入点时,首先要确定是从组织整体入手,还是选择部分功能或局部。这主要取决于下列要素。

(1) 组织范围与复杂度

如果组织庞大、复杂度高,一般来说,优先选择局部进行试点。即便是整个组织热情高涨、获得的资源与支持力度大,也要保持谨慎。因为,一方面,人们的热情可能会衰退或出现波动;

○ 关于知识的本质和企业知识管理实践,可参考:邱昭良,王谋,著. 知识炼金术:知识萃取和运营的艺术与实务 [M]. 北京:机械工业出版社,2019.

另一方面，复杂、庞大的组织整体变革风险很大，难以驾驭、失败率高。在不知道水深水浅的情况下，不要过于乐观、贸然推进，否则，一旦进展不如预期或遇到什么状况，就可能导致情况迅速恶化。

如果组织较小或比较简单，而且整个组织都具有很高的参与热情，可以考虑整体推进。

（2）推进学习型组织建设的热情与能力

对于任何踏上建设学习型组织历程的组织而言，这都将是一项新的挑战，会遇到很多困难。如果没有足够的热情，没有掌握推动变革的能力，那么，从小的、容易做的事情，或者不那么惹人注意、人们不会有太高期望的边缘部门入手，慢慢去增进认识、激发热情、积累能力，可能是更为明智的。相反，如果大家已经有了精准的认识、热情很高，也具备了一定的能力，尤其是学习掌握新技能的能力，就可以尝试从组织整体或较复杂的职能入手。

我之所以这样主张，既基于实践的经验，也有理论支撑。就像积极心理学家米哈里·契克森米哈赖所说，如果你做的事情难度与能力匹配，就容易产生美妙的"心流"体验；如果难度与能力不匹配，无论是难度超出了能力范围，还是难度小于能力，都会有问题。如果是前者，很容易失败，会让人产生畏难情绪、挫折感，或者感到痛苦、焦虑；如果是后者，会让人觉得没有挑战性，从而产生倦怠感。

（3）所获得的资源与支持

在选择切入点时，除了看上述两项因素，还要看你所能得到的资源与支持。如果有充足的外部资源支持，可以适当提高难度，尝试较复杂、困难、风险高的切入点；如果外部资源不足、支持有限，则应该保持适当稳健，从较易把握的切入点开始。

因此，到底是选择试点还是整体推进，要综合考虑上述因素，睿智决策（见表 5-2）。

表 5-2 如何确定切入范围

	组织范围小、复杂度低	组织范围大、复杂度高
热情度一般、资源有限	可选择组织整体推进，也可选择局部进行试点	选择局部进行试点
热情度高、资源充足	选择组织整体推进	可选择整体推进，也可选择局部进行试点

概括而言，如果组织范围小、复杂度低，而且员工热情度高、资源充足，可考虑整体推进；如果热情度一般、资源有限，既可选择整体推进，也可选择在局部进行试点。相反，如果组织范围大、复杂度高，优先考虑选择局部进行试点，除非员工热情度高、能力强，而且资源充足，有一把手支持，才考虑从组织整体来推进。

2. 聚焦人才还是业务运作

人和事是紧密结合的，有时候很难截然分开。但是，二者的侧重点、手段、目的有一定的区别。因此，在选择切入点时，你要思考的另外一个问题是，自己的侧重点、手段、目的到底是什么？

概括而言，这一选择的主要影响因素包括以下几个。

（1）时效性：想立足长远，还是短期见效

一般来说，与业务运作比较起来，人才发展更为困难，见效缓慢，但是它的影响范围很广，几乎涉及组织的方方面面。因此，

如果你希望快速见效,可选择将业务运作作为切入点。相反,如果你打算立足长远,可从人才发展入手。

(2)紧迫性:应聚焦人才开发,还是组织运作

除了时效性之外,在选择侧重点时,也要考虑如何才能更好地解决企业当前所面临的关键挑战。

因为每家企业都是独特的,所以,在选择切入点时,必须实事求是,符合自身的实际状况,不能照搬照抄。为此,企业领导可以借助企业生命周期模型或其他关于企业的系统模型,包括本书第4章中所讲的关于学习型组织系统规划的四个模型,找到本企业最主要的挑战或瓶颈,明确从当下的局势来看,哪些重要问题是最为紧迫的。然后再深入分析,要有效应对上述挑战,应聚焦于人才开发,还是组织运作。

3. 从核心切入还是从边缘开始

在选择试点部门时,有一个现实的问题就是:到底是选择核心部门或职能作为切入点,还是从边缘部门或职能开始?前者类似于强攻大城市或坚固的堡垒;后者类似于在农村建立根据地,然后采取"农村包围城市"的策略,循序渐进。两种策略各有优劣势(见表5-3)。

表5-3 从核心切入还是从边缘开始

	从核心切入	从边缘开始
优势	● 因其重要性,容易得到相关各方的重视和资源投入,若见效,影响巨大 ● 有时候能力较强	● 难度低、风险较小,即便失败,损失也不会很惨重 ● 容易得到试点部门的支持
劣势	● 难度大、风险高,一旦失败可能影响巨大 ● 容易遭到抵制,可能支持度不够	● 可能得不到公司的重视和资源支持 ● 有时候能力薄弱

从核心部门入手的好处有两个：第一，因为这是核心部门或职能，自然重要性高、"分量"足，容易得到相关各方（包括高层领导、各级管理者以及推动方）的重视与支持；同时，一旦见效，将产生显著的成效和巨大的影响力。第二，因为核心部门或职能是成功的，其队伍的能力往往也会比较强（当然也不排除二者间没有必然联系的可能性），如果他们能够意识到学习型组织的价值，有较高的热情，就可能增强试点的效果。

当然，从核心部门入手的劣势或不足也很明显，包括两个方面：第一，核心部门或职能通常规模大、人员多、体系相对健全，因而，对其进行改造、创新或优化的难度大、风险高，一旦失败可能遭受巨大损失；第二，基于人们对过去的成功而带来的信心、荣誉感，以及对变革失败可能性的担忧，一些人会疑虑重重，甚至抵制变革，从而造成支持度不够。

相反，从边缘部门入手的好处有两个：第一，难度低、风险较小；第二，容易得到试点部门的支持。道理是显而易见的，因为"边缘部门"的基础比较薄弱、成绩相对较差，就像俗话所说，"穷则思变"，相对于过去较为成功的核心部门，边缘部门的人们更容易接受变革；同时，因为基础并不牢固、不完善，相应的变革难度不大、风险较小，即便失败了，损失也不是很惨重。

但是，从边缘部门入手也存在劣势或不足：第一，因为边缘部门或职能在公司业务中的占比较低、优先级不高，可能得不到公司的重视与资源支持；第二，有时候边缘部门或职能能力薄弱，可能会影响到试点的效果。

因此，到底走哪一条道路，需要综合各方面的情况进行权衡取舍。一般来说，如果领导重视、试点团队支持度高、能力充足，可以考虑从核心部门或职能开始。这样可提高人们的关注度，并更容易见到效果，产生较大的影响力。如果不是这样，可以考虑从边缘部门或新业务开始。事实上，在很多大型集团，成功的创新或变革往往来自边缘部门，而非核心部门或职能。

如何确定试点单位

选定了切入点之后，如果是组织整体推进，那么要在组织层面成立先导小组；如果选择部分职能或业务单元，就要确定试点单位。对于一些大型企业来说，如果有多个单位申请成为学习型组织试点单位，应该如何选择呢？

根据实践经验，我认为，要想确保试点单位或先导小组的试验取得成效、产生影响力，从而推动学习型组织的建设，需要注意下列四项关键要素，这也是甄选和确定试点单位的参考标准。

1. 试点单位领导班子（尤其是一把手）的意愿至关重要

因为试点单位的领导对于试点的成败息息相关，因而，要选择哪个单位进行试点，主要看该单位领导班子（尤其是一把手或负责人）的态度、意识和能力，确保得到领导的全力支持。

在实践中，很多领导口头上说的（阿吉里斯所称的"信奉的理论"）和实际表现出来的（"践行的理论"）有时并不完全一致，虽然很多领导可能在意识上重视学习型组织，但他们无法将其落实到具体行动上，只是"说说而已"，一遇到"短期"内紧迫的问题（就像"救火"），像学习型组织建设这类"重要"但似乎并不紧迫或难以快速见效的任务（就像"消除火灾隐患"）就会被搁置起来，或者一遇到困难就开始退缩。如果企业领导和项目负责人不能全情投入、全力支持，就很难产生真正的变革。因此，在选择试点单位时，不能只是听其言，更要观其行，审慎地考察试点单位一把手和领导班子的意愿。

同时，由于学习型组织建设不仅需要一把手的投入，也要依靠团队成员，所以，不能只关注一把手，也要考虑实施者及团队的能力、热情、参与度及配合度等因素。如果大家对变革的理由以及需要大家如何投入不清楚，对计划目标的理解不一致，承诺不足，便不愿全心参与。因此，必须通过坦率的对话，让大家明确学习型组织的内涵，厘清学习型组织对于组织发展的价值和意义，建立共识（参见第 2 章）。

2. 范围适当，目标明确

经验表明，精准地定义试点的范围与预期目标，使其与资源条件、领导支持力度、项目负责人以及实施团队的能力相当，确保"初战告捷"，是非常关键的。就像《左传》中所说：一鼓作气，再而衰，三而竭。如果一战而胜，就容易鼓舞士气、点燃热情、树立信心，从而有利于后续行动的成功——我将其称为"成功的循环"。否则，很容易陷入恶性循环。㊀

的确，我曾见过一些企业家，因为经营企业的确不易、面临重重压力，苦苦寻找良策，当他们看到或听到学习型组织时，就像找到了根治顽疾的"良药"一样，短期内热情很高，相应地，也希望达成很高的目标。但是，从本质上讲，企业是一个动态性复杂系统，非常难以驾驭，世界上根本就不存在任何可以包治百病、一吃就灵的神药。建设学习型组织，必须实事求是，设定科

㊀ 邱昭良. 知识炼金术（个人版）：成为领域专家的系统方法 [M]. 北京：机械工业出版社，2022.

学合理的目标。如果目标（"期望"）过高，超出了相应的能力与可用资源所能达到的限度，就会给推进者造成很大的压力，即便其使出全力，也不容易达成预期目标，从而导致结果"不理想"（因为这是一个评价论断，取决于结果与目标的差距）。这样会让人们产生挫败感，从而影响后续的投入热情。

除此之外，目标的设定也要明确、具体、可衡量，最好有可量化的数据或绩效衡量指标，不要流于空泛，那样容易导致大家的理解不一致，从而引发分歧。

3. 项目实施周期适当

按经验估计，试点项目的实施周期不宜过长，以 6～12 个月为宜。短于 6 个月的项目，可能难以充分有效地学习和改善，有操之过急之嫌；而若项目超过 12 个月，则容易使人疲惫。

当然，以上数字只是经验之谈，并非金科玉律，也没有经过严谨的科学研究，仅供参考。事实上，各家企业的状况差异很大，不能千篇一律。

4. 事先明确要求，定好甄选标准与程序

在一些大型集团中，由于宣传发动到位，人们热情高涨，有可能有很多单位希望试点，超出了资源与能力的限度。对此，必须妥善处理，既不能一窝蜂地蜂拥而上，也不能没有标准，仅凭个人感觉来甄选。建议考虑下列三方面措施：

- 考虑到资源状况，提前公布试点单位的大致数量和对试点单位的要求，让大家进行自评和申报。有些企业还要求申报试点的单位填写申报表和承诺书，有助于营造一种仪式

感，对于试点单位能起到一定的督促效果。
- 提前公布甄选标准。可参考上文所述的关键要素，从重要性、紧迫性、效益、实施难度等方面进行评估，尽可能选择那些"重要且紧迫"的议题，避免选择"既不重要又不紧迫"的问题；优先选择那些"效益高且实施难度小"的问题或"效益低但实施难度小"的问题，确保能够快速取胜，避免选择那些"效益低却实施难度大"的项目。
- 提前公布报名、选拔、甄选的程序。一般来说，最终切入点的选择要经过高层领导团队或核心推进小组的集体讨论和认可，并正式公布，以彰显组织的重视。

试点单位的八种实践策略

在明确了切入点和试点单位之后，对于试点单位来说，有哪些可行的实践策略呢？

对此，我认为，彼得·圣吉等基于全球企业的实践经验提出的八种实践策略，可以供试点单位在行动时参考。㊀

策略1：学习与工作的结合

学习型组织建设当然需要学习掌握新的观念与技能，但是，如果只是把它当作孤立的学习活动，缺乏应用新技能的基础设施，所谓的"学习"就变成与工作无关的另外一项任务了。因此，可以从了解大家的实际工作情况出发，看看大家到底需要在哪里、

㊀ 圣吉. 第五项修炼：学习型组织的艺术与实践 [M]. 张成林, 译. 北京: 中信出版社, 2009.

需要什么样的方法，明确了痛点、找到了"刚性需求"，并且获得了业务领导的支持，再去设计和实施相应的学习项目，不仅使学习"有的放矢"，员工学习起来更有热情，学到的内容也可以快速得到应用，从而取到更好的效果。相应地，这样会激发领导和员工的积极性，有利于推动更多、更深入的学习与改善。因此，这是一项基本的策略，把握住了学习的本质与精髓（参见第 2 章），也有利于启动学习型组织的"成长引擎"（参见第 4 章）。

当然，回归学习的本质，大家就会发现，学习绝不只有"培训"一种形式。无论是为解决工作中的实际问题而展开的讨论，还是业务复盘，抑或同事之间的相互分享，都是发生在工作现场的学习。把学习与工作相结合是建设学习型组织的首要策略。

策略 2：从现有条件和人力出发

虽然人们认为学习型组织建设和组织变革都是"一把手"工程，如果没有高层驱动，就似乎没办法来启动学习型组织。但是，这其实是另外一个实践学习型组织的伪命题。

毫无疑问，谁也无法否认一把手对学习型组织建设负有不可推卸的责任，但组织具有层次性，各级领导也负有管理其所在单位的职责。为此，每一位管理者和领导者都需要以身作则，从我做起。哪怕你只领导一个很小的团队，但是，任何一项重大的变革，都可能从很微小的"种子"开始生根、发芽和结果。所以，试点单位的领导要积极主动地扛起自己应负的责任，不要推诿或指望别人。

策略 3：学会双向交流的文化能力

在学习型组织建设过程中，经常会遇到的一项挑战是：试点单位和组织整体可能存在隔阂。对于试点单位来说，由于这些人接受了新的理念，学习了相应的技能，他们就和组织里其他人有了差别，这群人越是真信、真学、真做，就会越发特立独行，形成一个狂热的小团体，说着一大堆别人听不懂的术语，做事的风格也有别于他人，甚至变得格格不入，彼得·圣吉把这种现象叫作"真信者综合征"。如果是这样的话，就会遭到组织里其他人的抵制。所以，要应对这样的挑战，你就需要具备跨文化的双向交流能力。既要能够引领变革，又不要陷入孤立和自娱自乐，要保持低调，同时用别人可以听得懂的语言、用别人可以理解的方式，进行沟通，施加影响，这就是人们通常所讲的：要有理想，但不理想化。

策略 4：建立演练场

不仅团队学习需要演练场，构建学习型组织的整个体系及其相关技能，都离不开练习。所以，如果你领导一个团队，那你就要创建一个安全的演练场，经常带领团队进行一些研讨、集中学习，进行学习型组织相关技能的演练。

当然，如果你所在的是一个比较大规模的组织，已经具备了运作规范的正式管理系统，你也可以设立一些特别的小组或团队，把它们"阻断"在正式的管理系统以外，给它们一些特殊的政策，让它们可以进行持续的演练，也许可以孵化出一些创新的业务与实践，并且在合适的时机扩大它们的影响。

策略 5：与核心业务联系起来

很多企业往往把解决组织最突出、最紧迫的问题，作为创建学习型组织的切入点，但如果与组织的核心业务联系起来，影响到个人和集体最深层次的身份认同感,不仅可以获得更多的关注,一旦成功,还能产生更大的价值和影响力。

当然,如上所述,这项策略实施起来有较高的难度,一些人也可能会因为担心失败而心怀疑虑,甚至抵制变革。因此,要谨慎评估,并妥善管理变革。

策略6:建设学习型社区

如果离开了知识分享、团队协作,组织学习就是一句空话。所以,学习型组织的构建离不开深入的人际交流,以及跨部门的沟通与协作。因此,要用平等、真诚、自然的方式,像培育生态一样去深入交流,以达成共识,促进相互协调与价值创造,发展新型人际关系网络和社区。

策略7:与"对手"协作

如果你希望推广学习型组织的构建,致力于发展联盟、扩大影响,千万不要形成小团体,一定要保持宽容,鼓励多样性。事实上,这也是学习型组织的基本价值观和精髓所在,就像孔子所讲的:君子和而不同,小人同而不和。

策略8:开发学习型基础设施

按照第4章所述的"学习型组织构架",基础设施创新是整合五项修炼、建设学习型组织的重要组成部分(见图4-2)。所谓基础设施,并不只是包括计算机软硬件和物理设施,还有一些机制、标准、规则等社会性因素。以美国陆军为例,它们内部建立了一系列"基础设施",包括传统的培训和教育体系、军事训练和演练之后的复盘,专门的研究中心,以及作战准则办公室不断修订和发布作战的政策方针等。需要说明的是，基础设施创新要和"指导观念"以及"新的理论、方法与工具"配合起来使用，三者是相互协同的。

总而言之，创建学习型组织是一项系统工程，从来不是靠一两项措施就能够产生效果的。上述八项策略并不是非此即彼，也不必全盘照搬。每个试点单位都要选择适合自己的策略，或者将若干策略组合起来使用。

对试点的管理

俗话说：麻雀虽小，五脏俱全。不管在多小的范围内进行试点，都是小而全的整体。因此，要找到试点单位的"成长引擎"，也要预见到可能的"限制因素"，采取有效的措施，加强对试点单位的管理，争取将试点推进到位。

一般来说，对于试点单位，不能放任自流，任其自生自灭，而是要给予足够的关注，并采取有效的措施进行跟进与管理，包括但不限于下列四项措施。

1. 及时跟进，定期交流

对于试点单位，负责学习型组织整体推进的部门要指定专人及时跟进，了解试点单位的进展状况，搞清楚其动机、策略、具体做法、实际成果、过程中遇到的障碍以及对策等。

同时，如果在组织内部有多个试点单位，可定期组织试点单位的主要负责人、领导小组和骨干成员之间相互交流，除了通报各自的做法与进展，便于取长补短之外，还可以就共性问题进行研讨，寻找对策。的确，学习型组织建设是一个长期的、系统的过程，必须用长跑（甚至"长征"）的心态，而不是"百米冲刺"的心态。因此，不只是选择一个试点单位，而是同时进行多个试点，并促进它们之间的定期交流，是很有帮助的。当然，这也需要平衡公司的资源投入。

此外，对于一些集团公司，要将各试点单位的进展状况及时向公司高层领导团队汇报，乃至在集团内部公布，以营造适宜的氛围和获得高层及全员的支持。

2. 密切关注一把手及领导班子成员

试点的成败与一把手和领导班子成员紧密相关。为此，在及时跟进的过程中，尤其要注重与试点单位的一把手及领导班子成员定期交流，听取他们的意见，观察他们对待学习型组织建设的态度，同时，结合对试点单位员工的调查和走访，了解领导班子成员是否在学习型组织建设方面真正投入并落实到了实际行动之中。如有必要，可对一把手及领导班子成员进行一对一的教练或者团队辅导与赋能。

3. 适时给予所需的辅导

很多企业领导和负责推进组织学习的小组成员还没有掌握足够的技能、方法和工具，他们也经常陷入孤立无援、束手无策的困难境地。为此，要及时给他们提供所需的支持，包括实践策略与技能、应对问题的经验等。当然，不能越俎代庖，也不要一厢情愿。

事实上，由于缺乏经验，很多试点单位可能想不到、提不出它们需要什么样的帮助。为此，可以通过及时提供公司内外部最佳实践的信息，拓展其视野，并适当引导与启发他们可以在哪些方面借助相应的方法，从而取得突破性进展。

4. 定期复盘

对于试点单位的实践，要定期进行复盘，总结经验教训，提炼出可行的策略与做法，并固化有效的做法，制定改进措施。

需要提醒的是，在复盘时，不能刻舟求剑，要保持开放的心态，"不忘初心、牢记使命"，不断厘清自己的动机和意图，回顾、优化甚至调整相应的目标、推进策略及计划。无论什么时候，都不要忘记，形式为目的服务，学习型组织的建设也是如此。

思考与练习题

1. 本章所述的"建设学习型组织的九个起跑点"对你有什么启发？如果你所在组织拟采取措施激活学习型组织，可以选择哪些起跑点？
2. 若你所在组织拟采取措施激活学习型组织，参考本章所述的"激活学习型组织的 18 个切入点"，你认为可以选择哪些？为什么？
3. 要确定激活学习型组织的切入点，需要考虑哪些要素？
4. 如何选择或确定学习型组织的试点单位？
5. 对于学习型组织的试点单位，有哪些实践策略？
6. 应该如何对试点单位进行管理？

CHAPTER 6

第 6 章

善用方法与工具

尽管许多企业对学习型组织趋之若鹜,在实践中也确实涌现出很多优秀实务做法,但不容否认的是,成为学习型组织的道路并非一帆风顺,而是障碍重重。事实上,对于学习型组织,不能回避的尴尬问题是:很多企业试图建立或转变成为学习型组织的努力都失败了;大多数企业都无法充分发挥组织学习的潜力;即使取得了一些进展的企业,也感到见效太慢或难以持续深化。

让我们看一个实际案例。

◎案例 6-1

学习型组织建设"起步容易、深化难"

A 公司原是一家传统的中型企业，机制僵化、士气低落，公司濒临破产的边缘。2000 年，新上任的领导班子决定通过"创建学习型组织"实现组织变革。为此，公司花了近两年时间，聘请专家讲课，并培养内部培训师队伍，让公司全体员工（尤其是中层以上经理）学习《第五项修炼》。为了推动学习型组织创建工作，公司专门成立了一把手挂帅的工作组，大力加强培训，并在公司内部塑造愿景，上至整个公司，下到员工个人，都制定了愿景。

由于接触到新的一些理念，例如"系统思考""自我超越""改善心智模式""团队学习"等，每个人也都有了目标，相应地，公司也加大了培训力度。一时间，公司发生了显著变化，员工士气高涨，技能得到提升，工作业绩得以改善，公司不仅走出了困境，而且实现了两倍的增长。

但是，让创建学习型组织工作组感到困惑的是，下一步应该怎么做？学完《第五项修炼》，还要学什么？"五项修炼"里面倡导的一些理念，如何应用于实际工作？创建学习型组织怎样做才能不流于形式？

与此同时，很多员工也开始对学习型组织失去了新鲜感，他们感觉大量培训不仅难以有效与工作相结合，甚至有些浪费时间。还有人开始质疑：难道创建学习型组织就只是培训吗？如果这样的话，学习型组织是否只是一个漂亮的标签呢？

的确，像 A 公司这样，很多企事业单位都在创建学习型组织。

然而，创建学习型组织并不是一件轻而易举就可以见效的工作。不仅在创建学习型组织的过程中会面临重重挑战，而且最后的效果也很难衡量。虽然成功案例的确存在，但更多的实践者始终处于迷茫、困苦、挣扎的境地。因此，对学习型组织的质疑之声此起彼伏。

为此，在创建学习型组织的企业当中曾经流传着这样一句话：只要找到了路，就不怕路远。这句话表明，在创建学习型组织的过程中，确实需要企业有勇气、下决心、拼毅力，奋勇前进，坚持不懈。但在我看来，这句话也多少折射出一些无奈、凄凉和悲壮。因此，真正值得深入反思的是：在创建学习型组织的漫漫征途中，除了勇气、决心和毅力，我们还需要什么？

防止学习型组织"泛虚"的四个要点

基于对实践的观察，2003年，我提出了"警惕学习型组织'泛虚'"的观点。也就是说，在学习型组织研究与实践领域出现了"泛化"和"虚化"两种倾向（见表6-1），这不利于学习型组织的健康发展，值得警惕。

表6-1　学习型组织研究与实践领域出现的"泛化"与"虚化"倾向

领　域	泛　化	虚　化
研究领域	研究范围不适度地扩大，内容过于庞杂	浮躁、不踏实
实践领域	挪用概念，将其范围不适当地延展，什么都被贴上"学习型组织"的标签	形式化、表面化

在我看来，学习型组织建设之所以出现"泛虚"的倾向，原因是多方面的。从实践的角度来看，主要成因包括以下一些方面：

- 对学习型组织的认识不当，认为其就是一种理念或理论，或者只是领导的号召。
- 公司内部没有达成共识，很多人认为学习型组织只是人力资源或相关部门的事，和自己无关。
- 不理解学习型组织的内涵，不知道学习型组织建设包括哪些内容。
- 缺乏规划，没有明确的目标、策略与重点。
- 即便想将其落地，也不知道从哪里入手。
- 对学习型组织抱有不切实际的过高期望，期待它能快速解决一些复杂的问题。
- 空有良好的愿望与热情，没有"抓手"（称手的方法与工具）。
- 缺乏有效的机制，将学习型组织建设与企业运营与管理工作整合起来。

因此，要想让学习型组织从理念或理论变成实际行动并持续深入，必须运用系统思考的原理与方法，多管齐下。

基于实践经验，我认为，学习型组织既是一种理论或理念，也必须是可落地的实践。同时，每家企业都必须结合实际，找到适合自己的推动学习型组织建设的道路。就像一个人，既有头脑，也有躯干和四肢，需要脚踏实地，而且每个人都是不同的。

参考这一比喻，在我看来，要让学习型组织从理论、理念、原理落实到实践行动中，需要把握以下四个关键（见图6-1）。

1. 澄清认识，激发热情，达成共识

与"组织学习鱼"模型中的"鱼头"类似，人和组织的行动

也要靠"头脑"的引领。要让学习型组织落地，大家要有正确的认知、有动力，并达成共识。为此，可采取下列三项措施：

- 明确学习型组织的内涵，并达成共识。
- 让组织成员清晰地理解学习型组织建设对自己的意义和价值，激发行动的热情。
- 明确每个人应承担的职责，并给予其行动建议。

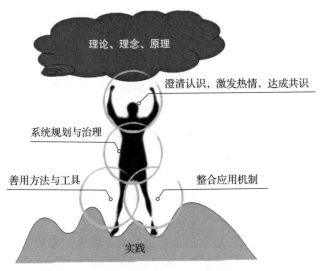

图 6-1　学习型组织建设"落地"的四个关键

2. 系统规划与治理

组织的行动及其治理如同人体的躯干，类似于"组织学习鱼"模型中的"鱼身"。为了让学习型组织建设落地，需要采取的措施包括下列五项：

- 为了促进个体行动的协同，组织需要对学习型组织建设进行系统规划，明确边界，并确定重点。
- 找准切入点，甄选、确定试点单位，制定合理的目标与行动计划。
- 加强对试点单位或先导小组的管理，依靠并支持试点单位克服困难、提升能力、推动创新与变革，取得进展；在此基础上，摸索经验，萃取、提炼最佳实践经验。
- 不断扩大试点单位的影响范围，发展壮大学习联盟。
- 对试点单位进行评估、复盘，以实现持续改善。

3. 善用方法与工具

如同人"两条腿走路"一样，要想让行动结合实际，必须有适合的"抓手"，也就是找到适合自己的方法、工具与模式，这样不仅可以事半功倍，还可以在理论与行动之间搭建起桥梁。

为此，可采取的措施包括：

- 选择适合自身需求的方法与工具，并学会使用这些方法。
- 实际使用这些方法与工具，不断总结经验，提高熟练度。
- 对方法与工具的使用情况进行定期复盘，总结提炼经验，形成标准操作规范，并进行适当的创新与优化。
- 分享、推广方法与工具的使用，扩大影响。

4. 整合应用机制

要想让学习型组织建设深入持久地开展下去，就必须结合实际，使其与组织的运作整合起来，融为一体。对此，我称之为"整合应用"模式。

概括而言，推动整合应用模式涉及变革推动者和实施者两类人员，并需要整合理论与实践两个维度，包含八个步骤，是一个持续不断的过程（参见第 7 章的"推行整合应用的行动框架"）。

实践经验表明，如果能够做好上述四个关键，就可以将学习型组织的理论、理念、原理与企业的具体实践结合起来，促进学习型组织的生根、发芽、开花、结果，持续精进。

方法与工具：从理念到行动的抓手

在我看来，要激活学习型组织，方法与工具不是"要不要用"的问题，而是"如何应用"的问题。

为什么这么说呢？

基于学习型组织的实践经验，我认为，在建设学习型组织的过程中，应用方法与工具的必要性体现在以下四个方面。

1. 应用方法与工具是建设学习型组织的基础和核心要素

如第 4 章所述，在彼得·圣吉提出的"学习型组织构架"（见图 4-3）中，"理论、方法与工具"是其中一项重要内容，它不仅是实践领域不可或缺的一部分，也有助于推动深层次的学习循环。

2004 年，我基于实践经验提出，建设学习型组织分为三个阶段。第一个阶段是观念宣导，即引入新的观念，达成行动共识，激发变革与创新的热情。这是创建学习型组织最常见的切入方式之一，也颇为有效，很多企业仅仅因为引入了新的观念，就发生了显著的变化。但我们必须谨记：创建学习型组织不能止于观念，更重要的是行动。因此，第二个阶段就是应用方法与工具，让学习型组织"落地"。方法与工具是理论和观念与实践和行动之间的桥梁或纽带，不使用方法与工具就很难让学习型组织建设真正落到实处。那么,学习型组织的理论、方法与工具如何与企业的经营管理实务相结合,真正做到"深化"?这就要进入创建学习型组织的第三个阶段,即整合应用。在这个阶段,方法与工具也是一个重要的基础性支撑条件。

由此可见,应用方法与工具是建设学习型组织的基础与核心要素,不可或缺。

2. 应用方法与工具是培养新技能的重要途径

建设学习型组织不是按照原有的方式简单重复,它需要组织成员学习掌握一些新的技能,进行创新与变革。从某种意义上讲,能否掌握新的技能是组织变革与发展成败的关键,包括更好地进行集体感知、理解、规划和协同行动的能力,而这离不开恰当的方法与工具的运用。通过学习和应用有效的方法与工具,组织成员得以发展出新的技能,团队得以具备更强的能力,以更好的方式去协作,整个组织对创新和变革的驾驭才能更加得心应手、游刃有余。因此,方法与工具的应用对于学习型组织创建至关重要。

3. 方法与工具的应用对于提高行动效能具有直接的促进作用

孔子在《论语》中讲:工欲善其事,必先利其器。荀子也曾说过:君子性非异也,善假于物也。因此,找到恰当的方法,善于应用有效的工具,不仅对于创建学习型组织、企业管理是非常重要的,对于人类的任何行动均是如此。要想干好一件事,就需要找到适合的方法与工具。学习型组织建设也是如此。

4. 对于许多中国企业而言,强化方法与工具的应用显得尤为迫切

海尔集团董事局前主席张瑞敏曾讲过,一些中国企业已经开

始进入"高原期",管理的规范化将成为企业竞争成败的关键。但是,基于我对一些企业的观察,我发现很多领导对于新的管理理念非常热衷,却没有耐心踏踏实实地导入和使用一些实用的管理方法与工具,要么喜新厌旧,要么浅尝辄止,实际效果并不好。而这会进一步让人们相信:这些管理方法并不好用,他们继而会去追求其他新的理念和方法。近年来,很多管理方法,如全面质量管理、复盘、行动学习、绩效改进、阿米巴等,都有类似经历。

相反,如果能够扎扎实实地应用适合自己的管理方法与工具,就能取得良好的效果。我在推广复盘、系统思考以及"系统创新八步法"等的实践中,也看到不少成功的案例。

正反对比,我认为,中国企业的确迫切需要强化管理方法与工具的应用。

组织学习方法树 2.0

如上所述,学习型组织并非只是一种理论或理念,更是管理实践。经过全球众多企业数十年的实践,人们开发出了数百种相关的方法与工具(包括组织学习、知识管理、创新与组织发展)。在我看来,如果能够找对方法、用好工具,将有力地促进学习型组织建设的深化和持续。

基于这一信念,自 2003 年开始,我先后提出了"组织学习方法树"以及"定制学习型组织工具箱"两种途径,帮助企业在建设学习型组织的进程中更好地找对方法、用好工具,并取得了一定成效。

所谓"组织学习方法树",就是从服务于实践的目的出发,在对组织学习各种分类方法进行梳理、分析的基础上,将繁多的组织学习方法分为若干个大的维度以及更多的子类，形成一个层次分明的树形结构。这种分类方法不仅有利于实践者对组织学习方法有一个总体了解，也可以根据实际需要，灵活地组合使用。

的确，对于组织学习，不同学者从不同维度进行过分类，也有很多定义。例如，阿吉里斯教授从学习的深度，定义了"单环学习"与"双环学习"；休伯认为，一个组织通过信息加工过程而学习，从知识流动角度，可以将组织学习分为知识获取、信息扩散、信息解释、组织记忆四个过程；大卫·加尔文认为，实践中常用的组织学习方法包括收集竞争情报、从经验中学习以及试验三大类；道奇森等人认为，从组织学习的影响范围看，组织学习可以分为战略性学习与战术性学习。战略性学习指组织范围内的战略调整、过程重组、组织变革，常见形式包括战略重组、流程再造、并购/拆分、情景规划等；战术性学习指局部的调整或微小的改进，常见形式包括持续改善、行动学习、系统解决问题等。在我于 2005 年 5 月正式发布的"组织学习方法树 1.0"中，涵盖了近 50 种方法，分为 5 个大的维度——学习范围、学习方式、学习渠道、知识性质、传播途径，以及 10 个子类别。

需要说明的是，因为组织学习是一个动态性复杂系统，各个视角的划分并不是严格的泾渭分明，必然会有重叠或交错，一些方法本身也具有多方面的属性。因此，在实际应用过程中，人们并不会刻意地区分这些视角，有时也会出于不同的目的，把不同视角组合使用。

基于近年来的实践，我对"组织学习方法树 1.0"进行了适当修改、增补，推出了"组织学习方法树 2.0"（见图 6-2，书后插页），分为个人学习、团队学习、组织变革、创新、知识管理五个维度，涵盖了 110 多种组织学习方法。

组织学习方法树 2.0 使用说明：

值得说明的是，对于"组织学习方法树 2.0"的应用，需要注意如下五个事项：

- "组织学习方法树 2.0"是一种对组织学习方法的分类系统，它是灵活的、开放的、可扩展的，企业可以根据实际情况对其进行调整或扩充。
- 由于某些组织学习方法具有多种不同的属性，因而它们会出现在不同的分支中，在实际使用时也可以按照不同分类进行组合。
- 图 6-2 中所列的 110 多种组织学习方法只是我为展示该方法而做的初步分类，反映了我对它们的理解和假设，不一定完全精准，读者可根据自己的理解对其进行调整。
- "组织学习方法树 2.0"并不是"全集"，也不可能罗列出所有组织学习方法。随着实践的发展，可能会出现更多更新的方法与工具，有待进一步的添补或调整。
- 企业可根据自身建设学习型组织的策略重点，参考上述框架，进一步深入了解相关领域的理论、行动框架以及我在这里初步列出的方法与工具，选择适合自己的方法与工具，也可拓展到"组织学习方法树 2.0"没有提及或列出的方法与工具。

值得一提的是，自"组织学习方法树 1.0"推出以来，我向许多公司介绍了这一框架，一些企业也进行了积极实践。基于我得到的反馈信息，我认为这个分类框架是经得起推敲的，企业可参考这一框架，选择并实施相关的方法与工具，这会对企业建设学习型组织起到一定的帮助作用。

下面，我从五个维度对"组织学习方法树 2.0"涉及的 110 多种方法进行简要介绍。

1. 个人学习

如第 2 章所述，很多学者都认为可以从个人、团队和组织三个层次来研究组织学习。虽然它们是并存的、相互包含并交织在一起的，很难截然划分开，但是，从实操的角度，按照目的与侧重点的不同，这仍是有价值的一种区分方法。

对于个人学习，根据我在《知识炼金术（个人版）：成为领域专家的系统方法》一书中的分析框架，按照知识来源（自身还是他人）和学习性质（是正式学习，还是非正式学习），至少有 18 种方法（我称之为"个人学习的降龙十八掌"），如图 6-3 所示。[⊖]

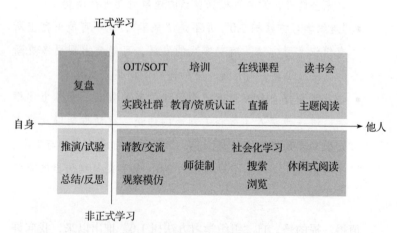

图 6-3　个人学习的 18 种方法

[⊖] 邱昭良. 知识炼金术（个人版）：成为领域专家的系统方法 [M]. 北京：机械工业出版社，2022.

2. 团队学习

对于团队学习，我在《系统思考实践篇》一书中提及，可以从社会互动的视角对其进行分析，考虑以下五个环节，相应的方法也有很多。[一]

（1）团队搭配

正如孔子所讲："君子和而不同，小人同而不和。"好的团队搭配合理，能够获得多样化红利。为此，可以考虑卓越团队的4D法则、贝尔宾九种团队角色等方法。

（2）对话

大卫·伊萨克认为，对话是团队的核心工作流程。的确，无论是做出决策，还是执行工作，都要依靠对话来完成。因此，提高对话的质量，能激发集体的智慧，有助于提升决策、协同、反思的质量。为此，人们对对话进行了大量研究，也有很多相应的方法。

在我看来，可进一步将对话方法细分为三个类别：

第一，个人沟通技能，包括聆听、兼顾主张与探询、非暴力沟通（NVC）、ORID焦点讨论法等。

第二，团队交流，基本技术包括深度会谈和有技巧的辩论。

第三，场景应用，也就是为了特定目的或者在各种具体场景下应用的对话技术，包括世界咖啡、开放空间技术、未来探索、欣赏式探询、群策群力、头脑风暴法、名义小组技术、"会叫的狗"汇谈、"定义学习型组织"研讨、"共同愿景工作坊"汇谈等（参见第2章）。

[一] 邱昭良. 系统思考实践篇[M]. 北京：中国人民大学出版社，2009.

（3）决策

基于对话，团队要通过一定的流程、运用一些方法和技术，形成决策。一般来说，对话的质量影响决策的质量，而决策的质量影响行动的质量。因此，决策的流程与方法也是至关重要的。

这方面的研究与实践也有很多，比如运筹学/决策技术、系统思考、四种群体决策的规则、集体决策的流程、灰度决策、决策质量等。

（4）行动

团队学习的第四个环节是协同行动，也就是按照决策方案与计划，各个成员按照分工和部署把自己的任务执行到位，并睿智地解决在这个过程中出现的各种问题，以达到预期目标。因此，相应的方法可以从这两个方面来梳理：

第一，执行到位。这是组织与管理学研究与实践中的基础性问题，有大量的方法，包括PDCA、项目管理技术、沟通技术、激励方法、质量管理技术等，数不胜数。

第二，解决问题。同样也有大量的方法，包括问题分析与解决技术、绩效改进技术、行动学习技术、基于系统思考的复杂问题分析与解决技术[一]，等等。

（5）反思

在行动之后，只有经过反思，才能形成改进的闭环，从而形成团队学习。如果只是行动上的改进，那就是阿吉里斯所称的"单环学习"；如果涉及目标、策略及其背后的影响因素等方面的改进，那就是所谓的"双环学习"。因此，反思也是团队学习不可或缺的环节之一。

[一] 邱昭良. 如何系统思考[M]. 北京：机械工业出版社，2019.

在实践中,反思的方法有简有繁、形式各异,包括总结/反思、复盘、项目简报、项目评议等。

3.组织变革

如第2章所述,建设学习型组织本身就是一个组织变革过程,创新与适变是组织学习的三个视角之一。因此,在实践领域,组织变革既是学习型组织的重要切入点与推进路线,也是绕不开的话题。

客观地讲,组织变革是一个历史悠久的研究主题。相应地,方法与工具也很多。按照组织变革的一般模式,要推动组织变革,需要塑造愿景,进行组织或流程的设计、重组与优化,并要强化人才发展与赋能,应用新的技术或数字化手段,并有效地推动和管理整个变革进程。因此,可以从以下六个方面来梳理相应的方法与工具。

(1)愿景塑造

有人说,组织变革始于觉察。其实,如果没有愿景(期望实现的未来景象),也就没有觉察;没有共同渴望实现的愿景,也就没有变革的方向与集体合力。因此,要想驱动组织变革,就要塑造共同愿景。彼得·圣吉也将塑造共同愿景列为"五项修炼"之一(参见第4章)。

从实践出发,塑造共同愿景的方法包括团队愿景塑造的五种方法、情景规划法、战略规划技术以及欣赏式探询等。

(2)组织的重组与优化

组织变革最通常的做法是对组织结构、人员权利、职责分工进行重组与优化,常见的方法包括阿米巴、人单合一、网络组织、前中后台/流程型组织、项目型组织、以客户为中心的组织、环形组织、柔性化、敏捷型组织等。

（3）流程的设计与重组

除了组织的重组与优化，也可以对业务流程进行重新设计，也就是对完成工作任务的顺序与方式进行调整，以达到提高质量和效率或降低成本等目的。常用的方法包括业务流程再造（BPR）、持续改善、全面质量管理以及六西格玛等。

（4）人才的发展与赋能

组织变革离不开人的改变。因此，在组织变革中，也离不开人才的发展与赋能。为此，常用的方法包括转变为锐意发展型组织，设立企业大学、首席人才官/首席知识官以及首席创新官、卓越中心（CoE）等。

（5）信息技术的应用与数字化转型

当今时代，信息技术与数字化已经渗透到各行各业，贯穿于企业运营的每一个环节以及日常工作的方方面面。为此，组织变革通常离不开信息技术的应用与数字化转型，常用的工具包括商业智能（BI）、知识管理系统、业务运作管理系统（包括ERP、CRM、SCM等）、协同软件、电子绩效支持系统等。

（6）变革管理技术

组织变革是一个系统工程，需要进行有效的治理，包括规划、发动、领导、监控与持续改进等。它通常被称为变革管理，常用的变革管理技术包括勒温三阶段变革模型、科特变革八步法、领导变革技术、变革加速过程、U型理论等。

4. 创新

创新是企业的生命线，也是建设学习型组织的核心议题之一。

按照我的研究，组织创新需要符合组织战略，有明确的方向，同时要符合用户需求，并提出新的方案。之后，要整合各方面的力量，推动新方案的实施，并对其进行有效管理。此外，创新方案需要组织文化、领导、机制以及资源等方面的支撑。因此，要从以下六个方面整合创新相关的方法。

(1) 创新战略

在学习型组织中，创新不能是随意而为之的率性之举或可遇而不可求的偶然行为，必须有明确的方向，经过策划，符合公司的业务与战略。这样才能够形成合力，提升组织的竞争力。在这方面，可以参考的方法包括创新雷达、创新方向评估等。

(2) 用户洞察

创新必须有明确的对象（即用户），符合用户的需求，能够为用户创造新的价值。为此，要掌握用户洞察的技术，包括现场观察、用户画像等。

(3) 激发创意

创新离不开创意，也就是用新的方式，提出新的想法，设计出新的对策或方案。对此，必须打破思维定式，掌握激发新想法的一系列方法与工具，包括改善心智模式技术、创新思维技术等。

(4) 创新实现

有了创意，如果没有行动，创意就只是空洞的想法，创新并不会发生。因此，在有了创意方案之后，要指定专人，整合各方面的资源，采取行动，让创意方案变成现实的产品或服务、落地的具体措施。为此，可采用的方法包括成立创新团队、举办创新大赛、快速原型技术等。

（5）创新管理

如果只是靠员工自发创新，或者任由创新小组自生自灭，不仅大量创新会夭折，而且很难持续并形成体系。为此，要提高创新的成功率，就要加强对创新的管理。不仅要定期刷新、校准创新战略，也要营造良好的氛围，为员工赋能，并给创新小组及时提供所需的支持，促进创新成果的绽放。对此，可采取的方法包括创新教练、创新项目管理、创新评估技术等。

（6）创新支撑

就像种庄稼一样，如果没有肥沃的土壤，就很难有丰硕的收成。同样道理，要想在组织内持续地激发创新，就需要适宜的氛围与机制，以及基础设施的支撑。相应的方法包括创新文化建设、内部创新基金、内部创业机制、创新门户与平台等。

5. 知识管理

很多学者从知识处理、信息加工的角度来定义组织学习。在实践中，知识管理与学习型组织建设也存在着紧密的联系。在我看来，组织学习与知识管理是"一个硬币的两面"，两者不可分割。

从20世纪90年代崭露头角以来，知识管理的研究与实践发展迅速，已经形成了一个"丛林"，要想梳理清楚它的脉络并不简单。在《知识炼金术：知识萃取和运营的艺术与实务》一书中，我认为，知识是一个复杂的多面体，既是一系列过程，也包括多种形态的心智内容，具有多重属性。⊖为此，需要从知识来源、知识性质、学习方式、传播方式等维度，对知识管理的方法进行进

⊖ 邱昭良. 知识炼金术：知识萃取和运营的艺术与实务[M]. 北京：机械工业出版社，2019.

一步梳理。

（1）知识来源

正如荀子所讲："君子博学而日参省乎己，则知明而行无过矣。"（《荀子·劝学》）这提示我们，不管是个人还是组织，学习不外乎两种途径：亲身体验或向他人学习。因此，从组织学习的来源或渠道来看，可将组织学习分为内部学习与外部学习。

内部学习是指通过经验积累或组织内部成员之间的交流推动组织学习，常见的方式包括行动学习（干中学）、探索学习、经验学习、代理学习、竞争情报系统、专家系统、总结/反思（从失败或经验中学习）、收集情报、试验等。外部学习主要是通过组织之间的合作或组织内部成员与外部机构或个人之间的交流获得知识、经验、观点、技能等，常见形式包括各种形式的组织间合作（如合资、战略联盟、合作研发等）、收集外部信息、兼并收购、标杆学习、聘用拥有关键知识的人才等。对于上述方法，可按照学习方式、知识性质、传播方式等属性进一步细分。

（2）学习方式

至于从知识或信息的视角来界定学习的方式，我认为管理学家詹姆斯·马奇的看法是精辟的。在马奇看来，组织学习可以分为应用式（exploit）学习和开发式（explore）学习。前者涉及对既有知识的应用，后者则涉及新知识的创造。相应地，应用式学习的具体形式包括收集/获取信息、知识的传播与共享等；开发式学习的具体形式包括总结/反思、创新、试验、协作、投资/合资/合作学习等。

将这两个维度组合起来，可以梳理出30余种常用的方法与工具，如表6-2所示。

表 6-2 常见的知识管理方法与工具（按知识来源与学习方式来分）

	组织内部	组织外部
知识获取/创造	• 复盘 • 知识萃取项目 • 专家创作内容（PGC，包括内训师、内部课程开发） • 试验/探索 • 用户创作内容（UGC，包括团队共创） • 实践社群	• 外聘专家/人才引进 • 外部机构合作 • 并购/合资/联盟合作学习 • 协同创新/合作研发 • 用户观察与调研 • 市场情报/竞争情报系统 • 参加外部培训/研讨会
知识应用/共享	• 卓越中心 • 企业大学教育/培训（包括行动学习） • 在岗培训/结构化在岗培训（OJT/S-OJT） • 电子绩效支持系统（EPSS） • 专家支持体系 • 知识库/数据库/案例库/KM系统/内部刊物 • 师徒制/教练 • 专家分享/知识交流活动 • 工作轮换/项目团队 • 专题会议 • 专家黄页/知识地图 • 人际交流/非正式组织 • 搜索引擎/论坛/讨论区/问答平台/社交媒体	• 标杆学习 • 内容策展 • 联盟/生态知识交流 • 基于网络的社会化学习

（3）知识性质

从知识的性质角度来分类，最常见的是按照组织知识的编码化程度，将其区分为显性知识和隐性知识。所谓显性知识，指的是可以形式化、制度化和用语言、文字、图像等传递的知识，具有规范化、系统化的特点，易于沟通和分享。所谓隐性知识，指的是表现形式不是很清楚，而且没有办法明确表述或记录的知识，常以专业技能的形式存在于个人行为中，如那些微妙的、难以掌握的诀窍和技能，个人独有的技术和技巧，以及某些混合了直觉和经验的思维方式等。隐性知识是高度个性化的知识，难以观察、表达和传播给他人，但它是处理日常事务中最有价值的知识，因而其共享方式更为微妙、不固定，有赖于员工之间牢固的信任关系和长期的社会化交流。

对于显性知识的学习，通常的方式包括知识库、数据库、案例库、内部刊物、卓越中心、电子绩效支持系统、专家支持体系，以及基于互联网的搜索引擎，讨论区/论坛/问答平台/社交媒体等；对于隐性知识的学习，主要方式包括师徒制/教练、在岗培训/结构化在岗培训、人际交流、实践社群、工作轮换/项目团队、复盘、合作学习等。

（4）传播方式

组织作为一个处理信息与知识的系统，内外部存在大量的知识传播机制。根据文献分析，这些知识传播方式大致可以分为正式机制和非正式机制两类。

正式传播机制的主要方法包括卓越中心、知识库、内部刊物、电子绩效支持系统、专家支持体系、标杆学习、知识地图、企业大学教育/培训、工作轮换、师徒制/教练、内外部的技术交流、专家咨询、合作学习等。

非正式传播机制主要方法包括专题会议、项目团队、实践社群、人际交流、兴趣小组、非正式组织、基于互联网的论坛/讨论区/问答平台/社交媒体等。

在表6-2中，有些方法具有比较规范的操作流程，通常由组织或专人来驱动，如复盘、标杆学习、卓越中心、电子绩效支持系统等，而有些则相对比较随意、个性化，个人、部门、组织按需来实施。因此,可以从传播方式的规范性维度,对其进行进一步细分。

此外,表 6-2 中的有些方法更适合显性知识的创造或分享或传播,如知识库、卓越中心、内容策展等,有些则更适合隐性知识的创造或共享,如外聘专家/人才引进、师徒制、人际交流等。因此,在此基础上,可从知识性质的维度对其进行进一步细分。

定制适合你的"学习型组织工具箱"

虽然我在"组织学习方法树 2.0"中列出了 110 多种方法与工具,但是,它并不是为某个特定的企业定制的,离"为我所用"还有一定距离。换言之,如果你想找到适合自己的方法与工具,使其发挥作用,仅靠知道"这一棵树"是不够的。

1. 企业在应用方法与工具时可能遇到的困难

根据我对一些企业实践的观察,人们在应用方法与工具时,存在下列四个方面的困难。

(1)不知道有哪些可用的方法与工具

在实际工作中,负责学习型组织建设的同事都不是专业的研究者,在很多情况下也没有很深厚丰富的实践经验,并不知道有哪些可用的方法与工具。大多数人可能只是看过相关的一两本书,仅听说过少量方法与工具,甚至对图 6-2 中列出的一些方法与工具都一无所知。这是很正常的。

(2)不知道如何选择适合自己的方法与工具

即便有少量企业实践者通过阅读学习型组织相关书籍、参考实践案例等途径，了解到了若干组织学习的方法与工具，但是他们不知道哪些方法与工具适合自己企业，而是仅凭个人好恶或主观判断，这难免挂一漏万或南辕北辙。

（3）不知道如何应用

即便选到了适合自己企业需要的方法与工具，要真正熟练到位地使用这些方法与工具，不仅要明确操作的流程、步骤和"手法"，还必须理解其背后的"心法"与精髓。但是，大多数实践者是通过图书、网络等渠道了解到的信息，要么语焉不详，让人难窥全貌，要么只能停留在介绍具体操作的层面，使人无法掌握一般性"手法"，更不用说内在的"心法"与精髓了。

（4）缺乏指导，生搬硬套

在一些实践者独自摸索着应用方法与工具的过程中，往往无人指导，导致使用不当、效果不佳。虽然一些方法与工具有标准化的流程和步骤，甚至有相应的表格、模板与范例，但是，在实际使用时，这些方法与工具不可能像扳子、钳子那样机械，必须结合特定的场合、文化与环境进行适当调整，不可能全盘照搬照抄。

事实上，如果使用不当，或者在不当的场景中应用，好的方法与工具也可能成为"毒药"，就像俗话所讲，"汝之蜜糖，彼之砒霜"。这可能也是为什么有些方法与工具在一些企业中效果显著，而在另一些企业中却徒劳无功。尤其是一些从西方舶来的方法与工具，其植根于西方的社会、文化观念与行为模式，带有明显的西方文化色彩，要想在中国企业中应用这些方法与工具，必须充分考虑到中国国情，对其进行甄别、修改、调整或扬弃。不假思索地照搬照抄，要么"水土不服"，要么"削足适履"。

为此，你需要经过分析，选择适合自己的组织学习的方法，并得到相应的指导，以便更好地应用方法与工具，推动学习型组织的建设。这样的服务，我称之为"定制学习型组织工具箱"。

2. 如何定制"学习型组织工具箱"

2005年，我开始为一些企业提供"定制学习型组织工具箱"的服务。因为我相信每家企业都是独一无二的，所需的方法与工具也是有差异的，因此，要想提高方法与工具的使用效果，就需要"私人定制"，并在使用过程中得到全程指导。

经过试验和摸索，我们的服务程序主要分为下列三个阶段。事实上，即便你不采购该项服务，也可以参考这三个阶段，自己动手为你的部门或企业"定制"组织学习的工具箱。

（1）调研/分析

通过对企业高管、各级管理者和业务骨干的访谈与调研，诊断、分析组织的现状、策略重点、需要具备的核心技能及其要素等。这是定制的基础与前提。

（2）装配/安装

根据调研和分析结果，基于专家的经验，为企业甄选适用的方法与工具，并撰写报告。

同时，对企业相关人员进行方法与工具的赋能，讲解应用"手法"、操作要点以及相关的模板、工作辅助工具等，展示范例，辅导学习者进行实操练习，并给予指导和点评，分享"心法"与精髓，以及提示各种可能的变化等。

（3）应用支持

在应用过程中，可通过电话、网络为企业提供支持，也可根据实际情况进行现场辅导。

此外，我们会定期回访，了解企业应用方法与工具的情况，并就相关问题进行交流和指导。

如有需要，企业可选购工具箱中已有方法的"升级包"，或者定期重新评估、更新工具箱。

如何应用方法与工具

我在和一些学习型组织实践者交流时发现，一提到应用方法与工具，大家都很认同，但是在实际使用过程中，却会遇到很多挑战。

对此，我建议至少注意以下四点。

1. 按需选择

如上所述，组织学习的方法多达数百种，仅我在"组织学习方法树 2.0"中列出的方法就有 110 多种。事实上，你不应该也不可能同时用到这 110 多种方法。睿智的策略是，根据企业自身的实际需要，选择少量适用的方法与工具，不要贪大求全。

那么，有什么方法或原则可以指导我们做出选择呢？在我看来，选择的标准或需要遵循的指导原则有三条。

（1）遵循学习型组织建设的系统规划

如果你已经进行了学习型组织建设的系统规划，那么在规划中就应该已经明确了学习型组织建设的策略、行动路线，划分了阶段，并明确了各个阶段要达成的目标以及重点工作。这些就给你指明了选择组织学习方法的依据。

例如，江淮汽车公司建设学习型组织，有明确的思路与规划。初期，从加强职工教育、促进观念转变开始。为此，它根据自身实际情况，搭建了"40+4"职工教育体系，开展品格教育；并利用"蓝色托盘"等方式，加强内部对话。接下来，它把学习型组织建设的重点推向班组和团队，使用了学习团队、组织记忆看板、行动后反思（复盘）以及学习实验室等方法和工具。经过十几年的摸索，这些方法已经内化，成为推动公司发展的有力支撑。⊖

再如，如果你所在组织确定以组织变革来引领学习型组织的建设，并将塑造共同愿景作为第一阶段的切入点。那么，你可以通过下列九个步骤来匹配、选择应用相应的方法与工具：

- 根据学习型组织建设的重点，将"组织学习方法树2.0"中"组织变革"这一一级分支作为你需要重点关注和展开的领域。
- 通过系统地阅读组织变革领域的经典书籍、参加相应的专题培训或者学习相关的在线课程等方式，对其进行全面深入的钻研，并纵览全局，丰富和调整"组织变革"这一分支。
- 为了实施"塑造共同愿景"这一切入点，最为紧迫的就是"愿景塑造"这一二级分支。
- 通过精读《第五项修炼》《第五项修炼·实践篇》《变革之舞》《最高目标》《欣赏式探询》等相关书籍，查阅"塑造共同愿景的五种方法""共同愿景工作坊汇谈""欣赏式探询"等方法的介绍，对它们进行比较和权衡，确定你计划选用哪一种方法。

⊖ 邱昭良. 学习型组织新实践[M]. 北京：机械工业出版社，2010.

- 通过搜索引擎、实践社群或者请教高手等方式，了解这种方法的操作要点、注意事项、成功关键要素、案例等。
- 找个小的团队进行"练手"，实际操练一番。
- 在实操之后进行复盘，总结利弊得失，把握关键要素，并拟定需要优化或改善的方向。
- 通过进一步的学习，增强应用方法与工具的能力，并进行正式实施前的各项准备。
- 正式实施，并在实施之后进行复盘、改进。

通过上述九步，你就可以选到并用好适合自己的方法与工具。当然，在这个过程中，如果能够得到有丰富实操经验的专家的指导，将会事半功倍。

（2）参考企业或业务的发展战略

如果你没有进行过学习型组织的系统规划，那么可以考虑基于企业或业务的发展战略，参考下面的"SCL 模式"来选择相应的方法与工具。所谓"SCL 模式"，指的是从战略出发，通过梳理实现战略目标所需的能力，找到学习的重点。之后，可以参考"组织学习方法树 2.0"，找到适合的组织学习方法。[1]

就像这种方法的名字所显示的那样，"SCL 模式"操作步骤分为下列三个阶段。

战略（strategy）：大多数公司通常通过战略规划、年度总结或月度经营分析等活动，回顾或澄清公司的使命、愿景与战略目标，并对优势、劣势、机会、威胁（SWOT）等进行分析，列出要应对的挑战清单或关键举措。这些分析结果不仅是战略规划的基

---

[1] 邱昭良. 学习型组织新实践 [M]. 北京：机械工业出版社，2010.

础，也是学习型组织建设的"指南针"，因为按照本书的定义，学习型组织建设需要服从并服务于组织的业务发展。因此，学习型组织建设要与业务发展相结合，以企业战略为起点。

能力（competency）：一旦确定了挑战或关键举措，大多数管理者都会马上着手制订行动计划。然而，睿智的领导在拟订行动计划之前，会停下来认真地思考：为了有效地应对这些挑战或实施这些关键举措，公司应该具备什么样的能力？因为在实际执行计划的过程中，毫无疑问会需要新的知识或技能。如果不掌握这些知识或技能就仓促行动，结果可想而知。因此，在厘清了战略之后，要明确实施战略所需的核心能力，这样才能提高行动的效率和结果的质量。

学习（learning）：在明确了实施战略所需的核心能力之后，你需要评估现状，明确学习需求，并找到弥补能力差距的有效方法、途径以及具体措施。

举例来说，你所在公司定下战略要开拓海外市场（S）。为了推动这一战略，你需要评估、确定公司需要具备哪些知识与技能（C），包括目标国家的市场状况，政府的角色和法律监管政策，当地供应网络的状况，如何更高效地进行产品分销，如何改进产品设计和配方以适应当地客户的需求以及法律规范，如何打广告，如何制定价格，以及采取什么样的竞争策略，等等。这些知识与技能对你拓展业务都是至关重要的，必须主动地规划，想方设法获得并使其就绪。只有这样，才能有备无患。其实，这也是在战略与学习之间搭起了一道"桥梁"。

接下来你需要评估，对于上述知识与技能，你们已经掌握了多少？哪些需要进一步强化？可以通过哪些途径或方法来获得这些知识与技能（L）？一旦有了明确的学习需求，相应的方法或途径有哪些？考虑到时限、资源、可获得性以及学习效果，你应该选择哪些方法？有何具体的行动计划？

还是拿上面这个例子来说，如果你需要了解某国市场的信息，这属于"知识管理"的领域，来源为公司外部，性质为兼具"知识创造"和"知识应用"，相应的方法可能包括：

- 通过搜索引擎，搜索该国市场的相关研究报告。
- 聘请一家了解该国市场的咨询公司或市场调研机构，进行专题市场情报收集。
- 聘请有经验的专家来进行分享交流。
- 利用猎头，从另外一家成功进入过该国市场的公司聘请职业经理人。
- 派遣一个调研小组或代表团到该国去实地考察，以收集商业情报或了解竞争对手的最佳实践。
- 进行小范围的试点（试验/探索），以获取第一手的实际经验。
- 与该国当地合作伙伴组建一家合资企业，通过合作来学习等。

综合考虑之后，你可以确定最适合自己的方法，并拟订详细的行动计划。

这样，经过上述三步，你不仅可以激活学习型组织所需的方法与工具，也可以将其与组织的战略、业务运作紧密结合起来，以更好地发挥其应有的作用。

事实上，很多长期推动学习型组织建设的组织，也会根据不同阶段的重点，选择或创造不同的方法（参见案例6-2）。

◎ 案例 6-2

通用电气：根据企业发展主题选择方法与工具

2021年11月9日，通用电气（GE）对外宣布，公司将"一分为三"，重组为三个完全独立的上市公司，分别专注于航空、医疗健康和能源。消息一出，舆论哗然，众说纷纭。有人说，这是一个"商业帝国的崩塌"，意味着这家百年商业巨头"陨落"，是"英雄迟暮""一个时代的结束"；有人则说这是"多元扩张""脱实向虚"模式的失败；也有人认为，这其实是GE主动应变之举，"瘦身"之后的三家公司将更加专注，会更具竞争力，这不仅为GE的下一轮增长拓展了更为广阔的空间，也奠定了坚实基础。

虽然我们无法预测GE的未来究竟如何，但是，回顾历史我们会发现，商业环境一直风云变幻，这家有着百年历史的商业巨头也一直在与时俱进、创新求变（见图6-4）。事实上，学习型组织并非"成王败寇"，唯成绩论英雄。真正决定一家公司是否具备组织学习特质的，是这家公司是否具有一种锐意变革、持续进化的精神和能力。

GE成立于1892年，是世界上最成功的公司之一，有着百年历史，是世界上最大的多元化公司，业务涵盖飞机发动机、发电设备、医疗、先进材料、金融服务、新闻媒体等，也是全球企业竞相学习的对象。然而，正如前CEO杰克·韦尔奇所说，通用电气是一个无边界的学习型组织，一直以全球的公司为师。他说："很多年前，丰田公司让我们学会了资产管理；摩托罗拉和联信推动了我们学习'六西格玛'；思科和Trioloy帮助我们学会了数字化。这样，世界上商业精华和管理才智就都在我们手中，而且，面对未来，我们也要这样不断追寻世界上最新最好的东西，为我所用。"

第 6 章 善用方法与工具

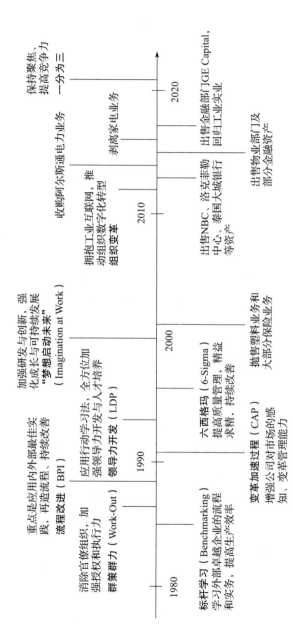

图 6-4 通用电气 40 年发展历程及采用过的组织学习方法

211

纵观40余年来GE发展历程，和任何其他企业一样，它也一直面临内外两方面多种严峻的挑战。为此，它采用了多种组织学习方法，持续创新和应变。

1. 快速市场情报

   20世纪80年代，杰克·韦尔奇开始执掌这家历史悠久但步履缓慢的"巨轮"。1981年，公司业务部门超过150个，业务分散化、强调财务分析和控制等导致多重领导、机构臃肿、混乱不堪，官僚之气"令人窒息"。由于众多内部事务缠身，GE的领导逐渐忽略了市场的变化，导致公司奄奄一息。为此，韦尔奇开始了大刀阔斧的改革。除了在业务组合上采用"数一数二"策略之外，韦尔奇也非常注重以组织学习引领组织变革，推行了一系列改进措施。其中，为了激发组织对市场的敏感度，GE向沃尔玛学习"快速市场情报"（quick market intelligence，QMI）方法，来加强并保持与市场的紧密联系。

   在沃尔玛，这一过程的典型周期是一周。从周一到周四，地区经理们蜂拥而出，去采集竞争对手商店的信息以及他们自己的信息；周五，他们重新集合，来讨论他们在价格、商品和销售方面的新发现，并当场制定决策，随后立即通过视频方式直接通知店铺经理。

   GE仪表公司学习类似过程，加大与市场的联系力度。每周，它通过电话和视频会议，将全球的市场经理和总部以及各工厂的相关人员联系起来，以分享信息并快速做出反应。据一位副总裁所言，这种方式的目标就是要达到实时地学习和做出响应："快速市场情报……规避了官僚制度的层级……销售人员通过一个多小时的电话来讲述本星期发生了什么，他们能够把握的好机会是什么,这样人们就看到了那个时候、那个地方的任务。下一周,他们会重新审查这些想法。所以,任何事情都状态不佳的情况至多也就是持续一周。"

2. 群策群力

1989年,杰克·韦尔奇在新英格兰州某镇召开了一次会议,并以此为基准在公司内启动了一项名为"群策群力"的活动,以期改变公司缓慢、烦琐的决策流程,提高问题解决的效率。

在每个"群策群力"项目中,来自不同部门和工种的数百名员工分成多个小组(每组20~100人),进行为期3天的封闭式讨论,大家集思广益,以期找出部门或业务中存在的问题,并探讨可行的解决方案。会议最后一个议程最为热烈,即把各个部门的负责人请来,小组成员根据大家讨论确定的提案,当场对他们进行轮番"轰炸",并责令他们立即做出答复。对于每一个建议,负责人们只能在"好""不行"或"我需要更多的数据"三者之中选择一种。这类项目取得了显著成效,不仅提高了生产效率,而且加快了管理者的响应速度。

韦尔奇把这项活动变成GE运作中不可缺少的一个环节,并亲自督促各级管理者参与这项活动。韦尔奇期望通过这项活动促进各部门广泛地开展学习,彼此分享最佳实践,并将其内化入组织的记忆系统。到1993年年中,超过85%的员工参加过这类项目,对于克服由官僚作风引起的浪费和效率低下、激发创新、促进组织变革,起到了重要作用。

3. 标杆学习

在持续实现内部改善的同时,韦尔奇也非常注重以全球优秀企业为标杆，进行系统化的学习与改进。例如，GE曾推出"冲击"（Impact）项目，[一]就是将生产制造经理派往日本，去学习日本企业在精益生产和质量管理方面的创新实践，比如质量圈、看板系统等；后来，他们又将欧洲作为目的地，将生产效率改进和流程再造作为目标。

4. 六西格玛

1995年，GE借鉴摩托罗拉的实践，启动了一个综合性的质量管理体系建设项目——六西格玛，并提出了明确的目标。通过这种做法，GE得以持续提升质量标准和组织能力，每年成本节约高达数十亿美元。

六西格玛方法主要包括定义、测量、分析、改进和控制五个阶段（简称DMAIC），以精确的方式发现、改正错误，并以系统化的方法来控制流程。其中最主要的一个组成部分是培训与学习。GE的每一个专业员工都要经过六西格玛、流程以及变革管理工具的培训，并在每个业务部门设立质量总监，每个季度召开质量委员会会议，评估质量目标，交流最佳实践。

5. 人才培养与领导力开发

韦尔奇非常重视人才培养。他在20多年的职业生涯中，大大扩展了GE的企业大学——克劳顿维尔领导力发展中心的规模，无论是硬件还是软件，无论是培训的内容还是培训范围，都焕然一新。他自己也将相当多的时间花在各级经理人领导力发展上，并在全公司内部自上而下地推动行动学习、变革加速过程等理念与方法，以此推动人才培养和组织发展。

[一] 资料来源：https://hbr.org/1993/07/building-a-learning-organization.

6. 创新开启未来

2001年，伊梅尔特从杰克·韦尔奇手中接过了CEO的接力棒，他不仅传承了韦尔奇对学习的重视，而且将其发扬光大。事实上，伊梅尔特本人就受益于韦尔奇设计的领导力开发体系，他也是多种组织学习机制的积极参与者。例如，1997年，伊梅尔特主管GE医疗系统集团时，就以GE交通运输集团为标杆，改造业务流程，提升客户体验。伊梅尔特指出："在当今这个充满活力的世界，成功的根本条件不是你知道多少，而是你学得有多快。"

根据《伊梅尔特的通用之道》，伊梅尔特不仅高度重视推动组织学习，而且"从韦尔奇停下的地方继续开始"，并在多个方面超过了韦尔奇，堪称"青出于蓝而胜于蓝"。这包括：

- 不仅提高效率、缩减成本和进行业务重组，而且加大研发投入，激发面向未来的创新。
- 加大各个部门之间的知识交流和"异花授粉"，例如一年四次高级领导人论坛、各个业务部参加的GE全球研发中心的T会议等。
- 优化克劳顿维尔领导力发展中心的领导力开发项目，加强标杆学习，促进学以致用。
- 设计了多样化的学习机会、促进机制，为21世纪的GE营造了完善的学习环境。

当然，2001年之后，美国和全球经济、政治、社会环境都发生了巨大的变化，GE也面临很大的挑战。为了渡过危机，GE不仅对业务，还对组织进行了大量的调整，包括多次大规模的并购和抛售。2021年的分拆决定，也是企业主动应变的战略性选择。

虽然没有人能够预测这些努力的结果，但就像商业世界中那句名言所说：变是唯一不变的，任何企业只有主动创新、应变，才有可能生存与发展。

从上述案例可见，要真正把企业办成"百年老店"，实现"基业长青"，就要不断地解决组织面临的问题，推动组织创新与变革。GE根据形势发展和公司经营管理的需要，及时采用甚至创造出了最适合自己的组织学习方法，这显示出学习型组织建设是一个持续的过程，不存在固定的模式，不可能一成不变，只要组织的内外部环境在变化，组织就要持续应变，这是不二法门。GE也是这一论点的典型写照。

（3）结合工作实际，融入业务流程

另外一个寻找适合自己的方法与工具的思路是，以业务流程为骨架，分析企业运作的短板、常见的问题以及需要提升的能力，以此为基础，可以找到组织适用的方法与工具。例如，英国石油公司（BP）基于自身项目运作的特点，精选了十余种方法与工具，并将其整合为"做前学""做中学""做后学"三类："做前学"包括知识库、搜索引擎、专家地图以及同行协助等；"做中学"包括活动复盘、实践社群等；"做后学"包括项目复盘、项目评议等。⊖

近年来，基于这一思路，整合知识萃取和运营技术、搭建绩效支持系统，也是众多企业大学进行创新探索的前沿领域。⊜

⊖ 邱昭良. 复盘+：把经验转化为能力 [M]. 3版. 北京：机械工业出版社，2018.

⊜ 高菲森，墨瑟. 创新性绩效支持：整合学习与工作流程的策略与实践 [M]. 邱昭良，周涛，等译. 南京：江苏人民出版社，2016.

2. 学会，吃透，用到位

在使用组织学习方法时，会遇到很多困难。除了上文所讲的不知道、不会用、缺乏指导、生搬硬套之外，还会遇到下列两方面的障碍。

（1）抵制或排斥新方法

因为人们对原有的方法很熟悉，用着也顺手，因而感觉效率高、效果好。在这种情况下，如果让他们使用新方法，即使新方法真的具有很大优势，也会招致人们的怀疑，甚至是抵制或排斥。除了一些人心智模式僵化导致的不愿意变革、不喜欢尝试新东西之外，另一个原因可能是，人们对新方法缺乏了解，使用起来不熟练，因而用了新方法并没有多大效果。对此，许多人不愿意承认是自己能力不足或者对新方法还没有完全掌握，就直接"甩锅"给新方法本身，认为新方法并不好用，于是，他们就不愿意再使用新方法，导致效果更不好……逐渐陷入恶性循环之中。

（2）浅尝辄止，喜新厌旧

喜新厌旧似乎是人性的基本特征之一，不少企业也存在类似倾向。一些管理者热衷于追逐新的理念、方法或实践，对于选定的方法，用了一阵儿，甚至还没有真正掌握其精髓或诀窍，就开始问"有没有什么新东西"，于是急着去寻找其他新方法，把原有方法抛到一边。

以上两种状况都不利于新方法的"成活"。在我看来，对于自己选定的任何一种新方法，都要保持认真审慎的态度，不能浅尝辄止，一定要学会、吃透，认真应用，并及时复盘，把握要点、规律与诀窍，把它们用到位。

同时，学习型组织建设的推动者也要率先成为新方法和新工具的使用者，并在学会、吃透的基础上成为赋能者，为各级管理者使用方法与工具提供及时、到位、有针对性的支持。如有可能，可在部分单位进行试点，总结经验与规律，这样可以更好地为后续使用者提供支持。

3. 先僵化，后优化，再固化

相对于对新方法的抵制和浅尝辄止，人们在使用新方法时，另外一种常见的误区是，容易在并没有真正搞清楚的基础上就提出改进意见，导致行动走样。在这方面，华为的实践做法有一定借鉴意义（参见案例6-3）。

◎ **案例 6-3**

华为公司如何引入 IPD 流程

当年，华为公司在咨询公司的帮助下，引入了国际上成熟的集成产品开发（IPD）流程，希望借此推动本公司流程的规范化，提升运作效率。在初步了解了 IPD 流程之后，一些华为的管理者说："这里不适合咱们中国的情况""那里需要改一改"，或者"我们原有的做法比这个还好"……

面对这种种状况，任正非指出：在引进一项管理制度或方法时，初期需要"削足适履"，一开始要找准一个标杆，依葫芦画瓢，机械地照搬，别人怎么做你就怎么做，不要在自己还没有真正实践、搞清楚精髓的基础上，就要小聪明，自以为是；接下来，在实施了一段时间后，要根据实际情况逐步改进、优化，使之更加有效；最后，一旦改进之后的做法被实践证明效果优异，那就可以固定下来，以后都按这个来，不再随意更改。这就是"先僵化，后优化，再固化"。

基于这样的策略，华为公司成功地引入了IPD流程，使其成为公司运作的基础之一。

要想将一种新方法引入公司，使其真正存活，就必须搞清楚它的标准操作手法，并且理解其精髓。在此基础上，结合组织的实际情况，对它进行符合其精髓的调整。对此，我认为任正非先生的主张是睿智的。如果没有认真审慎的实践，就不可能真正理解其精髓；如果没有真正理解其精髓，就自作聪明地修修补补，很可能会失去其原本的味道。因此，在引进和应用组织学习方法时，要保持敬畏之心，先认真地实践，然后进行复盘、优化和调整，找到适合自己的节奏。

4. 谨慎地创造

就像俗话所说：太阳底下没有新鲜事。在大多数情况下，我们可以从组织内部或外部找到满足自己需求的方法。当然，有时候企业也可以根据自身的实际情况，对部分方法进行组合或调整，甚至创造出一些独特的方法。

但是，我个人建议，对于自己"创造"出来的方法，一定要保持审慎。一般来说，可以对照下列标准进行反复权衡：①是否有相应的理论作为支撑；②是否经过多次实践的检验；③有无相对固定的操作流程、工具、表单；④一般人按照标准操作规程，能否取得一致的结果或达成预定的目标；⑤是否可适用于其他组织。

综上所述，只有找到并用好适合自己的方法与工具，建设学习型组织的努力才能够落到实处，并深入下去，而不只是停留在喊口号或者宣讲理念、理论的层面上。如果不能应对这一挑战，突破这一瓶颈，将导致创建学习型组织的实践"夭折"。就像古语所说：凡事预则立，不预则废。真正睿智的领导者，在创建学习型组织的道路上，一定要找到方法、用好工具，不要"赤膊上阵"。

思考与练习题

1. 在你所在组织中，学习型组织建设有没有出现"泛化"和"虚化"的倾向？如果有，你认为应该怎么解决？
2. 激活和建设学习型组织，为什么要应用方法和工具？
3. 参考本章所述的"组织学习方法树2.0"，在你所在组织中，已经应用了哪些方法，应用效果如何？是否还需要应用其他方法？
4. 如何选择适合自己所在组织的组织学习方法？
5. 如何应用组织学习方法？要注意哪些事项？

CHAPTER 7

第 7 章

整合应用,建立组织学习机制

就像荀子所说:"楚庄王好细腰,故朝有饿人。"(《荀子·君道》)领导的偏好和政策导向("结构性因素")会决定下属的行为,从而导致相应的结果("症状"或"表现")。这其实就体现了系统的一条基本规律:结构影响行为。因此,要搞清楚某些症状、现象、问题背后的原因,就需要深入探究系统底层结构方面的因素。同样道理,要想改变人们的行为,取得某些结果,最为根本、持久的做法就是调整或设计好底层的结构性因素。

那么,为什么在很多企业中学习型组织建设难以深化和持续?如何才能让学习型组织建设深入且持久?对此,我们要运用系统思考的智慧,深入思考,找到关键的结构性因素,调整或设计好系统的底层结构。

破解工学矛盾

2013年8月,我对某大型集团公司总部及下属19家成员企业的1100多人进行了问卷调查,结果显示,员工普遍认为创建学习型组织的困难是"学习与工作无法有效结合"(50.5%)、"没有时间学习"(49.9%)、"缺乏学习热情"(49.9%)、"缺乏资金与资源支持"(44.4%)(见图7-1)。其中,第一项和第二项通常被人们称为"工学矛盾",也就是工作与学习之间存在矛盾,难以兼顾。这表明,破解"工学矛盾"是该公司建设学习型组织面临的首要挑战。

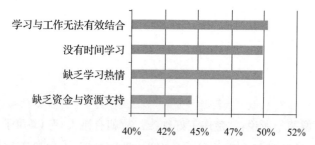

图7-1 学习与业务整合是学习型组织建设的首要挑战

这并不是个例或偶然现象。事实上,在彼得·圣吉等人合著的《变革之舞》一书中,也将"时间不够"列为创建学习型组织、踏上组织变革之旅的第一项挑战。的确,很多企业的高层和业务部门领导每天都非常繁忙,面临很多棘手问题,大部分人更习惯作为"救火队长",优先处理那些最为紧迫的事情,对于建设学习型组织这样虽然重要但似乎不是特别紧迫的任务,往往会以这样或那样的借口敷衍了事,其中最常见的借口就是:"我们工作已经很忙了,哪里还有时间去学习。"

同时，在大多数企业中，学习（主要是面授培训和在线学习）是由人力资源或培训部门来主导的。由于多方面的原因，培训与业务的结合并不紧密，导致效果不佳，甚至沦为"保健品"，所以往往被边缘化，这加剧了所谓的"工学矛盾"，使得工学矛盾成为企业学习的显著挑战。例如，2021年12月，中国人才发展服务平台（CSTD）对450多名行业从业人员的调研表明，"绩效支持"是企业培训部门当前面临的最大挑战（占51.7%），而"工学矛盾""关联方支持"紧随其后，分别占43%和36.2%。㊀从某种意义上讲，这三项挑战是紧密相关的，因为如果培训部门能够为业务部门的绩效提供有力的支持，那自然就不会出现所谓的"工学矛盾"，业务部门等关联方也就会支持培训。之所以产生"工学矛盾"、得不到"关联方支持"，就是因为培训部门无法有效地为业务服务，从而被业务部门冷落。

因此，这看起来是一个很普遍、很现实的问题。如果这个问题不解决，人们就会找出各种借口抵制学习，也未能真正扛起学习的责任，从而让学习型组织的创建流于形式，与工作形成"两张皮"，甚至不了了之。

但是，在我看来，"工学矛盾"其实是一个伪命题，很大程度上源自人们对学习的认识误区，以及对学习的不当设计与实施。

1."工学矛盾"的成因

从本质上看，之所以产生"学习与工作的分割""工学矛盾""没有时间的困境"等问题，主要原因有两方面。

㊀ https://mp.weixin.qq.com/s/aM78X5Z9ziWJMkUYNP-dBA.

(1) 对学习的认识误区

首先,产生工学矛盾的关键在于我们对"学习"缺乏正确的认知。换句话说,如果我们将"学习"理解为它是在教室里或远离工作现场发生的,仅仅停留在获取信息或观念层面上的活动时,学习就是与工作对立的另外一种行为,那就不可避免地会产生孰轻孰重或有无关联的问题。相反,如果我们将学习理解为它是更好地完成工作的手段或方法,并主要是在工作现场或岗位上进行的、与工作密不可分的一类活动时,那就不会出现这个问题了。因此,对学习的认识误区以及由此将学习与工作割裂开来,是产生工学矛盾的根本原因之一。相应地,澄清认识、走出对"学习"的诸多误区,精准地认识与理解学习的精髓,是解决这一问题的关键。

(2) 缺乏将学习与工作整合起来的机制与方法

产生工学矛盾的第二个原因是,缺乏有效的方法与机制将学习与工作整合起来。在实际工作中,即使有些领导非常想通过学习来促进工作,但由于缺乏有效的方法与工具,不知道从哪里入手,或者缺乏有力的"抓手",导致学习与工作脱节。实践证明,如果能够设计好相应的机制,将学习与工作紧密联系起来,甚至使之融为一体,就能很好地解决工学矛盾的问题。

2. 破解"工学矛盾"的对策

既然知道了原因,对策也就清楚了。基于实践经验,我认为,要破解"工学矛盾",需要采取下列五方面措施。

(1) 澄清认识

在企业内部,要通过宣导或实例示范,让员工在思想上认识到学习不仅有读书、听讲等传统方式，还包括工作中的解决问题、持续改善、创新、知识与经验交流等多种形式；学习不是与工作无关的另外一项任务，而是帮助员工做好工作、完成任务、达成绩效目标的重要方式；学习不是发生在工作职场以外某个场所的事情，而就存在于工作职场之中。总之，要让各级领导者意识到学习是自己的"分内之事"；让每位员工认识到，对于成年人来说，工作实践是学习的主要来源与途径；学习也是发展自我、完成工作的基本手段。

（2）领导重视

各级领导者要真正重视学习，并将其落实到实际行动中，要亲自策划，在时间、资源等方面全力支持，要以身作则，设计并推动学习。从某种意义上讲，业务部门，而不是人力资源部或培训部门，应该成为组织和推动学习的主体。

（3）调整定位

如上所述，在很多公司中，培训部门通常定位为职能部门，和业务部门是脱节的。但是，要和业务结合、达到学习支持业务的目的，培训部门除了保留必要的文化和能力培养的职能之外，必须调整定位，致力于成为业务部门的合作伙伴（BP），就像人力资源（HR）要成为人力资源业务合作伙伴（HRBP）一样，学习发展（LD）部门也要成为学习发展合作伙伴（LDBP）。

为此，学习发展从业人员必须转变心智模式，无论是在意识上，还是在行动中，都要将业务赋能作为自己的核心职责，不再执着于将自己所熟悉的人员培训作为唯一或主要的干预手段，必须以更高的站位、更广阔的视野，从根本上理解和促进业务系统的运作，更快更好地为客户创造价值。

（4）明确策略

从本质上看，业务是一个非常复杂而微妙的动态社会性系统，不仅影响要素众多，各要素之间也存在着不胜枚举的相互连接，难以量化，实时处于变动之中。要想让业务得以发展，就要让所有要素都相互协调。相反，只要哪一个要素或环节出了问题，或者与其他要素不匹配，整个系统可能就会受到影响。因此，要将学习与工作整合起来，做好业务赋能，提升业务绩效，是非常困难的。从本质上讲，这是一个复杂度很高的系统工程，需要干预者具备系统思考的智慧，运用系统思考的方法，明确策略，找准方式。

在我看来，业务是在一定组织情境中，由组织成员通过一系列分工合作的过程为客户创造价值的系统。按照我提出的"一般系统模型"（见图7-2），业务系统的构成要素包括六个方面。

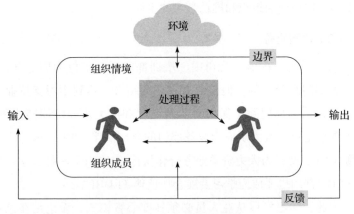

图7-2　业务系统示意图

资料来源：邱昭良，2009。

（1）主体是"组织成员"，他们是能动的个体，有不同的职责分工，划分为不同的层级。

第7章　整合应用，建立组织学习机制

（2）这些主体之间存在大量的互动，并基于特定的职责分工，执行一些特定的程序（或"处理过程"）。

（3）组织成员执行工作任务，通常离不开一定的资金、时间、空间、基础设施、外部资源等，这些是系统的"输入"。

（4）组织成员通过处理过程，向客户提供一定的"输出"，实现价值创造，并获得外部世界的反馈信息，继而对输入、输出和处理过程等要素进行调整。

（5）上述业务工作是在一定的"组织情境"中发生的。

（6）任何系统都有一定的边界，也就是说，某些构成实体之间的相互联系更为紧密，从而形成与其他部分有形或无形的界限。

基于这一框架，我认为，将学习与业务相结合，让学习赋能业务的策略有如下六种：

第一，作用于组织成员（个人），通过赋能组织成员来促进业务发展。事实上，这是培训或学习发展部门最常使用的一种策略。因为执行业务的主体是个人，如果他们掌握的知识、信息、技能、意识与态度能够提升，业务绩效就可能改善。

第二，作用于人际互动，通过改善人际互动质量来促进业务发展。对于大多数业务系统来说，业务都是由多个组织成员来完成的，即便只有一个主体，他也会与客户、供应商等产生人际互动。这些要素也会影响业务绩效。对此，组织发展领域有一些相应的干预措施。

第三，作用于业务过程，通过业务流程调整来优化业务。在很大程度上，优化业务流程有助于提高过程效率与质量，或者改进人员的能力、资源的匹配性，从而促进业务绩效的改善。相对而言，进行业务流程重组或优化的职责一般在业务或业务管理部

门，并不属于传统人力资源管理或培训部门。

第四，作用于组织情境，通过改善情境要素，促进业务绩效改善。任何人类活动都注定发生在某个情境之中，受情境因素的影响。举例来说，组织的愿景、考核与奖惩政策、领导的行为模式与信念，都会在很大程度上影响个体和团队的行为，从而影响业务绩效。因此，如果你有办法改善组织情境因素，也能支持到业务。

第五，作用于边界，通过调整边界来支持业务。比如，扩大或缩小部门的职能与规模，明确部门的职责、权利与义务，与其他部门合并等，都是试图通过调整边界来促进业务发展的努力。

第六，作用于反馈，通过调整输入和持续改进，促进业务发展。业务系统的发展是一个持续的过程，随着时间的推移，该系统的输出（业务绩效及其后续影响）会有各种各样的变化，同时，这些输出会经由不同的反馈渠道，导致系统的输入（包括人员、资金、管理层的支持、美誉度以及其他资源等）产生大小、方向不一的变化。此外，执行业务的主体及其利益相关者也会接收并评估这些反馈信息，对系统边界内的各个要素做出调整。因此，如果我们可以提高反馈—调整过程的效率和质量，也可以促进业务的发展，实现持续改进。

（5）创新机制与方法

在有了正确的认知，调整好定位之后，要让学习更好地支持业务发展还得有适合的机制，找到得力的"抓手"和方法。基于实践经验，我认为，要实现学习与业务的整合，从帮助者和被帮助者的关系、学习与业务结合紧密程度来说，有3类机制，相对应的方法有13种（见表7-1）。

表 7-1 将学习与工作整合的三种机制与方法

机制	做法描述	使用的技术或方法
密联业务	从业务出发，来自业务，服务于业务，但干预措施与业务仍是割裂的	• 混合式学习项目设计（如"6D 法则"） • 业务课程或微课开发 • 由 HR 或 LD 主导的绩效改进项目 • 行动学习项目 • 实践社群
嵌入流程	深入业务流程，成为业务运作过程中的一些必要环节，但干预措施与业务仍未完全整合	• 业务规划研讨（如战略解码） • 系统地解决业务问题 • 由业务部门主导的绩效改进项目 • 项目复盘，经营或战略复盘 • 业务知识萃取与主题分享 • 业务流程重组或持续改善
融为一体	帮助者成为业务的一部分，干预措施与业务运作融为一体，紧密不可分割	• 绩效支持系统（PSS） • 锐意发展型组织

第一，密联业务。

在这一机制中，帮助者和被帮助者是割裂的，是两类人，实施干预措施（学习项目或其他手段）需要中断业务，抽出额外的时间与精力。但是，帮助者在设计和实施干预措施的过程中，从业务出发，来自业务，服务于业务。这是从传统培训模式出发，最容易理解和改进的方式。无论是混合式学习项目设计（如"6D 法则"）、业务课程或微课开发，还是由 HR 或 LD 主导的绩效改进项目、行动学习项目、实践社群等，都属于这一类别。

第二，嵌入流程。

在这一类机制中，帮助者进一步深入业务流程，使得干预措施成为业务运作过程中的一些必要环节，但是干预措施与业务运作仍未完全整合。

在这方面，相关的一些技术或方法包括但不限于：

- 通过团队会谈，进行业务规划研讨（包括战略解码）。
- 运用相关技术，组织团队研讨，分析和解决业务问题。
- 由业务部门主导的绩效改进项目。
- 项目复盘、经营或战略复盘。
- 业务知识萃取与主题分享。
- 业务流程重组或持续改善。

第三，融为一体。

更进一步，帮助者成为业务的一部分，干预措施与业务运作融为一体，紧密不可分割。很明显，这一类机制的主导者是业务部门，学习发展本身就是业务的一项职责。

从目前看，这一类机制还处于探索期，少量创新性实践包括：

绩效支持系统：不同于绩效改进是项目式运作模式，绩效支持需要融入业务运作流程之中，为工作者提供"及时、有针对性、刚刚好"的支持，使其更快更好地完成工作，达成目标或解决问题。为此，绩效支持是持续的，就发生在工作职场和业务执行的时刻。要搭建绩效支持系统，需要以业务流程为骨架，以海量微课和业务相关信息为媒介，综合使用各种智能化的信息通信技术，进行系统的设计与运营。

锐意发展型组织：如第5章所述，按照罗伯特·凯根的看法，组织需要将人的发展和业务的运作与成长看作同一个硬币的两面，组织可以通过促进人的成长来发展业务。

需要说明的是，上述三类十余种将学习与工作整合起来、通过学习赋能业务的机制与方法，并不是互斥的，它们可能同时存在，相互之间有一定的演进次序，需要组织精心设计与实施。

启动学习支持业务的"成长引擎"

如上所述,在很多企业中之所以产生"工学矛盾",原因有两条:认识误区和缺乏方法。事实上。在这两个原因背后,存在一系列增强回路——它们既是让"工学矛盾"这一问题恶化的恶性循环,也是让学习持续支持业务的"成长引擎"(见图7-3)。

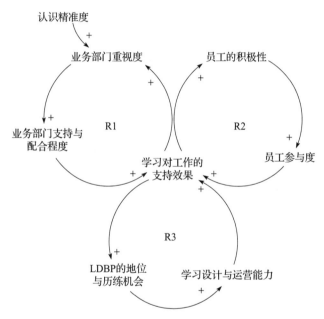

图 7-3 让学习支持业务的"成长引擎"

简言之,这涉及以下三个方面。

1. 关联方支持

如果业务部门领导和员工对学习的认识到位,就会重视和支持与学习相关的活动。得到了关联方的支持，就容易做好对业务的支持工作。这会进一步让业务部门感受到学习的价值，从而更加重视和支持。这就形成第一个良性循环（见图7-3中R1）。

2. 员工参与度

如果学习可以更好地支持自己的工作和业务，员工就能感受到学习的价值，就会更加投入，更多地参与到学习活动之中，自然就会使学习效果更好，对工作促进更大……这是第二个良性循环（见图7-3中R2）。

3. 能力到位

如果业务部门认识到位，学习发展合作伙伴也能找到合适的定位，他们就有机会贴近业务、服务业务，这也会为他们提供学习和提升能力的机会，有助于他们提高学习设计和运营的能力，包括找到合适的方法与机制，这会增强学习对工作的支持效果，从而进一步赢得业务部门的尊重，获得更高的地位与历练机会……这是第三个良性循环（见图7-3中R3）。

当然，若受某些因素的制约，上述三个自我增强型反馈回路逆转，也有可能陷入一个恶性循环之中：业务部门不支持，员工不参与，学习发展合作伙伴无能力、无地位，继而学习与工作脱节，起不到相应的效果，进一步被边缘化……

因此，从上述分析可知，要想做好学习对业务的支持，就需要澄清认识，调整好定位，同时需要学习发展从业人员具备相应的能力，找准方法与机制。意识先进性、定位精准性、能力充足度、手段有效性，这四点是做好学习支持业务的四个关键成功要素。

的确，在一些企业的实践中，领导很重视学习与发展，成立了定位很高的企业大学，业务部门也普遍抱有很高的期望。但是，过了几年，结果很可能出现两极分化：大量企业大学"一鼓作气，再而衰，三而竭"，由于能力不到位等多方面因素，逐渐失去信任，日益被边缘化，甚至沦为培训事务处理部门，只能做一些组织和接待等工作；极少数企业大学因为做出了样板，对业务部门产生了实实在在的价值，开始获得公司内部的认可，逐渐成为公司持续发展的"智慧中枢"以及业务部门的合作伙伴。

为什么会产生这样的分化呢？在我看来，造成分化的原因是多方面的。除了职责、定位和机制设计之外，企业大学的能力——既包括学习设计与运营、课程开发等专业能力，也包括对业务的理解、沟通与合作、诊断分析以及实施推动等多个方面的能力，是至关重要的。从某种角度讲，定位、员工的认可、业务部门的支持，都是"干出来"的，靠的是成绩，而不是"要出来"的。因此，只有通过不断提升能力，做出实实在在的成绩，才能启动以学习推动工作的良性循环。否则，就有可能陷入恶性循环之中。

整合应用：深化学习型组织建设的必由之路

如第1章所述，在许多企业中，通过采取一些措施，启动了学习型组织的建设历程，也取得了一定成效。但是，一段时间之后，低处那些容易摘的果实都被摘走了，那怎么才能让学习型组织建设持续下去呢？这是企业在深入推进学习型组织建设历程中面临的现实挑战。

在我看来，除了要选择、应用根植于学习型组织理论精髓而开发出来的实用的方法与工具，使其成为学习型组织理论与实践之间的一座座桥梁或一条条纽带，成为让"学习型组织"落地的重要抓手之外，也要通过"整合应用"机制，将学习融入企业的经营与管理运作流程之中。

1. 何谓"整合应用"

所谓整合应用，指的是将学习型组织的基本理念、工具与方法应用于实践，与组织实际工作整合起来。它看似简单，实则很难做到。基于实践经验，我认为，在实际推行整合应用的过程中，主要有以下两条途径。

（1）与业务结合紧密的组织学习方法或管理措施

近年来，一些新兴的组织学习方法或管理措施，如复盘、情景规划、系统解决问题、群策群力、行动学习、绩效改进、实践社群以及知识管理等，本身就是面向业务、服务业务，具备或符合整合应用的思想和规范，可以推动学习型组织创建工作的深入和全面开展。

（2）特定领域的实践

将学习型组织的理念、工具、方法与组织日常的经营管理与运作（如产品研发管理、质量管理、营销管理）整合起来，甚至与日常事务（如读书会）整合起来，不仅能够促进组织日常运营与管理工作的有效开展，也可以实现学习型组织创建工作的落地和深化。

2. 为什么要整合应用

在我看来，整合应用的价值包括如下两个方面。

（1）整合应用是创建学习型组织的实践策略

就像第5章所述，彼得·圣吉在总结全球学习型组织实践经验的基础上，提出了八种实践策略，其中第一种就是"学习与工作的结合"。就像他所讲：人们只有把"工作空间"变为"学习空间"，学习才会是一个"不错的主意"，也不会喧宾夺主。[一]作为英国石油公司内部推动知识管理的负责人，《英国石油公司组织学习最佳实践》一书的两位作者也认为：理想的知识管理境界是人们把知识管理工作当成他们日常工作的自然行为，而不是额外的负担。大卫·加尔文也指出：当（组织）学习融入实际工作中时，管理者通常使用另外一套语言……当学习成为完成一项工作必不可少的要素时，它既不会被人单独认识到，也不被公开提及。[二]

由此可见，如果想推动组织学习，迈向学习型组织，就应该把学习型组织整合到组织的日常工作之中，而不是将它作为一项独立的或专门的工作，这是学习型组织建设的基本指导策略。

（2）只有"整合"，才能深入而持久

就像我们上文对"工学矛盾"的分析一样，如果创建学习型组织的努力与组织的日常工作是割裂的，必然难以得到人们的真正重视和吸引人们参与，导致"两张皮"，久而久之就会沦为形式主义或不了了之。

事实上，从本质上看，建设学习型组织就是推动组织的变革、创新、能力提升以及集体智慧的改进，因而，它必然是组织的有

[一] 圣吉, 等. 第五项修炼·实践篇：创建学习型组织的战略和方法 [M]. 张兴, 等译. 北京：东方出版社, 2002.
[二] 加尔文. 学习型组织行动纲领 [M]. 邱昭良, 译. 北京：机械工业出版社, 2004.

机组成部分，要融入组织的运营之中。只有实现了整合应用，学习型组织建设才能深入而持久。

3. 推行整合应用的行动框架

推行整合应用是一个持续的过程，并不能一蹴而就。根据观察和实践经验，我认为，推行整合应用要以 PDCA 为基本框架，同时做好变革推动者和实施者两类人员、理论和实践两个维度的融合，其整体框架如图 7-4 所示。

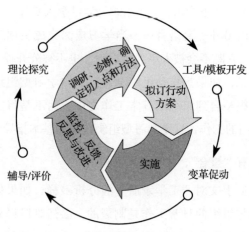

图 7-4　整合应用的行动框架

该框架分为内外两个循环，内环是企业或部门主导的变革与持续改进的过程，外环是变革推动者伴随上述过程而进行的主要工作，可为内环赋能。

（1）变革驱动

推动整合应用，公司或部门要按照 PDCA 循环，形成一个闭合的回路，这样才能驱动变革，并使其持续地开展下去，并不断改进和完善。主要工作包括：

- 对公司或部门内部状况进行调研、诊断，评估现状，找出适合的切入点和拟采用的方法。
- 拟订行动方案。
- 在变革推动者的支持下，推动新方法、新流程、新措施的落实，进行创新与变革。
- 对实施状况进行监控，获得反馈信息，并进行分析、反思，确定后续改进方向和行动计划。

（2）赋能推动

一般而言，企业内部持续变革项目，既离不开实施者，也离不开推动者，同时还需要实现理论与实践的整合。为此，对于推动者来说，主要工作包括以下四项：

- 开展理论探究。根据调研、诊断选定的切入点和拟采用的方法，深入学习相应的理论，了解其原理、背后的逻辑、关键成功要素、应用要点及成功案例等。
- 开发操作的步骤和程序，以及落地所需的方法、工具、模板等配套资源。在吃透理论的基础上，结合本企业的实际状况，拟定将其付诸实践所需的操作事项以及具体的方法、工具、模板等。
- 对实施单位进行赋能，助力变革的开展。
- 为实施单位提供辅导和支持，并对进展状况进行评估。

这样，内外环互动，紧密结合，就构成了一个持续的学习、创新、变革的循环，不断深化学习型组织建设。

闭环组织学习体系必备的四类机制

如第 2 章所述,知识运营是学习型组织系统的视角之一。从这个视角看,建设学习型组织,就是要搭建并维持一个健全有效的知识运营体系,让组织可以从内外部各种途径收集信息与最佳实践,推动其应用、分享,对其进行存储、加工和管理,促进其更新。这样,就可以提高组织的集体智商,从而有助于组织能力提升,有助于创新与变革,以更好地适应环境变化。对于这样的一组相关技术,我称之为"知识炼金术"[一]。

那么,在实践中,如何应用"知识炼金术",搭建一个完整的组织学习与知识管理体系呢?

在《知识炼金术》一书中,我指出,企业需要从内外部不同的渠道或途径获取信息,将其转化为指导人们采取有效行动的知识,在组织内部广泛传播、应用与共享,并通过实践检验,及时迭代与更新。这就是运用"知识炼金术"来激活学习型组织的实践策略。[二]

事实上,哈佛大学商学院的加尔文在《学习型组织行动纲领》一书中,系统地阐述了情报、经验学习与试验等组织学习机制,并介绍了诸如美军、英国石油公司等基于知识运营、促进组织学习的案例。[三]

英国石油公司依靠一些朴实简易的方法,搭建了体系完备的

[一] 邱昭良,王谋. 知识炼金术:知识萃取和运营的艺术与实务 [M]. 北京:机械工业出版社,2019.

[二] 邱昭良,王谋. 知识炼金术:知识萃取和运营的艺术与实务 [M]. 北京:机械工业出版社,2020.

[三] 加尔文. 学习型组织行动纲领 [M]. 邱昭良,译. 北京:机械工业出版社. 2004.

组织学习机制，将其与项目运作紧密地结合起来，可以实现"做前学""做中学"和"做后学"，让学习可以持续地推动业务的开展，并让业务成为主要的学习途径。这是整合应用的典型范例。㊀ 联想集团在业务开展和组织运作过程中，通过一系列实用的方法和管理措施，搭建起了捕获学识、传播和应用知识、存储和管理知识的知识管理体系，也是学习型组织建设的范例之一。㊁

综合国内外优秀企业的实践经验，我在 2015 年提出了基于复盘搭建闭环组织学习体系的框架，共包括四大类机制（见图 7-5）。

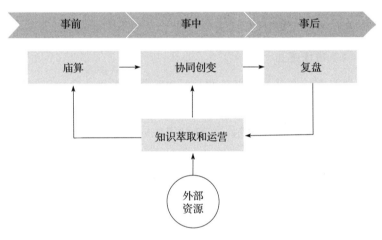

图 7-5　闭环组织学习体系

1. 庙算

所谓"庙算"，指的是古代一国在决定出征作战之前，相关

㊀ 科里逊，帕塞尔. 英国石油公司组织学习最佳实践 [M]. 李准，译. 北京：机械工业出版社，2003.

㊁ 邱昭良. 学习型组织新实践 [M]. 北京：机械工业出版社，2010.

各方集中到庙堂之上,进行系统而周密地研讨和谋划,确定战略路线、做出重大决策与任务部署的机制。就像《孙子兵法》所云:"夫未战而庙算胜者,得算多也;未战而庙算不胜者,得算少也。多算胜,少算不胜,而况于无算乎!吾以此观之,胜负见矣。"(《孙子兵法·计篇》)把庙算用到企业管理中,指的是一个组织或团队,在做出重要决策之前,综合内外部各方面的信息和经验,通过激发集体的智慧,进行科学的筹划,设立清晰明确的愿景与目标,并确定实现目标的策略、任务分工以及行动计划。

在这方面,相应的组织学习机制包括但不限于以下四种。

(1)市场感知

学习由感知开始。真正的学习型组织要求每一个员工都能敏锐察觉内外部环境的变化,并及时将这些市场信号通过各种正式或非正式的人际交流机制,传递给组织内适当的层级,使组织能够及时做出反应,进行优化或调整。例如,如上所述,沃尔玛、GE等公司通过快速市场情报机制,收集并分享外部市场的情报,并及时做出睿智的商业决策。

近年来,一方面由于市场的快速变化与不确定性增加,另一方面得益于物联网、大数据与人工智能技术的快速发展与广泛应用,越来越多的企业越发重视市场情报,不仅在内部设立专门的部门负责该项工作,而且建立了竞争情报系统(competitive information system,CIS)。此外,一些外部机构或行业协会也提供此类服务。

(2)组织诊断

庙算阶段,除了要收集市场信息,还要对组织内部状况进行诊断，分析自身状况，并达成共识。这方面用到的技术或方法包括价值链分析、经营复盘、团队对话等。

（3）愿景塑造、战略研讨与共创

基于收集到的市场情报以及企业内部状况的分析，企业可以组织高管团队进行研讨，分享各自的看法，可以采用主流的战略规划技术或特定的方法，比如业务领先模型（business leadership model，BLM），商议、共创战略。在某些大型企业集团的二级公司或事业部层面，也会进行"战略解码"。

另外一种新型的应对未来不确定性挑战的技术是情景规划。简单来说，就是通过研讨与分析，确定影响未来的关键不确定性因素，据此开发出若干个可能的情景，就像对飞机原型进行"风洞测试"一样，利用未来情景，对公司战略进行测试、优化与调整。它不是做应急预案，也不是做预测，但是实践证明，情景规划有助于改善管理者的心智模式，以便企业做好应对未来不确定性挑战的准备。

（4）决策

在庙算过程中，会面临很多不确定性，充满了各种选择，需要团队睿智地做出决策。对此，不仅要注重决策的流程和规则，也要使用相应的方法和技术来确保团队决策的质量，包括改善心智模式、克服思维误区或偏差。

2.协同创变

在庙算之后，组织需要协调全体成员，整合各方面的资源，按照预订计划，把各项工作推进到位，并及时、睿智地解决工作推进过程中必然会遇到的各种各样的问题，以达到预期目标。

在这个过程中，用到的组织学习方法或机制包括以下几个。

（1）赋能员工

要确保执行到位，需要团队成员具备足够的知识、技能与适宜的态度，有时候也需要团队成员学习掌握新的技能，或者转变观念与态度。因此，各级管理者不仅负有招聘员工、组建团队的职责，还要指导、协调和发展下属，采用一些措施来赋能员工。

除了与个人学习相关的18种方法（参见第6章）之外，团队也可以通过深度会谈、知识分享与交流、团队共创、实践社群等方式，促进团队成员的能力提升与观念转变。

（2）协同行动

组织是由很多个体组成的，大量职能需由多个人一起执行才能完成，因此，需要快速进行信息发布和传达（如新产品、促销活动、新的销售政策、会员服务等），并及时获取反馈，以便调整和改进。为此，组织或团队内部的协同行动（无论是正式的职责分工合作体系，还是非正式的人群网络），不仅是组织学习机制的重要组成部分，也是组织正常运转、推动工作、达成任务目标必不可少的要素。

在这方面，主要机制包括但不限于：

- 很多企业利用平衡计分卡开发战略地图，或者基于信息技术手段，开发数字化的经营看板。
- 大量企业都采用了基于社交网络的协同办公软件。
- 为了提高运营与协作效率，保证结果的一致性，组织在运作过程中，也会逐渐在摸索中形成明确的工作规范和运作

第 7 章 整合应用，建立组织学习机制

流程，并不断优化。

- 组织的工作规范与运作流程，以及其中蕴含的操作经验，也可以以绩效支持的方式，在员工需要的时候提供给他们，以促进工作目标的达成。

（3）解决问题

在企业中，要把庙算阶段的决策付诸实践，不可避免地会遇到各种各样的问题。因此，不断发现或提出问题、分析并解决问题的过程，也是组织学习机制的组成部分。就像阿吉里斯所讲，组织学习就是发现错误、改正错误的过程；大卫·加尔文也将系统解决问题列为组织学习的五项活动之一。

在这方面，基本机制和方法包括但不限于：

- 除了传统的问题分析与解决技术之外，系统思考也是应对动态性复杂挑战的利器（参见第 4 章）。
- 像 GE 公司发明的"群策群力"与"变革加速过程"等，也是推动组织变革、解决问题的有效方法。
- 近年来，在很多企业，为了解决业务问题、提升绩效，也常采用行动学习法和绩效改进技术。

（4）试验与创新

除了提高协同行动的效率，解决工作推进过程中遇到的问题之外，组织还会结合内外部的知识，试验新的做法，或者在相关方面做各种创新与改进。毫无疑问，这也是一种组织学习机制。

在这方面，相关的技术与方法包括：U 型理论、试验、组织变革系列方法、创新系列方法等（参见第 6 章）。

3. 复盘

无论是在工作结束之后，还是在执行过程中进展到了一个阶段，有了明确的结果，组织都应该进行回顾、评估、分析与反思，这不仅有助于知识萃取，也有助于促进创新与改进。

在这方面，相关的一些机制或做法包括以下两种。

（1）经营分析

在任何组织中，不管正式还是非正式，内部都存在着向上的信息汇报，以及向下的命令、指挥和控制的过程。这些过程的效率与质量，一方面影响决策，另一方面也影响执行。在这些信息传递的过程中，存在着信号延迟、衰减、屏蔽、失真以及错位等问题。因此，应该建立相应的机制，定期对信息质量进行审计，以规范和系统的方式进行信息的双向沟通，并改善经营决策。

就像福雷斯特所说，衡量一个组织是否伟大的标志之一是"坏消息向上传递的速度有多快"。的确，就像一个人，如果手被火烧到了却不能快速地把这个"坏消息"向上传递给大脑和中枢神经系统，这个人的"健康状况"一定是糟糕的。因此，为了及时了解基层的信息，很多企业会以不同的时间周期（如月、季度或年度等）进行经营分析，以发现市场与经营中的异常信号，并制定下一时间周期的工作任务、目标或计划。这是组织运作不可或缺的机制，也是组织学习机制的重要组成部分。

（2）业务复盘

近年来，很多公司采用了一种结构化的从自身经历中学习的方法——复盘，通过对经营与战略、重要项目或职能工作的回顾、评估与分析，并且注重"举一反三"，从业务运作的利弊得失中萃取提炼出可以适用于未来行动改进的经验。通过复盘后的跟进与落地，可以提升能力，改进团队协同效率，并激发创新与改进。

实践证明，业务复盘不仅是一种团队学习机制，也是知识萃取和运营的一种有效方式。

4. 知识萃取和运营

为了更好地进行"庙算"和"协同创变"，组织不仅要从自身实践中学习（"复盘"），也要广泛地向外部学习。所以，构成闭环的组织学习体系的第四类要素是知识萃取和运营。

如第 6 章所述，虽然知识管理的机制、方法和工具众多，也有不同的分类方式，但根据我的经验，从企业实操的角度，它可以分为知识萃取（获取）、知识封装、知识共享与传播、知识存储与组织记忆四大类机制。㊀

（1）知识萃取（获取）

我在《知识炼金术：知识萃取和运营的艺术与实务》一书中指出，可从运作或资源的主体（是内部，还是外部）、运作复杂度（是简易或标准产品，还是复杂或定制产品）两个维度，将知识萃取的机制与方法分为 4 大类、18 种（见图 7-6）。

（2）知识封装

从组织内外部萃取的知识成果需要以不同的方式进行"封装"，也就是确定其呈现方式及其必要的组合，同时制作一些工具、范例或模板等，使其更容易被使用。

㊀ 邱昭良，王谋. 知识炼金术：知识萃取和运营的艺术与实务 [M]. 北京：机械工业出版社，2019.

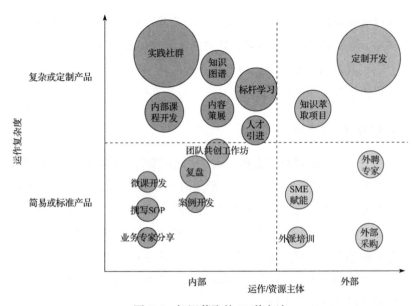

图 7-6　知识萃取的 18 种方法

注：SOP（standard operation procedure）=标准操作程序；SME（subject-matter expert）=业务专家。关于各种方法的详细介绍，可参考我的专著《知识炼金术：知识萃取和运营的艺术与实务》（邱昭良、王谋著，机械工业出版社，2019）。

按照与业务的结合程度（"嵌入程度"）和结构化程度（"正式化程度"，也就是说，是否有明确的目标和结构，并对其内容和实施过程进行设计与监控）两个维度，我认为，企业中常见的"知识封装"方法有 11 种（见图 7-7）。

（3）知识共享与传播

"封装"之后，这些形式各异的信息与知识要以不同的机制，在组织内部进行共享与传播，促进其应用、产生价值，同时，也可以对其进行校验、更新，并促进新知识或新技能的产生。

对于知识的共享与传播，日本学者野中郁次郎和竹内弘高提

第 7 章 整合应用，建立组织学习机制

出的 SECI 模型，无疑是最为经典的。在他们看来，新知识是通过隐性知识和显性知识之间的相互作用创造出来的，同时，组织中的知识也存在不同的转换机制。根据要转换的知识从转换前的状态（是隐性知识，还是显性知识）到转换后的状态（是隐性知识，还是显性知识），共有四种策略（见表 7-2）。㊀

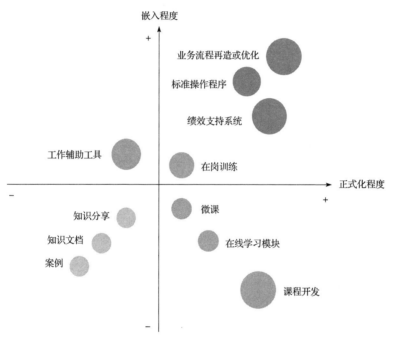

图 7-7 知识封装的 11 种方法

表 7-2 知识转换的 SECI 模型

从……到……	隐性知识	显性知识
隐性知识	社会化（socialization）	外显化（externalization）
显性知识	内隐化（internalization）	组合化（combination）

㊀ 野中郁次郎，竹内弘高. 创造知识的企业：日美企业持续创新的动力 [M]. 李萌，高飞，译. 北京：知识产权出版社，2006.

上述四种策略既是知识共享的模式，也是知识创造的机制，对于知识运营而言，有重要的参考与启示价值。

（4）知识存储与组织记忆

组织没有大脑，但组织有记忆系统。在组织内部有很多存储知识的系统，除了显性的计算机系统（如数据库、文件管理系统、搜索引擎、讨论区、社交媒体）以外，还有每个人的"大脑"——这是比计算机系统功能还强大的知识存储和加工系统。因此，也有人称现代企业为"大脑联网型组织"。组织通过各种渠道习得的知识，会通过各种正式与非正式机制存储起来，并在需要的时候使用和共享。

比如，在很多规模企业中，已经形成了较为规范的运作机制，涌现出了各方面的专家，并搭建了较为正式的知识管理系统以及教育培训体系，汇集了各种"课程"，内部也有大量个人及团队层面的交流机制，有些还成立了更具战略性、整体性和专业性的企业大学或学院。这些机制不仅有助于萃取或收集最佳实践，有助于提升组织成员和团队的能力，也可以促进团队之间协同的效果，以及推动组织创新与变革。

此外，组织的记忆还会以不同形式体现在组织的文化、理念、制度与规范以及内隐的心智模式之中。

需要说明的是，虽然"复盘"也是知识萃取与运营的一种机制，但它起着承上启下的作用，而且后者还包括其他一些内容，因此，我将复盘单列出来，这四类机制构成了一个闭合的体系："知识萃取和运营"的目的是让组织经由学习更好地进行"庙算"和"协同创变"；而"庙算"和"协同创变"的质量如何，如何提升，有哪些经验与教训可以传承与改进，又可以经由"复盘"来提炼;而"复盘"也成为"知识萃取和运营"中的一种机制。

如果能利用一些方法或措施,将上述四类机制整合起来,就可以将学习与组织的运作整合起来,不断以学习来推动组织的发展。这样,学习型组织建设就能深入而持续地推行下去。

思考与练习题

1. 在你所在组织中,是否存在工学矛盾?你认为造成这一矛盾的原因是什么?你们是如何解决这一矛盾的?
2. 如何让学习更好地支持业务?要把握哪些关键要素?
3. 什么是激活学习型组织的"整合应用"模式?为什么要推动"整合应用"?
4. 如何推动"整合应用"?本章所讲的"推行整合应用的行动框架",对你所在的组织有什么启发?
5. 要搭建闭环的组织学习体系,需要有哪些机制?

CHAPTER 8

第 8 章

建立并持续壮大联盟

发起一项运动容易，但推动它们持续地开展下去要困难得多。在学习并掌握了一些新的方法、进行了整合应用之后，一些单位的学习型组织建设试点就会取得骄人效果。这时候，人们很容易热情高涨、摩拳擦掌，准备进行更多的尝试。殊不知，在这一派热闹背后，风险正在悄然积聚。如果不能预见并有效地化解这些风险，建设学习型组织的努力很可能会遭遇阻力，陷于停滞，甚至出现溃败。

根据实践经验，此时可能孕育着以下挑战：

- 因为期望与感受存在差异，一些试点团队内部成员之间会发生冲突，导致推进失去动力。

- 另外一些试点团队因为磨合得不错,内部凝聚力越来越强,行事风格与组织中的其他部分格格不入,使其成为一个特立独行的"小团体"。
- 一些人开始说"风凉话",或者用各种冠冕堂皇的理由,对试点团队的进展给出负面评价,有意或无意地抵制学习型组织建设的努力。
- 深层次的变革对组织中的各级领导者提出了更高的要求,他们若不尽快成长,可能会成为组织发展的瓶颈。
- 人们容易产生过高的期望,或者对取得重大进展的时间估计得过于乐观,从而导致后续出现失望。

为了应对上述挑战,应该"多管齐下",辨证施治,采取下列措施:

- 对于试点团队,要让其成员们认识到可能面临的困境,避免"内讧"或"自嗨",拆除其成员们和组织其他部分之间可能竖立起来的"防火墙"。
- 在试点团队和组织中的其他部分之间,建立起"双向对话"(圣吉称其为"跨文化沟通")机制,增进理解,消除疑虑。
- 扩大试点团队的影响力,卷入更多的部门和人员,以建立起更强大的联盟。
- 各级领导者"以身作则",锐意变革,加强自身的开放度与意识进化。
- 讨论并确定新的评估标准,合理地设定目标,控制人们过高的期望。

第8章 建立并持续壮大联盟

试点团队的挑战与对策

事物发展存在一条基本规律，即没有任何一个进程可以永无止境地发展下去，它必然会遇到各种各样的问题或挑战。对于学习型组织建设试点团队来说，其发展进程同样一直伴随着内忧外患和各种挑战。

初期，可能会找不准方向，得不到帮助，为了破局殚精竭虑，这种类似"创业"般的艰辛让一部分人打退堂鼓，有时却也可能激发起整个团队的斗志。在学到了一些新方法并取得了明显进展时，那种喜悦可能会让团队成员产生"我们一起做成了一件事"的身份认同感，但有时也可能引发分歧。因为标准与期望不一，有的人认为能保持现有成绩就不错了，主张稳扎稳打，而有的人则希望乘胜追击，提出更为激进的目标……此为"内忧"。

"外患"也很明显。在试点团队没有取得进展时，组织中其他部分的人会用一种"看热闹"的心态旁观，等着看这群人能干出什么名堂来；当取得了一定进展后，一些人会感到惊奇，认为这是好东西，自己也想加入其中或试一试，而有些人则不以为然，甚至还会有少部分人"心生妒忌"，或者因感觉受到了威胁而冷嘲热讽。

此时，面对"外部人"的不同声音与态度，试点团队内部可能会生出更大的凝聚力，认为"我们在做正确的事""他们根本不懂"，而这又会进一步导致对立态势的升级……

因此，试点团队一直面临重重挑战。在应用一些策略（参见第5章）度过了早期的起步阶段之后，主要风险包括以下两个方面。

1. 防止"分裂"或内讧

因为组织是一个系统,所以学习型组织建设也是一个复杂的系统性变革过程,因此,试点团队会面临很大的挑战,他们要学习、掌握并应用新的观念与技能。在这个过程中,人与人之间自然会有差异,容易发生分歧,导致分裂,从而影响团队的合作效果。

尤其是在取得了一定的成果后,由于期望不一,容易导致大家对团队进展状况的满意度出现差异,有人热情高涨,有人则觉得有遗憾。这也容易引起后续投入上的差异。

此外,面对取得的进展,由于进取心有差异,团队内部成员对未来的想法也会不同。有的人希望挑战更高的目标,从而激发了更大的野心;而有的人则认为应该稳扎稳打,先做好眼前的工作,巩固既有成功,然后再进行下一步的挑战。这样的差异也会引发分歧,影响后续投入度。

上述各种状况都会导致试点团队陷入分裂的风险,这是试点团队始终面临的重大挑战。

策略:加强内部沟通、达成共识。

试点团队一定要预见到各种可能的障碍与挑战,加强内部沟通,争取达成共识之后再行动。其实,每种看法都有一定的价值,值得团队认真考虑。如果不能聆听彼此的心声、深度沟通、达成共识,只会给团队未来的行动造成负面影响。

2. 避免"自嗨"或形成"小团体"

相对于"分裂"倾向而言,"自嗨"、形成"小团体"甚至孤立的风险也不容小觑。这主要源于以下五个方面的原因(见图8-1)。

第 8 章 建立并持续壮大联盟

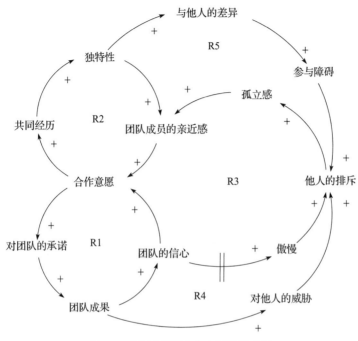

图 8-1 试点团队形成小团体的成因

（1）由于试点团队成员都是自愿加入或经过了甄选、动员环节，大家对未来有较高的期待和信心，这使得他们有良好的合作意愿，所以对试点团队的活动积极投入，往往在一段时间之后就会见到效果，这又会进一步增强大家的信心，提高合作的意愿（见图 8-1 中 R1）。这是一个自我增强型的反馈回路，在心理学领域，它被称为"自我实现的预言"。

（2）当一群有良好合作意愿的成员在一起工作了一段时间之后，共同的经历会使其形成一些独特的文化（"亚文化"）或风格，而这会增强团队成员彼此间的亲近感，甚至会结下"战友"般的情谊，使他们进一步提高合作意愿（见图 8-1 中 R2）。

（3）在取得了一定进展之后，小组内部容易滋生骄傲自满的情绪，甚至有意无意之间生出傲慢的姿态，而这会招致他人的排斥，甚至被孤立。不幸的是，他人的排斥与孤立会"激励"试点团队更加"抱团"（见图8-1中R3）。

（4）就像古语所说："木秀于林，风必摧之；堆出于岸，流必湍之；行高于人，众必非之。"当试点团队取得了一定成绩之后，事实上，他们的成果越突出，对他人的"威胁"也越大（至少在某些人看来如此），就会遭到他人的非议、诋毁和排斥，这进一步加剧了试点团队的孤立感，使其内部的凝聚力进一步增强（见图8-1中R4）。面对他人的非议，团队成员甚至会进行反击，认为自己是在与企图保持现状的"顽固保守势力"进行"神圣的斗争"。这些都会加剧试点团队与外部的对立。

（5）在组织内部推进小组或外部资源的协助下，试点团队成员会学习、掌握一些新的技能，使得其思考与行为模式呈现出一定的特异性，说一些只有他们才懂的"术语"，以外人不太熟悉的行为方式处事。在试点团队内部，这不成问题，但与组织中的其他部分比较起来，就会显得有些格格不入或特立独行，与组织中的其他人产生隔阂，造成与他人合作的障碍。这主要体现在两个方面：一方面，对于试点团队成员来说，在与其他人打交道的过程中，可能会感觉有些别扭，或者为自己知道或掌握了新技能而骄傲，甚至存在"鄙视"、瞧不起他人的心态；另一方面，对于试点团队外部的人来说，会觉得没法和他们"好好说话"，无法共事。这使外部的人更有借口来回避和拖延，并用一些方法避重就轻，从而使试点团队的成员更加恼火，于是双方产生误解，误会或矛盾越积越深，最终可能发生冲突或产生对抗，导致试点团队更加孤立（见图8-1中R5）。

在这五种力量的作用下，试点团队会逐渐形成"小团体"，只能"自己跟自己玩儿"（"自嗨"），被他人孤立，如同在试点团队和组织中其他部分之间竖起来一道"防火墙"，使得学习型组织建设的努力被局限在一定范围内，无法扩展。从组织整体的角度看，这显然是不利的。

策略：加强"双向沟通"，拆除"防火墙"

对于这一风险，就像第 5 章所述，彼得·圣吉在总结全球学习型组织实践经验的基础上提出，要让试点团队成员学会"双向交流"的文化能力，使其意识到他们的职责，不能只是局限于试点团队内部，而是要担负起组织"先锋队"的角色，在其任务目标中，也要增加或明确"对组织中其他部分的影响和推动"这一内容。

事实上，推倒"防火墙"，形成更大的影响力，才是试点团队成员真正具备领导力和创造价值能力的体现。

建立信任，开启团队成长的引擎

无论是在试点团队内部加强凝聚力，还是在试点团队与组织中的其他部分之间建立对话，信任都是最基本的条件，也是建立牢固的学习型组织建设联盟的根基。

1. 信任是建立领导力和合作的基础

毫无疑问，信任是建立领导力的基础。对于领导来说，如果下属不相信你能成事，不确信成事之后自己可以分享利益，并且预计可以在一段时间内跟着你得到发展，他们就不会自觉自愿地追随你。即便你被任命为领导，大家也可能只是表面上服从你而已。

同样，对于一个团队来说，要想成员齐心协力、创新学习，也必须建立在信任的基础之上。因为信任会影响团队成员日常的沟通与协作，从而影响团队的绩效表现。如果团队成员相互信任，他们就能够以开放的心态坦诚沟通，就可以更好地厘清目标，为如何实现目标而贡献自己的智慧，并达成共识；在执行过程中，也能及时补位，从而确保团队实现预期的目标。所以，要想发挥领导力，打造一个真正有战斗力的团队，必须在团队内部建立起牢固的信任。

事实上，信任可以成为驱动团队发展的"成长引擎"。如上所述，有了信任，团队的对话质量就会提高，通过深度会谈，凝聚集体的智慧，群策群力，从而确保较高的决策质量。事前进行充分的"庙算"，有助于提高行动的质量，取得良好的成果。当大家看到这个团队的合作很顺畅，成员彼此亲如战友、通力协作，并且取得了良好的成果时，就会受到激励，增强信心，从而能够更加巩固彼此之间的信任，这就会形成一个带动团队成长的良性循环（见图 8-2）。

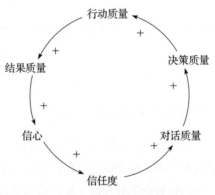

图 8-2　以信任开启团队成长的引擎

相反，如果成员之间缺乏相互信任，团队就可能陷入恶性循环之中。因为没有信任，团队成员之间自然就会相互猜忌，无法坦诚沟通，甚至每个人的心里都盘算着自己的"小九九"，连真话都不敢说，哪还谈得上什么集体智慧？同样，若没有信任，在行动过程中，团队成员就不会全力以赴地投入，更多只是考虑如何确保自己不犯错或者自己的利益不受损，这样就难以有很高的成就。这又会进一步加剧团队成员之间的怀疑与猜忌，导致彼此间更加不信任。

因此，在我看来，没有信任就没有领导力，没有信任就没有团队。

2.建立信任的"5C"法则

那么，怎样才能建立信任呢？

综合国内外学者在这方面的研究，我认为，要想获得团队成员的信任，领导者需要具备5个方面的条件（简称"5C"）：有能力（capability）；投入与承诺（commitment）；目标与利益一致（common goals and interests）；一致性（consistency）；公正透明（clarity）。

（1）有能力

要想取得别人的信任，自己必须有能力，让别人相信自己可以成事，这是信任的前提和基础。遇到问题时束手无策或者瞎指挥，会导致"一将无能，累死三军"，面对这样一个没有能力的上级，团队成员是不可能信任并尊重的。

（2）投入与承诺

行胜于言。老子在《道德经》里曾讲过，"是以圣人处无为之事，行不言之教"，指的就是圣贤之人善于洞察事物的内在规律、顺势而为，并且注重以身作则。西方也有类似的表述：领导者以身作则不是影响他人的重要方式，而是唯一方式。

所以，要想获得团队成员的信任，领导者除了要有能力，还要"想干事"、愿意付出、全心投入，让大家看到领导者有在这里坚持的打算，有发展的可能。如果领导者没有干劲，对工作没有热情，或者有离开的想法或苗头，谁又会相信他们呢？

（3）目标与利益一致

如果我和你有共同的目标和利益，也就是说，我们是站在同一个战壕里的战友，我就会信任你。否则，如果利益不一致，就很难让人产生信任。所以，领导者要赢得别人的信任，就要出于公心，真正考虑团队和所有成员的利益，不能只想着自己的利益而不顾他人。

（4）一致性

要想获得他人的信任，除了具有能力之外，还必须有可信度，也就是你做出的承诺能够兑现，在一段时间内保持一致，可以被预测，不会出现忽左忽右、言行不一、令人难以琢磨的状况。这样，他人就会相信，跟着你成事之后，自己也能分享到利益。

当然，要让人产生一致性的感觉，往往需要经过一段时间的相处，他人会基于你过往的记录来做出判断。

（5）公正透明

过去，关于领导力有一些错误的认识，比如认为领导者要运用权术、显得神秘、与下属拉开一定的距离，或者要有一些排场、仪式感等。实际上，虽然这些做法可能会让一部分人产生一定的畏惧，但是并不能形成真正的信任，因为信任是每个人基于自己所获得的信息而做出的判断。如果下属对领导不了解，缺少必要的信息，就难以做出判断。因此，如果领导高高在上、深不可测，和下属没有连接，只能让人猜疑，很难取得下属的信任。

总之，信任是追随的基础，是领导力的基石，也是打造高绩效团队的核心。就像孔子在2000多年前曾讲过的，"身修而后家齐"。作为领导者，只有从提升自我的修为做起，参考上述"5C"法则，赢得团队的信任，才能更好地推进试点团队的工作和学习型组织建设。

卷入更多资源，发展壮大联盟

为了使学习型组织建设在更大范围内铺展开来，除了扩大试点团队的影响，还要加强领导，让更多的资源和人员参与进来，建立学习联盟、变革联盟、创新联盟，并不断发展壮大联盟。

常见的做法包括但不限于下列五个方面。

1. 设立首席知识官/首席学习官/首席创新官，加强领导

近年来，为了体现组织对学习、变革、协同以及创新的重视，并将其落实到实际行动中，很多公司会在最高管理团队中指定专人、设立相应的职位，负责这些工作的整体设计、协调与推动。相应的职位可能是首席知识官（CKO）、首席学习官（CLO）或首席创新官（CIO）。虽然目前对于很多企业而言，CKO、CLO、CIO（以下简称CXO）仍然是一些新的角色，但我相信在不久的将来，随着组织学习和知识管理对于企业的价值的日益显现，必将有更多的企业设立类似的高层管理职位。

从建设学习型组织的角度看，CXO承担着以下七个方面的重

要使命。

（1）设定战略方向

CXO必须对企业的内外部环境和业务有透彻的了解，参与甚至主导企业战略的制订；同时，能将企业战略与业务运营、能力需求联系起来，主导组织学习、知识管理、变革与创新策略的制定，明确学习型组织建设的方向与策略重点。

（2）明确治理架构

CXO的关注焦点不能仅局限于人力资源部门、培训中心或IT部门，必须与企业自身的目标紧密结合，与各单位协同合作，在组织内部建立促进组织学习、知识管理与创新的机制与治理架构，明确职责分工、流程、监管规则。

（3）建立基础设施

CXO应负责在组织层面推动并建设一套支撑组织学习和知识管理的基础设施，例如技术支持环境的建立与运营维护、组织学习、知识管理以及创新系统工具的选择等。

（4）推动重点项目

对于支撑企业战略的重要项目，无论是组织变革、创新试验，还是重点人才培养、知识萃取与运营，CXO都要牵头并负责，通过协调各方面的资源，维护人力资源发展机制，建立和维护知识资产（内容），并孵化创新项目等。

（5）监督机制运行

CXO有责任监督知识库内容的质量、深度，并使之与企业的发展相符，同时确保信息及时更新，促进知识集成、知识生产和知识共享，保证创新策略及管理机制能够顺畅运行。

（6）营造文化场域

CXO 的重要使命是为组织营造一个能够促进学习、知识创造和共享、激发创新的"社会场"，包括出台相应的激励机制，加强企业文化建设，为组织学习、知识管理、创新提供助推、赋能与支持等。

（7）搭建生态网络

除了组织内部，企业也离不开与外部商业生态环境的联系，CXO 有责任建立并维持企业所处商业生态网络的学习、创新与知识运营，促进共同演进。

需要说明的是，在设立 CXO 职务之前，上述职责通常都是由多个职位来承担的，如首席人才官或人力资源总监、首席信息官或 IT 总监等，相对比较分散、职责不清，缺乏统一的管理和领导，这样效果就会大打折扣。因此，如果明确设立了 CXO，就可以制定统一的政策来领导和治理整个组织的组织学习、知识管理与创新活动。

2. 识别三类领导，建立领导联盟

实践表明，学习型组织建设是"一把手工程"，需要领导亲自挂帅。但是，一提到领导，很多人就会想到"这指的是我上面那个人（或者最上面那个人），而不是我"。其实，这是一种认识上的误区。

自古至今，各类组织运作与管理的基本模式就是层级制。以军队来说，就是将若干人组成一个班，若干班组成一个排，若干排组成一个连……在这样的组织里面，其实有很多人担负着领导

的角色，履行着领导的职责，而不只是最上面那个人。对于建设学习型组织来说，需要全体员工尤其是各级领导者的充分参与。因此，需要建立一个涉及各个层级、各类领导的联盟，以给学习型组织建设提供强大的驱动与支撑。

对此，圣吉指出，在组织中，有三种人起到"领导"作用：高层领导、一线领导、内部联络人（internal networker）。他们各司其职、通力协作，可以组建起强有力的"领导联盟"。

（1）高层领导

高层领导指的是在整个组织的最高层面、对整个组织的运作或某一方面工作负全面责任的人，包括董事长、总裁、CEO、COO、CFO、CIO等。他们身居高位，手握权柄，对整个组织具有重大影响力，也是全体员工的表率。因此，高层领导在学习型组织的建设过程中无疑具有举足轻重的作用。

概括而言，高层领导有如下三项基本任务：

- 塑造共同愿景并推动其实施，激发人们心中的热望。正如"领导"一词的词源含意是开拓探索、指明方向一样，高层领导负有指明方向与道路的职责，通过塑造和实施共同愿景，鼓舞士气、激励员工，并以身作则，示范与倡导学习、创新、变革，持续追求更高的目标。英国经济学家情报社（EIU）在2000年曾做过一项研究，在接受调查的近400人中，有近60%的人选择"高层领导的模范作用"是建立学习文化所需的最重要因素。
- 明确战略，并从总体上进行监控、纠偏。
- 创造和维护适宜组织学习、创新、变革的环境与机制。高层领导的核心职责不是在一线发号施令，而是设定标准、政策与机制。正如美国壳牌公司总裁卡洛所说："过去我的角色是总司令，主要是下命令；现在我是组织生态学家，提供一个支持成长的环境。"确实，学习不能靠上面下命令，而是要创造一个环境，让大家自然而然地乐在学习。

（2）一线领导

所谓一线领导，指的是那些拥有足够的权力，可以在自己控制的范围内发起变革并且能为变革结果负责的人。他们通常是某项业务的负责人，也可能是销售、产品开发、客户服务等部门的一把手，或者班组长、项目经理等。这些人有足够的人员调配与做事的职权，可以带领自己的团队推动改变，利用组织学习的方法与工具进行深度试验。因此，他们应成为建设学习型组织的中坚力量。

一般来说，一线领导在学习型组织建设中担负着以下基本职责：

- 身体力行，以身作则，锐意学习与变革。
- 贯彻落实上级领导的"指挥官意图"，完成任务，达成目标。
- 在自己负责的团队内部，设计并推动学习型组织（团队）的建设。

在实践中，基层团队是价值创造的主体，也是学习型组织建设的"主阵地"。在一些大型企业集团中，有很多下属单位，其中会有一些单位的领导非常重视、积极推动学习型组织的建设，并取得了卓越的业绩，而另外一些单位的领导则平平常常。对于二者来说，大环境是一样的，之所以有这样的区别，就在于作为一线领导是否有见识、能力和魄力。

（3）内部联络人

内部联络人是另外一种领导角色，对组织学习非常重要，但经常容易被忽略。他们可能是业务专家、意见领袖，也可能只是一位热心的老员工或者某个领域的高手，虽然没有太高的职位或法定权力，但他们在非正式的人际网络中有很大影响力，所以也扮演着传播新思想、新实践，推动或阻碍变革的重要作用。

概括而言，内部联络人的职责包括：

- 以身作则，积极参与学习、变革、创新活动。
- 在自身能够影响的范围内，主动策划、推动与学习型组织建设相匹配的活动。
- 发挥自身影响力，积极宣扬学习型组织建设的价值与紧迫性。

由以上论述可见，到底该由谁来领导推进学习型组织建设，并没有明确的答案。虽然我们对上述三类领导在推进学习型组织方面的职责进行了描述，但一个不容忘记的事实是：创建学习型组织需要全体员工的共同参与与配合。上述三类领导都很重要，每个人都有领导力，每个人都需要参与其中。

3. 人力资源相关部门的转型与再造

人是组织中最活跃的因素，公司中的大部分知识都蕴藏在人的头脑之中，因此，发挥人的积极性与创造性是促进与保障组织学习的重要内容，而人力资源相关部门（包括组织发展部、培训部和/或企业大学）作为管理公司知识、推动人才发展与组织变革的核心机构，在创建学习型组织的过程中，责无旁贷地承担着重要职责。

多年以前，企业负责人力资源管理（human resource management，HRM）的部门被称为"人事部"或"组织部"。在有的企业中，甚至没有单独设立人力资源部门，而是由"行政部""办公室"等支持部门代为行使这部分职责。虽然现在很多公司都设立了人力资源部门，但许多公司人力资源部门的角色与职责还停留在人事行政管理的层面上。即便有些公司单独设立了培训中心或企业大学，但许多也只是负责组织实施一些培训项目，是职能部门或辅助性角色。

对此，我认为，为了更好地推动学习型组织建设，人力资源相关部门必须实现升级、转型或再造，成为组织学习的倡导者、设计师、领路人、赞助人（sponsor）、导师与教练，在人才开发、组织变革、知识运营和创新管理等方面承担更大的责任。

具体来说，在建设学习型组织的过程中，人力资源相关部门的职责包括但不限于以下10个方面：

- 制定适合组织学习、知识创造与共享、变革与创新的人力资源管理制度与准则。
- 采取措施，建立开放、共享、学习、创新、变革的组织文化。
- 参与设计、推动、管理组织变革项目。
- 为业务部门提供创新方面的赋能与支持；在组织层面上，配合首席创新官，推动并管理组织内部的各种创新活动。
- 协助各级管理者发展领导力，进行知识与技能更新。
- 根据公司战略与业务需求，制定组织学习发展规划，并策划、设计、实施人才发展学习项目。
- 主导或配合牵头部门，策划并实施知识管理。
- 成为"业务伙伴"（business partner），赋能业务，协助推进工作、解决问题、提升绩效。
- 成为员工的"学习顾问"，为人才发展提供指导。
- 为全体员工提供全面且有效的学习资源。

在这方面，谷歌、3M、网飞（Netflix）等公司的实践堪称典范。

4. 发挥信息技术部门的引领和支撑作用

在我看来，信息技术部门是理所当然的学习推动者和领导者，因为它们负有建设和维护信息技术基础设施和应用的职责，对整个组织的运营与管理，以及员工的工作与学习起着重要的支撑与辅助作用。尤其是在当今时代，信息技术已经渗透到了人们工作、生活、学习的每一个角落，任何个人和团队都与信息技术须臾难离。

当然，信息技术部门不只是开发或运营维护一些软件和硬件设施，更重要的是，它们要激发蕴藏于员工头脑中和业务运作中的知识与智慧，并促进这些知识与智慧的"联网"、共享，使其价值最大化。因此，不能仅从技术角度来界定信息技术部门的角色，必须考虑到与其紧密相关的组织学习、知识管理以及创新领域。

在我看来，在创建学习型组织的过程中，信息技术部门的主要任务包括：

- 使用大数据、人工智能等先进的技术手段，加工与处理信息，为建立和维护知识库、数据仓库、决策支持系统等提供技术支持与专业协助。

- 规划、建设、维护公司的知识基础设施,使更多的人能更方便地获得决策所需的关键信息。
- 建立知识管理机制,设置知识管理相关的职位或岗位,负责知识的收集、整理、保护、利用、传播,实现对知识的有效管理,最大限度地发挥知识的效用。
- 积极引进和推行现代信息技术,以便促进组织学习、知识交流与创新协同,包括群件(groupware)与工作流(workflow)软件、协同工作系统、视频会议、企业信息门户、在线学习与移动学习、绩效支持系统等。

由此可见,信息技术部门主要承担的是支持与辅助职能,但它们在知识管理、商业智能、在线学习与团队协同等方面应起到重要的开拓与引领作用。

5. 发挥工会与党群组织的作用,广泛联系群众

在一些大型企业集团、国有企业或政府机关、事业单位中,工会/党群组织也在建设学习型组织的过程中发挥着重要作用。尤其是在2004年年初,由中华全国总工会等九部委联合发起的"创建学习型组织,争做知识型职工"(简称"创争")活动,就是由工会系统牵头推动,把更多单位的工会推到了推动学习型组织建设的前台。同样,近年来,各地党组织全面贯彻党的十七届四中全会精神,开始创建"学习型党组织",因此,一些企业的创建活动也由党委(或思想政治工作部门)来牵头。

由工会来推动的优势是:工会组织与职工联系密切,直接负责职工教育、班组建设、文体活动与员工关系,容易被职工接受,并在基层扎根。例如,我们在一些电力公司看到,由工会来

抓"创争"活动，在职工发展、基层班组建设方面确实取得了明显成效。由党委来推动也有优势，诸如影响力大、号召力强，善于营造氛围等。但是，由工会或党群组织来推动学习型组织创建也有明显的劣势，诸如与业务联系不够紧密，缺乏直接的介入手段等。因此，工会或党群组织需找准自己的定位，明确角色，扬长避短。

一般地，我认为，工会或党群组织在建设学习型组织的过程中，主要作用包括但不限于：

- 加强宣传，营造氛围。
- 关注基层班组建设和职工教育。
- 加强引导，促进各级业务部门的领导参与并使其起主导作用。
- 建立交流平台。
- 发挥党员"先锋队"的作用和基层党组织"战斗堡垒"的作用。

促成态度转变

如第 2 章所述，学习型组织是一个变革的过程。关于变革，南非前总统纳尔逊·曼德拉曾说过："与改变自己相比，改变世界的困难是微不足道的。"对此，我的理解是，任何人都有独立的意志，拥有"选择的自由"，因而没有人可以改变他人，除非其本人想有所改变，而可持续的改变始于内外部信息触发的自我觉察，以及由此引发的自主想要改变的内驱力。

因此，在启动了学习型组织建设进程之后，需要摸清不同的人（尤其是上文提到的三类领导）对变革和创新的态度，并采取妥当的策略，促使其转变态度。这对于建立强大的领导联盟，推动学习型组织建设是至关重要的。

1. 对待学习、变革与创新的态度

圣吉曾讲到，对于愿景，人们会有七种不同的态度：全心投入（commitment）、主动参与（enrollment）、真心顺从（genuine compliance）、形式顺从（formal compliance）、勉强顺从（grudging compliance）、不顺从（noncompliance）、冷漠（apathy）。

在我看来，这不仅适用于人们对待愿景的态度，也适用于人们对待学习型组织、创新乃至任何其他一种新生事物的态度。事实上，从社会范围来看，面对一项变革或一种新生事物时，人们的态度大致呈正态分布（见图8-3），总有少数一些开拓者，他们能够发动或引领变革，也有一些早期采纳者，愿意接纳、跟进并尝试新事物，当然更多的人是"随大流"。同时，还有一些是跟随者和后期采纳者，以及少数顽固不化的拒绝变革者。对于持有不同态度的人，要区别对待，采取不同的对策。

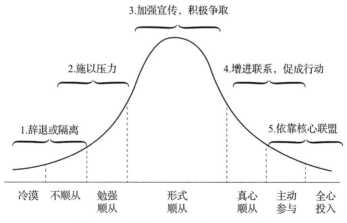

图8-3 对待学习型组织的态度与对策

（1）冷漠

对于学习型组织建设，有些人可能没兴趣、没热情，因而，对什么都毫不在乎、无所谓，既不支持也不反对。他们的口头禅是："这些东西和我有什么关系？""我只在乎是不是快下班了。"

就像俗话所说：哀莫大于心死。一个人哪怕是反对、不顺从，至少说明他还有想法，有些期许或欲求，如果真的冷漠，的确是很难搞的。当然，好消息是，绝大多数人都有七情六欲，真正无欲无求、冷漠的人，在整个人群中微乎其微。

（2）不顺从

有些人因为没看到学习型组织对自己的价值，或者由于误解，害怕因学习型组织建设所引发的变革对自己造成不利影响，因而对其有一些担忧、顾虑；或者出于某些原因，不认同公司的决定，却也不愿主动离开。在这些状况下，他们就可能不顺从。他们会说："这个东西不怎么样，你们愿意怎么弄就怎么弄，反正我是不参与。"

一般来说，高层团队中不太可能出现反对意见，因为绝大多数企业领导在做出建设学习型组织的决定时，都和高层团队成员进行了商议。因此，持不顺从态度的人，可能是一些一线领导或内部联络人。由于他们具有一定的影响力，因而需要对其中的不顺从者格外小心。如有可能，应该尽量通过各种渠道进行有效的对话，减少反对意见。

（3）勉强顺从

与前两类人相比，更多的人可能并没有真正理解学习型组织对自己的价值，但因为不愿失去工作，于是勉强顺从。似乎这是领导交办的任务，自己不得不做，所以做得差不多就行了。他们并非真心合作，也不会充分按照领导的期望去做，不会真心"同舟共济"，一旦出现问题，他们就会为自己开脱说："这是领导交代的，我只能照办。"他们的口头禅是："好的，领导，我跟着你。""你让我怎么做，我就怎么做。"

对于这类人，不要因为他们答应得痛快而掉以轻心。一是要通过"听其言，观其行"，识别其是否真正顺从或认同；二是要加强沟通，以事实和道理使其明白学习型组织对组织和个人的价值以及必要性，促使其真心认同或顺从。

（4）形式顺从

如果组织成员大致看到了建设学习型组织对自己的好处，虽然并非真正理解或发自内心地认同，但许多人会选择相信领导的选择，按照指令去做。对于这些人，虽然不能指望他们主动自发地做超出你预期的事情，但是仍可称其为"还不错的战士"。

根据我的经验，在组织中，绝大多数人似乎都没有真正找到自己的人生使命，也没有明确的愿景。因而，如果不经过精心设计和进行到位的引导，他们要么勉强顺从，要么形式顺从。在组织中，这部分人占的比例最大。

对于形式顺从者，要加强团结、鼓励，及时给予指导，使其真正感受到学习与成长的价值，主动地认同、投入。

（5）真心顺从

在组织中，总有一部分员工真正理解了建设学习型组织的价值，并发自内心地认同，不仅真心服从指令，去做分派给自己的工作，而且会积极主动地多学、多做，他们的表现有可能会超出预期。只不过，他们基本上是服从命令、听指挥，较为严格地遵守"法则的字面含义",并未真正领悟"法则的精髓",因而未能主动地打破既有规则。总之,这部分员工堪称"好战士",是建设学习型组织容易争取的对象。

需要注意的是,形式顺从和真心顺从是有差别的,前者只是按指令去做,并非发自内心地真正认可、想要做,因而不像后者那么积极主动。

在组织中,如果你能找到真心顺从者,就要毫不犹豫地团结、依赖他们,让他们参与进来,一起研讨、创造,并在行动中给予他们启发、指导,帮助他们从理解法则的"字面含义"深入到领悟其精髓。对于其中的一些佼佼者,可以赋予其更多自主行动的自由,使其转化为主动参与者,发挥更大的引领与创造作用。

(6)主动参与

在组织中,少部分员工不仅真心认同学习型组织,还主动选择,积极"报名加入"成为志愿者。他们不只是按照别人的要求去行动,还自动自发地起到发起和引领的作用。同时,他们也理解了"法则的内在精神",可以按照内在精神,超越"表面形式"或"字面含义",在"规则"范围内做必要的、力所能及的事。

对于这些人,要与其结成紧密的同盟,使其成为学习型组织的核心或"主创团队"成员。

(7)全心投入

此外,在组织中也有少量员工是开先河者,他们有自己真心想要达成的愿景与目标,也会带领团队锐意变革、创新,想方设法使梦想成真。他们不会拘泥于书本上或他人设定的既有"法则",而是会根据需要创造、设立必要的"法则"。

毫无疑问,这些人是学习型组织的"火种"和引领者,他们提出新的创意,并主动发起和打响"变革的第一枪"。各级领导者,都应该争取成为主动参与者或全心投入者。

2. 应对举措

综上所述,对于持不同态度的人,要采用不同的策略。概括而言,要点如下:

- 对于冷漠者、不顺从者,如果有可能,可以考虑采取适当的屏蔽、"隔离"措施,阻挡或消除他们对他人的影响,不让其发挥负面作用或者成为变革的阻碍。
- 对于不顺从者或勉强顺从者,可以施加必要的压力,促使其进一步思考,并趋于形式顺从或真心顺从。当然,在这个过程中,要把握好"度":如果压力太小,可能没什么作用;如果压力过大,可能导致其反弹或走向对抗。
- 对于形式顺从者,要加强宣传,增强对他们的影响,和他们建立"统一战线",并加以巩固。
- 对于真心顺从者和主动参与者,要增强与他们的联系,主动对其施加影响,促成行动,并通过他们影响主流人群。只有支持变革的人越多,变革的影响力才能越大,从而吸引到更多的人参与到变革中来。这是推动变革的成长引擎。
- 对于主动参与者和全心投入者,要将他们作为你的核心联盟成员,全力依靠他们,和他们一起研讨、策划,在推动实施的过程中,也要让他们承担相应的责任,并与他们一起庆祝、复盘、改进。

不要忘记的是,每个人的态度都不是一成不变的,而是会受各种因素的影响,发生动态变化。同时,影响人们想法、态度改变的因素很多，有些是难以预料或把握的，这是一个很微妙的过程。虽然有些突发状况可能导致人的态度在短时间内产生变化，但在大多数情况下，态度的转变都是相对缓慢的。

在我看来，促使他人态度转变是领导力的基础技能。除了参考上述策略辨证施治，还需参考以下一些一般性原则：

- 以身作则，不是影响他人的重要方式，而是唯一方式。要想促使他人态度转变，领导者必须自身对学习型组织是全心投入的，无论是在思想意识上，还是具体行动上。
- 要从人性的角度出发，尽可能运用同理心，设身处地地站在他人的角度去思考和感知，让组织成员认识到学习型组织的价值，明白它对于自己意味着什么，可能有哪些挑战，自己能否应对这样的挑战，会付出哪些代价，以及会有什么样的收获。
- 以真诚的态度，实事求是，坦诚表达，既不隐藏问题、回避风险或刻意低估所需付出的代价与成本，也不虚构或夸大潜在的价值去兜售、推销，更不能有任何威胁或强迫的意味。
- 让每个人在自由、安全、自愿的基础上，自主地做出选择，这是至关重要的。

总之，相对于"事"，"人"才是更重要的，一定要持续地关注组织成员（尤其是核心骨干）的态度变化，维持其动力。

领导者的变革

要想深入推动学习型组织建设，各级领导者的变革是一场必然遇到的甚至旷日持久的"攻坚战"。如果不能取得这场战争的胜利，学习型组织建设将遇到很大的阻力，甚至陷入停顿或夭折。为此，一方面，要通过坦诚而深入的对话，促进各级领导者转变态度，使其全心投入，积极引领学习型组织建设；另一方面，要通过领导力开发，促使其转变领导模式，授权赋能，以便更能激发和支持员工，提升团队协同效能。

1. 深度开放

在学习型组织建设过程中，无论是个人能力提升，还是带团队，都要求组织成员（尤其是各级领导者）有开放的心态，能够坦诚地面对自己、他人及其所处的世界，这样才能改善根深蒂固的心智模式，实现深层次的改变，并引发创新。但是，因为各种各样的原因，很多人很难做到坦诚、开放。这往往会影响团队成员之间对话的质量，甚至危及信任，从而成为阻碍试点单位推进的隐患（见图8-2）。

特别是随着试点团队变革与创新进程的深入，他们面临的挑战越来越大，对坦诚与开放的要求也越来越高，如果团队内部成员之间不能坦诚相见，要么难以激发集体的智慧，要么造成冲突，滋生出害怕暴露矛盾、受到伤害或不称职的担心，影响团队协作与绩效。

与此同时，随着试点团队展现出越来越高的坦诚和公开程度，如果领导者不能随之加深自身的开放程度，就有可能造成误解、困惑或焦虑，从而影响人们参与的热情与意愿。

因此，这就要求领导者能够直面挑战，提高个人和集体的开放能力。事实上，就像阿吉里斯所说，只有通过深入反思，浮现并改善影响自己的观察、思考、决策和行动背后的核心信念与价值观，才能打破习惯性防卫，实现深层次的双环学习。

这对各级领导者都是一个微妙而艰难的挑战，也是修炼、提升领导力的必经之路。

2. 放权与协调

随着试点团队观念的转变、技能的提升，他们的活动范围与影响力逐渐增大，开始寻求更大的自主权，这就会触及组织既定的管理架构、决策体系以及工作流程，从而产生权力与自主权方面的冲突。如果处理不好，有可能使试点团队形成"小团体"，并和其他部门产生冲突和对抗，导致组织内部出现混乱和分裂。

对此，领导者必须妥善处理放权与协调，既要根据实际情况尽可能放权，让试点团队增强自主管理能力，也要加强试点团队和组织其他部分之间的双向对话，以增进理解，避免或减少恶性冲突。

此外，也要根据情况，对组织既有的管理架构、决策体系与工作流程进行调整或变革，以推动组织在更大的范围内进行创新与变革，增强组织整体的效能。

这也是一个艰难的挑战，考验着各级领导者的智慧、能力和勇气。

3. 转变管理风格

传统上，很多领导者采取的是一种命令—控制型的管理方式。但是，随着团队成员的不断学习，无论是观念还是技能都得到了显著提高。在这种情况下，如果领导者还是采用原有的管理模式，就会引发不满，产生冲突。

同时，越来越多的"Y世代""Z世代"员工成为职场的主力军,他们与前辈有着截然不同的信念、价值观与行事风格。为了适应这些新的变化,领导者也必须与时俱进,改变自己的管理风格,从"发号施令"转变为"授权赋能",营造适当的机制与氛围,明确职责与要求,信任员工、积极放权,并通过合适的方式提供支持,使员工得到发展。

就像圣吉所说,从建设学习型组织的角度讲,领导者要承担起新的角色,包括系统设计师、愿景管家、老师。的确,对于很多一线领导者来说,容易更加关注业务("事"),而忽视人。但是,毫无疑问,事是由人来完成的。作为领导者,不仅要招聘、选拔合适的人,更要激励人、发展人,并且促进团队成员之间合理搭配、高效协作。为此,既要用"愿景"来凝聚团队、激发热情,又要设计、搭建适宜的机制、流程与政策("系统"),并且像优秀的"老师"一样,因材施教,提升个体成员的能力以及整个团队的战斗力。

由此可见,各级领导者能否转型升级,是学习型组织建设过程中的关键与核心环节。从某种程度上讲,领导力的瓶颈就是组织发展的瓶颈。

思考与练习题

1. 对于你所在的组织而言,深入推动学习型组织建设存在哪些挑战?你们是如何应对这些挑战的?本章所讲的"试点团队的挑战与对策",对你有哪些启发?
2. 为什么说信任是领导力的基础和团队成长的引擎?应该如何建立信任?
3. 为了持续推动学习型组织建设,为什么需要建立联盟?应该让哪些资源或部门参与其中,它们各自应发挥什么作用?

4. 对于变革,人们一般会有什么样的态度?对照本章所述的人们对于学习型组织的态度正态分布曲线,看看你所在的组织大致是什么状况?对于持不同态度的人,应该采取怎样的对策?
5. 为什么说领导者的变革对学习型组织深化具有重要影响?应该如何推动领导者进行持续深入的变革?

CHAPTER 9

第 9 章

定期评估与复盘,实现持续改善

就像管理学家彼得·德鲁克所说:"如果你不能衡量它,你就不能管理它。"的确,要让大家认同并一起投入,就必须拿出让人信服的具体成果。但是,如果大家的期望不同,对成果的观察、界定存在差异,没有明确的目标和衡量指标,没有科学严谨的评估体系,就会造成评估时的分歧。每个人都凭着个人感觉、有限的信息和模糊的标准去评估,必然会给出不同的论断,有的人认为成效显著,有的人却认为一团糟,这不仅不利于扩大学习型组织的影响,而且有可能造成矛盾或冲突。

同时,因为我们不能用原有的评估体系来衡量新的流程或方法,所以,为了配合和推动变革,必然要求不断改变组织的评估标准与方式。但是,这对企业来说是一个巨大的挑战,因为原有的评估体系与标准可能根深蒂固，影响广泛而深远。要想改变管理者和组织成员共有的心智模式，非常困难。

此外，如果没有明确的目标和评估体系，也就没有办法衡量进展状况并进行复盘、改进。

因此，为了持续深入地推进学习型组织建设，需要建立科学合理的评估体系，并定期复盘，实现持续改善。

端正评估的目的

要想有效地发挥评估的作用，就要端正评估的动机。如果动机或初心不当，行动与结果就会有偏差，难以产生应有的价值。

1. 警惕三种不当的评估动机

如上所述，在学习型组织建设过程中，评估是必不可少的。但是，许多人并没有搞清楚评估的真正目的，反而有一些不当的动机，严重影响了评估发挥应有的价值，甚至使其成为学习型组织建设进程中的障碍因素。

基于我个人的观察，实践中的常见误区包括但不限于下列三个方面。

（1）为了考核而评估

在一些大型企业集团中，为了促进某个理念的普及或组织与管理能力的提升，通常会有各种各样的评比和表彰活动，有些组织也会出台学习型组织建设的评估体系，并进行定期的评估和考核。

从本质上讲，这些措施的初衷是好的。但是，要想真正获得良好的效果，需要具备两个条件：首先，评估体系或标准应该是科学合理的，符合各个下属企业的实际需求；其次，下属企业可以正确地对待评估。但在实际执行过程中，不仅评估体系或标准不科学、不合理，很多单位也是简单机械地进行"达标""贯标"，按照要求"一刀切"地落实，出现了很多形式主义或荒唐的行为。因此，仅仅为了考核而评估，不可取。

事实上，评估只是一种手段，而不是目的。把手段当成了目的，就会本末倒置或舍本逐末。

（2）为了控制而评估

一些人将评估视为控制下属企业及员工的手段，希望通过严格的行为规范约束下属的行为。我认为这也是不妥的。

即便出于考核的压力，人们被迫遵从规范的约束，但一味地靠外在压力很难长久，一有机会就会出现"上有政策，下有对策"的状况。同时，这些外在的约束有时不能（或者必然不能总是）符合实际状况，即便严格执行了，也可能没有什么效果。

事实上，不要让衡量指标成为使命本身，更不应该把评估作为控制的工具。

（3）有预设立场

在评估时，很多人有预设的立场，比如为了证明自己的决策是对的，自己选择推动学习型组织建设的决定是睿智的，等等。为此，他们在设定指标和观察事实时就会有偏向，导致选择性观察，只看到那些支持自己观点的数据或事实，而忽视其他数据或事实。

因此，必须秉持开放的心态，不要预先做判断。

2. 评估的作用

那么，评估真正的作用到底是什么呢？

如果用一句话来说，评估的目的是让我们能够从过去的经验中学习，以便更好地指导未来的发展。因此，评估的真正价值在于促进学习以及实现未来的改进。任何不以学习、改进为目的的评估，都是不当的。

具体来说，评估的作用包括以下三个方面。

（1）明确方向，引导行动

组织的评估标准最为基础性的作用是指引方向，申明鼓励或倡导的原则，引导人们的行动。清晰明确的评估标准会向人们传达下列信息："我们要走向何方""我们倡导什么""我们希望达到或重视的是什么"。

（2）衡量进展，明确差距

假如你正在学习一门新的技能，你到底掌握了多少？下一步需要在哪些方面进行强化？要明确这些问题，你就需要定期进行评估。通过评估可以衡量工作进展，如果确认有进步，就要及时庆祝，这有助于增强信心，激发前进的动力；如果进展未达预期，可以通过反思、分析差距的成因，明确改进的方向。

（3）总结经验，优化策略

通过评估，不仅要找到不足，通过分析根因，优化策略，实现改善，也要善于发现亮点，通过复盘，总结提炼行之有效的做法，并将其复制、推广，以促进经验与教训的共享。

构建立体评估体系

组织作为一个复杂的系统，相应地，评估也是一个体系。对于学习的评估,很多学者已经从不同的视角进行了大量的研究,企业界也有很多实践。在我看来,可以从三个维度对学习绩效进行评估。

- **评估对象**。建设学习型组织必然涉及多个活动,按照行为的数量、复杂程度以及时间周期,可将评估对象分为具体的学习活动、变革/创新项目以及总体部署三个层次。
- **社会构成**。组织是由多个人组成的社会集合体,按照构成者的数量多少,在评估时需考虑个体、团队以及组织三个层次。
- **学习过程**。学习本身是一个过程,涉及多种活动多个阶段,大致可分为知识与技能的习得、行动转变以及绩效改善三个层次。

因此,在组织中将这三个维度整合起来,出于不同的目的或侧重点,可以有很多的学习评估模型或方法(见表9-1)。

表9-1 常见的学习评估模型或方法

维度	学习活动	学习、创新或变革项目	总体部署
个体	● 柯氏四级培训评估模型(学员反应、知识掌握、行为改变、业务结果) ● 菲利普斯五级评估模型 ● 考夫曼五级评估模型	—	—
团队		● CIPP模型(背景、输入、过程、成果) ● CIRO模型(背景、输入、反应、输出) ● 一般系统模型(输入、处理过程、人员、输出、反馈、边界)	—
组织			● "五项修炼"体系 ● 组织学习系统模型 ● "组织学习鱼"模式 ● 组织能力评估 ● 知识审计与知识管理评估 ● 组织变革评估 ● 组织创新评估

下面,我们分三类,对十余项常见的学习评估模型或方法进

行简要介绍。

1. 对学习活动的评估

所谓活动，是指在相对短的时间内发生的、一系列有目的的行为的组合。比如，召开一次培训或工作研讨会、组织经验交流等。在学习型组织建设过程中，出于不同的目的，肯定会举办各种各样的活动，这些活动的效果会直接影响学习型组织建设的推进。因此，对于每一次学习活动，评估其效果，并通过评估实现后续活动效果的改进，可以更为快速、直接地促进学习型组织建设。

对于学习活动的评估，最有名的框架是唐纳德·柯克帕特里克（Donald Kirkpatrick）教授于20世纪50年代提出的柯氏四级培训评估模型。在此基础上，其他学者也提出了类似的评估模型。

（1）柯氏四级培训评估模型

在柯克帕特里克教授看来，可以从下列四个层次对培训效果进行评估：

- **学员反应**：评估一次学习活动，首先看学员对活动的满意度，这是最直接的综合性指标，但是可能因人而异。除此之外，还可以关注学习者的学习参与度以及内容的相关性等指标，以考察与学习直接相关的因素。
- **知识掌握**：衡量学习活动的结果，主要看学员对知识、技能的掌握程度，以及对态度与理念的影响。此外，也可以关注学习者对后续应用的信心与行动改变的承诺。
- **行为改变**：毫无疑问，如果没有行动方面的改变，真正的学习就不会发生。因此，在学习活动之后，要与利益相关者合作，采取后续的配套措施，促进学习者学以致用，以实现行为的改变。
- **业务结果**：行动转变之后，肯定会对工作过程与结果产生影响，包括一些过程性的指标以及最终的业务结果。

柯氏四级培训评估模型是世界上应用最广泛的培训评估工具，无论是评估学习活动，还是培训项目，都有一定的参考价值。

（2）菲利普斯五级评估模型

在实践中，一些人认为柯氏四级培训评估模型没有强调培训这项工作的投入产出比，也就是说，相对于取得的产出，组织付出的成本或努力是多少，付出这些成本或努力是否物超所值，没有对此进行相应的评估和测算。对此，杰克·菲利普斯（Jack Phillips）于1980年在柯氏四级培训评估模型的基础上，增加了第五级——投资回报率（ROI）评估，以衡量学习活动或项目的投入产出比。

需要指出的是，无论是柯氏四级培训评估模型，还是菲利普斯五级评估模型，要收集定量的数据，并识别哪些收益或成果是由培训或学习活动直接带来的，都是非常困难的。因而，在实际工作中，只有极少数的公司或培训/学习活动项目会进行完整的四级或五级评估。

（3）考夫曼五级评估模型

1994年，罗杰·考夫曼（Roger Kaufman）基于柯氏四级培训评估模型，考虑到学习对不同利益群体的影响，提出了另外一个五级评估模型。大致而言，考夫曼将"学员反应"细分为"输入"和"处理过程"两个层次；将"知识掌握"和"行为改变"合并纳入"微观层";同时,额外增加了第五级"宏观层",来衡量学习对客户和社会的影响(见表9-2)。

表 9-2 考夫曼五级评估模型

评估层次	与柯氏四级培训评估模型的对应关系	评估内容
1.输入	学员反应 1a	支持学习体验的资源可获得性及质量,包括培训资料、在线学习资源等
2.处理过程	学员反应 1b	学习体验的实际交付过程的可接受性与效率
3.微观	知识掌握 2、行为改变 3	个人和小团队层面的结果,即学习者是否有收获,能否将其应用于工作中
4.中观	商业结果 4	组织层面的结果,包括绩效改善和成本效益分析
5.宏观	—	社会方面的贡献,包括整个社会以及组织的客户群体等

由此可见,考夫曼最大的贡献有两个:一是细化了影响学习体验和学员反应的要素;二是考虑到了培训或学习活动对组织外部利益相关者的影响,而不仅限于个人及其所在的团队与组织。

综上所述,在上述评估模型中,或多或少都考虑到了个体、团队(业务)、组织乃至更大范围的利益相关者(客户和社会),也包括学习的内在机理(知识或技能获取、学以致用以及相应的结果)。

2. 对学习项目的评估

所谓项目,是指在一段时间内,为了达到特定目标,运用相关的方法或技术,将各种资源组织起来进行的一系列活动或任务的组合。在建设学习型组织的过程中,各种学习活动往往并不是孤立、随意的,而是经过策划、组织的,经常属于一些项目。

同时，近年来，随着人们对企业学习的研究与实践，绝大多数企业都认识到，培训或学习应该是一个系统化的过程，不能是孤立的活动，因此，混合式学习（blended learning）成为企业学习的"标准配置"，绩效改进技术、行动学习法、基于问题的学习、项目式学习等创新方法也得到了广泛使用。相应地，人们也不再只是满足于对某一次具体的学习活动的评估，而是越发重视对学习项目的评估。

对于学习、创新或变革项目的评估，除了上面提到的几种评估方法之外，还有其他一些探索。比如，斯塔弗尔比姆（D.L.Stufflebeam）于1967年提出的"CIPP模型"，以及沃尔、伯德和拉克姆（Warr, Bird & Rackham）于1970年提出的评估管理培训的"CIRO模型"等。

（1）CIPP 模型

CIPP 评估模型包括四项评估活动，并以它们英文首字母的组合命名。这四项评估活动分别是：

- **背景评估**（context evaluation）：了解相关环境，诊断问题并进行分析，确定培训需求，制定培训目标。
- **输入评估**（input evaluation）：收集、评估培训资源信息，确定项目设计和总体策略。
- **过程评估**（process evaluation）：收集并及时反馈项目执行过程中的相关信息，分析并解决问题，不断调整或改进培训项目。
- **成果评估**（product evaluation）：对培训项目的成果进行测量、评估，确定目标的达成情况，并总结出后续改善建议。

（2）CIRO 模型

与 CIPP 模型类似，CIRO 评估模型也包括四项评估活动，并以它们英文首字母的组合命名。这四项评估活动分别是：

- **背景评估（context evaluation）**：基于收集到的绩效差距信息和组织的实际状况，识别和确定培训需求，并据此设定培训目标。
- **输入评估（input evaluation）**：收集和汇总可利用的培训资源信息，并分析、评估、选择可用的培训资源，确定培训项目的实施战略与方法。
- **反应评估（reaction evaluation）**：收集和分析学员的反馈信息，改进培训的运作程序。
- **输出评估（output evaluation）**：收集和分析与培训相关的产出信息，确定并评价培训的效果。

大致而言，CIRO 模型和 CIPP 模型基本是一致的。在我看来，它们有两个突出的特点：第一，相对于柯氏四级培训评估模型，它们更加注重培训或学习项目全过程的评估，不再只是把评估当成培训或学习活动结束之后的一个环节，而是可以嵌入项目设计与实施的过程之中，甚至可以指导项目全周期运作；第二，它们都采取了动态的系统化建模方法，将学习项目视为一个系统，既考虑到了组织、个人、团队与培训管理者等相关实体，也涉及输入、处理过程、输出等构成系统的要素。

（3）一般系统模型

毫无疑问，无论是学习活动还是学习项目，都是一个系统。参考我在《如何系统思考》（第 2 版）中提到的"一般系统模型"

第9章 定期评估与复盘，实现持续改善

（见图7-2），要评估学习活动或项目，可以考虑以下六个方面：

- **输入**：开展任何学习活动或项目，都离不开必要的输入，包括组织各个层面的诉求、存在的问题，以及组织内外部各种学习资源，管理层的支持等，这涉及目标设定、学习设计，也会影响学习体验与学习效果。
- **处理过程**：任何学习活动或项目都要经过若干阶段，有特定的处理过程。衡量并评估这些过程的效率与效果、相互关系及其组合，会直接促进学习效果的改善。
- **人员**：构成学习系统的实体（或利益相关者）包括学习者及其身边的领导与同事、培训管理者与讲师等人员，他们的知识、技能与态度不仅是影响学习过程及效果的重要因素，其变化量也是学习的结果。
- **输出**：在"组织成员"经过特定"处理过程"对各种"输入"进行了相应的处理之后，必然会有一定"输出"，包括个人获得的知识或技能、态度的改变、团队协作与工作质量的改善等。这是学习活动或项目的直接结果。
- **反馈**：由于组织是一个动态性复杂系统，任何干预措施的"输出"都会有一系列微妙而复杂的后续影响。例如，个人的知识或技能提升、态度的转变，团队工作流程与协作质量的改善，都会使业务绩效得到改善，如收入增加、成本下降、效率提升等，而这会进一步使"输入"得到改变，形成反馈机制。这是动态性复杂系统的重要特性，不仅有助于促使系统达成预设的目标、保持动态稳定性，而且有助于实现持续改善与演化。因此，对直接产出的后续影响以及反馈机制的评估，也是学习评估不可或缺的组成部分。

- **边界**：任何系统都有一定的边界，将组织情境与其周围世界（外部环境）区隔开来。同时，任何组织都与其周围世界存在各种各样的联系与互动，因而，几乎所有的边界都是人为划定的。从这种意义上讲，通过评估组织的边界设定是否适当，对边界及其与外部的互动做出相应的调整，也可以改善组织的学习效果。

参考这一模型，可以设计出不同层面上学习活动或项目的评估体系，对学习效果进行评估与改善。在我看来，无论是 CIPP 模型、CIRO 模型，还是考夫曼五级评估模型，都在一定程度上符合上述框架。

3. 对学习型组织的总体评估

上面我们探讨了六种学习评估模型，在我看来，它们主要适用于对学习活动或项目的评估。这些活动或项目可能是试点团队发起的，也可能是在整个组织层面上，为了推动学习型组织建设而策划、设计、实施的。对于这些活动或项目的评估，要考虑它们对个人、团队和／或组织的影响。但是，对于整个组织层面建设学习型组织的总体评估，还需要有更高的站位以及更广阔的视角。

对此，一方面，可以参考本书第 4 章中所述的三种系统化的学习型组织模型；另一方面，也可以根据本书第 2 章中所述的组织学习的三个视角，从整个组织层面对组织能力、知识运作、变革及创新进行评估。这些都可以作为评估参考的框架。

（1）"五项修炼"体系

在彼得·圣吉看来，恰当地进行测量和评估是学习型组织建设过程中的一个必备环节。虽然每一个团队和组织都是独一无二的，但是要想有效地指明方向、衡量进展、激发信心、扩大同盟，团队或组织应该通过深度会谈，利用集体的智慧，设计出适合自己的评估体系以及"绩效仪表盘"。㊀

在《变革之舞》一书中，乔治·洛斯指出，学习活动具有内在性、主观性和缄默性，对它的价值进行判断是一项全新的挑战。传统的评估方法类似一个"黑箱"，使用不当很容易产生误导性判断，甚至破坏学习活动以及建设学习型组织的举措。为此，他提出了一种三阶段的评估方法（见表9-3）。

表9-3 一种评估学习绩效的方法

	输入 需评估的行为	学习活动的输出 目标及管理重点	绩效 评估指标及结果
第一阶段	学习过程：新的举措	技能培养	技能测试：调查、非正式评估显示"我们具备了新的技能"
第二阶段	阶段性变化（试点团队的活动）	阶段性效果：试点团队的有效性	行为特征（"人们的表现不同了"）
第三阶段	决策的扩散与延展	对业务和组织整体的影响	显著的结果：收入与利润等

资料来源：本表编译自 Senge et al, The Dance of Change: The Challnges of Sustaining Momentum in Learning Organizations [M]. NY: Currency, 1999. 略有修改。

第一阶段关注新的学习活动及其直接效果——技能提升。人们可能说"我已经学到了新的知识"或"我想到了一种新的做法"，这就是一些直接的信号。常用方法包括问卷调查、主观评价等。

在第二阶段，人们需要关注新知识与新技能的应用，尤其是实施一些改善的变革试点项目，例如开发新产品、重新设计业务流程、以新方法完成营销活动等。这时，评估的重点是根据试点

㊀ 圣吉，等. 变革之舞：学习型组织持续发展面临的挑战 [M]. 王秋海，等译. 北京：东方出版社，2001.

团队的行为特征来判断其有效性,例如人们的行为发生了变化,或者团队的氛围改变了,人们的思维更具创造性,等等。

在第三阶段,需要关注团队改善在组织内的扩散与延展,以及对业务和组织整体的影响。常见的评估指标是收入、成本、利润、人均产值以及市场占有率等。

大致而言,第一阶段至第三阶段的侧重点分别是学习活动、项目以及组织整体,涉及个体、团队和组织三个层次,也包括学习过程的三个阶段,是一个立体的评估行动框架,可供参考。

(2)组织学习系统模型

如第4章所述,马奎特在《创建学习型组织5要素》一书中提出了"组织学习系统模型",并基于5个子系统的若干特征而开发出了一个"学习型组织测评表",感兴趣的读者可自行参阅。

该测评表共5大项,每项中有10个小项,每小项最高得分为4分,故最高分为200分。得分越高,说明该组织作为学习型组织的特征越明显。

当然,由于各项的得分源自被调查者个人的主观评价,而每个人获得的信息都有局限或存在偏差,并且每个人心目中的标准也参差不齐,所以测评并不客观、准确。

为了获得更为客观的评价,可以结合多种调研方式,比如现场观察、人员访谈、焦点小组座谈、抽样问卷调查等,进行综合的评估与判断。

(3)"组织学习鱼"模式

为了准确地了解企业各项组织学习机制的活跃水平,基于"组织学习鱼"模式,我设计了一种系统化的学习型组织评估体系,分别从组织学习机制和组织学习促进与保障机制两个方面,各自选取了五个维度，对组织学习机制活跃度和组织学习促进与保障机制的质量进行诊断分析（见表9-4和表9-5）。前者可以从"员工素质与能力""内部协作""创新""培训与发展"以及"知识管理"五个维度，测量组织学习机制的健全与活跃程度；后者可以从"愿景、战略与价值观""组织与领导""制度与规范""文化与氛围"以及"基础设施"五个维度，测量组织社会场的质量，评估创建学习型组织的适宜程度。

表9-4 组织学习能力评估

维度	说明	题目举例
员工素质与能力	组织的基本细胞是员工个体，组织学习离不开个体的学习与发展，因此，员工的素质与能力是学习型组织的重要评估指标	● 我的岗位职责有明确的书面说明 ● 我非常清楚当前岗位的技能要求
内部协作	组织学习不同于个人学习，也不是个体学习的简单累加，团队学习才是学习型组织的核心"修炼"之一，而团队学习的关键是提高内部协作的质量	● 我能积极主动地关注并快速响应同事的需求 ● 我对本单位各部门的配合很满意
创新	创新的基础是学习，创新也是组织学习的核心过程之一，是破除旧有"心智模式"、实现有效协同与知识管理的表现，因而是学习型组织不可或缺的一环	● 我所在单位各级领导者非常强调工作中的创新，并能落实到实际行动中 ● 我所在单位，对于一项工作，大家都愿意经常尝试不同的方式，不固守旧有的模式
培训与发展	培训与发展是组织学习最常见的机制与要素之一，也是创建学习型组织常见的切入点。是否具备良好的培训体系、能否促进员工和团队发展，是学习型组织的重要标志之一	● 我所在单位建立了覆盖全面、切合员工发展和业务需要的培训与发展体系 ● 我所在单位有明确的年度培训目标与工作计划
知识管理	组织学习与知识管理是紧密相连、密不可分的两个过程，知识分享与创新是组织学习的核心过程，也是学习型组织的标志之一	● 我所在单位员工的知识与技能结构搭配很合理 ● 我所在单位能对核心知识资产进行有效规划与管理

表 9-5　组织学习促进与保障机制评估

维　度	说　明	题目举例
愿景、战略与价值观	愿景是组织成员真心渴望实现的未来景象，是引领组织发展的指南针。很多学者相信，共同愿景是学习型组织的基本要素之一。但愿景不是孤立的、写在纸面上的标语，它必须被全体员工认同，并展开成为组织发展的战略和目标。与此同时，真正的共同愿景与战略协同源自共同的价值观	● 我非常清楚集团公司的发展愿景和战略目标 ● 我认同集团公司/单位的愿景和战略目标
组织与领导	组织系统是影响组织学习最重要的因素之一，其中包括组织结构与领导风格。与此同时，领导也是创建学习型组织的核心角色之一，其能力、态度、意愿与组织学习直接相关	● 我所在单位各级领导者高度重视学习的重要性，注重员工的培训与发展 ● 我所在单位领导能有效指导下属的工作与成长
制度与规范	对于现代企业而言，良好的制度与规范是企业有效运作的保障体系之一，也是人与人之间、团队与团队之间协同的基本规则与"协议"，因而是学习型组织的重要促进与保障因素	● 我所在单位的规章制度能对员工的行为起到有效的规范作用 ● 在我所在单位，工作中领导与下属的分工、权利与义务约定很明确
文化与氛围	很多学者都认为企业文化是学习型组织的重要促进与保障因素，它对于组织学习具有直接的影响，也是创建学习型组织的重要构成元素	● 我所在单位已经形成了爱学习的风气 ● 我所在单位内部能平等交流与沟通
基础设施	毫无疑问，基础设施是学习型组织的重要促进与保障因素，也是创建学习型组织的重要"行动领域"。组织要为员工提供充分的学习空间、时间和条件	● 我所在单位有良好的学习场地和设施 ● 我所在单位每位员工每年都有充足的学习时间

学术研究和咨询实践、实际应用情况表明，本评估体系具有良好的信度和效度。

当然，在对某一家企业进行学习型组织建设评估时，需要基于上述框架，结合企业的实际情况，进行适当裁减或定制。

（4）组织能力评估

如第 2 章所述，组织学习作为一个系统，可以从三个不同的视角对其进行解构。其中，从社会互动的视角来看，促进组织能力提升以更快更好地实现组织的预期目标，是学习型组织建设的重要策略与实施路径之一。因此，可以从组织能力的角度，对学习型组织建设的总体部署进行评估。

在组织研究领域，有很多组织能力评估模型，包括但不限于：

- 麦肯锡"7S 模型"。
- 基于美国波多里奇国家质量奖评选标准的"卓越绩效模型"（Performance Excellence Model，PEM）。
- IBM 公司倡导的"业务领先模型"（Business Leadership Model）。
- 吉尔布雷斯的"五星模型"（Star Model）。
- 马文·韦斯伯德（Marvin Weisbord）的"六盒模型"（Six-Box Model）。
- 迈克尔·塔什曼等人提出的"纳德勒&塔什曼一致性模型"（The Nadler-Tushman Congruence Model）。
- 大卫·汉纳的"组织系统模型"（Organization Systems Model，OSM）。

感兴趣的朋友可以找一下相关的资料深入钻研。

（5）知识审计与知识管理评估

如第 2 章所述，信息与知识是组织学习系统的三个视角之一，它和组织能力视角也是紧密相关的。因此，从信息与知识视角来评估学习型组织建设的进展与成效，也是有价值的。

事实上，知识审计（knowledge audit）与知识管理评估（knowledge

management evaluation）不仅是实施知识管理、制定知识战略的前置动作，而且是知识管理体系不可或缺的一个环节。前者侧重于对组织知识的盘点与分析，包括现有知识的存在状态、流转状况、业务与人员所需的知识、知识缺口或需求及其紧迫性等；后者侧重于对于组织知识管理有效性的评估，包括知识管理的战略、治理、流程、制度、技术等。

与组织能力评估有很多模型一样，知识审计与知识管理评估也有很多研究与实践，包括但不限于：

- 野中郁次郎和竹内弘高提出的SECI模型和知识螺旋（Nonaka & Takeuchi，1995）。
- 美国生产力与质量中心（APQC）开发的知识管理评估工具及成熟度评估模型（Hubert & Lemons，2000）。
- 西门子公司的知识管理成熟度模型（KMMM）（Ehms and Langen，2002）。
- Infosys公司的知识管理成熟度模型（Kochikar，2000）。
- 毕马威咨询公司提出的"知识旅程"框架（KPMG，2000）。
- 知识过程质量模型（KPQM）(Paulzen & Perc，2002）。
- 十步知识管理路线图（Tiwana，2002）。
- 知识管理能力评估模型（Kulkarni & Freeze，2004）。
- Wisdom Source（2004）开发的知识管理成熟度模型（K3M）。
- 由Teleos公司联合KNOW网络共同发起的最受尊敬的知识型组织（Most Admired Knowledge Enterprise，MAKE）评选标准。
- K.K. Kuriakose等人（2011）提出的新知识管理成熟度模型。
- 知识炼金术（邱昭良，2019）。

(6) 组织变革评估

最后，除了社会互动、信息与知识视角以外，也可以从创新与适变的视角来研究、推动与评估学习型组织建设。事实上，组织变革作为一个既古老又年轻的研究与实践领域，相关文献汗牛充栋、不胜枚举。

部分组织变革模型包括但不限于：

- 库尔特·勒温（Kurt Lewin）的三阶段变革模型。
- 约翰·科特（John Kotter）的变革八步法模型。
- 库伯勒–罗斯（Kübler-Ross）变革曲线。
- 波士顿咨询集团变革管理曲线（Duck，2001）。
- Prosci 公司开发的 ADKAR 变革管理模型。
- 彼得·圣吉等倡导的"变革之舞"。
- 约瑟夫·坎贝尔（Joseph Campbell）的"英雄之旅"。

(7) 组织创新评估

从本质上看，创新与变革是紧密相连的。近年来，由于组织内外部环境日益频繁且剧烈地变化，组织创新的重要性与迫切性与日俱增。相应地，对创新的研究与实践，也如雨后春笋般涌现出来。

组织创新的模型包括但不限于：

- 罗杰斯的创新扩散曲线（Rogers，1962）。
- 爱迪思（Ichak Adizes）的企业生命周期理论。
- 设计思维（Design Thinking）与 IDEO 创新方法论。
- P&G 公司的开放创新模式。
- 敏捷创新（Lean Innovation）模式。

- 持续改善（Kaizen & Continuous Improvement）方法论。
- 波士顿咨询集团的最具创新力公司框架（BCG，2020）。
- 系统创新八步法（邱昭良，2020）。

在企业对学习型组织建设进行评估时，可根据侧重点与实施战略，有选择地参考上述不同维度的某些模型或框架进行细化或组合，以便使评估体系更加具有针对性。

需要留意的是，任何一种评估模型都有其优势，也有局限或不足。在实际使用时，应明确其适用范围，根据自己的实际需求，有选择地使用，或者将不同模型组合起来。如有能力，也可在学习、借鉴的基础上，设计出适合自身的评估模型。

有效评估的"三阶九步法"

虽然在企业实践中有必要进行评估，但从上一节的论述中大家可能已经感觉到了，要进行有效评估，的确非常困难。就像圣吉所说，对创新行为的成功测量非常复杂，难以把握，因此它成为深层次变革能否持续进行的决定因素。为此，圣吉将其列为创建学习型组织的十大挑战之一。

那么，为什么评估这么难？应该如何进行评估呢？

1. 为什么评估这么困难

在我看来，评估之所以困难，原因主要包括以下两个方面。

（1）评估对象

从本质上讲，学习型组织是一个动态性复杂系统，每个举措都可能对各个方面产生微妙、不确定、错综复杂、力度不一的影响,而且存在很多难以觉察与测量的时间延迟。同时,每个组织都是独一无二的,不能简单地认为,在某个地方管用的政策或做法,到了另一个地方就一定能起作用。所以,评估也要因组织而异。评估对象自身的上述状况导致评估是一件非常困难的事。

(2)评估本身

与此同时,评估本身也因为如下几方面因素而导致困难重重。

首先,人们的期望或标准往往是模糊的,而且存在差异。举例来说,一些人期待短时间内就见到突破性效果,这显然是不太合理的。一些短期内见效的措施有时有可能伤及长远的发展。类似地,一些根本性措施,通常需要较长的时间才能见到效果。

其次,推动学习型组织建设,需要采用很多新的举措或行动模式,而这需要组织采用新的评估方式,因为对新的行为或举措,套用传统的测量方法和标准,本身就是不合理的,甚至会成为学习型组织建设过程中的一种阻力。就像圣吉等所说,重要的新举措是与传统测量标准背后的思路相冲突的。但是,在组织中居于主流地位的测量方式、评估标准往往根深蒂固甚至隐而不显,成为一种"天经地义"的"信念",不容撼动。

还有,人们对事实的观察有偏差。每个人的站位、视角、动机、意图存在差异,知识、经验与能力也参差不齐,即使对于一个简单事物,每个人的认识都可能不同,就像苏轼在《题西林壁》一诗中所说,"横看成岭侧成峰,远近高低各不同";对于复杂系统更是众说纷纭,经常出现"盲人摸象"的现象或者陷入"罗生门"的困境之中。

此外,大量研究显示,人们在观察、解读、决策以及行动过程中,存在大量的"心智误区",如选择性观察、聚光灯效应、自证倾向、过度简化、自以为是、高估自己、过度自信等，这也会导致评估的错位或扭曲。

2. 评估的行动框架："三阶九步法"

由于我们无法改变评估对象本身难以评估的特性，个人的因素也很难在短期内有明显改善，因此，为了做好评估，最重要的就是确保程序上到位。也就是，设计完备、科学、合理的评估流程，设置相关的制衡、稽核、确认机制，平衡好质量与效率。

参考我在《复盘+：把经验转化为能力》一书中提出的做好复盘的"三阶九步法"框架，以及在《知识炼金术：知识萃取和运营的艺术与实务》一书中提出的PDA框架，在我看来，要做好组织学习评估，也需要采用类似框架，把组织学习评估分为三个阶段，形成一个步步为营、快速迭代的闭环过程，我将其称为组织学习评估的"三阶九步法"（见表9-6）。

表9-6 组织学习评估的"三阶九步法"

阶段	精心准备	周密实施	立体应用
主要工作	• 明确目标，选择评估的策略与方法，制订评估计划 • 获得管理层支持 • 优化方案并确认，进行评估前的准备	• 收集信息 • 初步分析，及时补充调研 • 资料分析，形成结论，撰写报告	• 就评估结果进行沟通，达成共识 • 推动改进 • 后续计划

（1）第一阶段：精心准备

就像《礼记·中庸》所说："凡事预则立，不预则废。"做任何事情，事前都要进行周密的准备，这样可以提高成功的概率，否则很容易失败。对于组织学习评估这样一个复杂的系统工程，事前的精心准备至关重要。

基于我的经验，这一阶段的主要工作包括以下三项。

1）明确目标，选择评估的策略与方法，制订评估计划。

按照学习型组织建设规划（参见第4章）中确定的节奏，定期启动学习型组织建设的评估工作，也可以根据需要，不定期进行评估。

对于每一次评估，都应明确具体的目标。同时，根据目标，选择相应的评估策略与方法，包括评估体系、定性或定量的等级标准、数据收集与质量控制方法、分析方法与程序等。

对于评估的策略，可以从评估对象的范围（是小范围，还是组织整体）和评估的主题（是针对学习活动或项目，还是某项职能，抑或是整体视角）两个维度，分为六种类型（见表9-7）。

表9-7 学习评估的六种类型

维度	活动或项目	单项职能	整体视角
单个团队或部门	学习活动评估	小范围专项评估	试点单位评估
组织整体	学习项目评估	组织专项评估	学习型组织整体评估

第一，学习活动评估。对于重点学习活动或项目，评估范围比较明确，涉及的实体不多，可以选择上文提到的学习活动或项目评估的常用方法，由内部学习发展专家主导实施。

第二，小范围专项评估。有时候，对于某个单位或团队来说，从某个视角或某项职能入手建设学习型组织可能更有价值，为此，可对试点单位进行专项评估，涉及知识管理、创新、组织变革以及组织能力。对此，可以选择上文提到的各种专项评估模型，由试点单位主导，由公司内部或外部组织发展、知识管理或创新方面的专家辅助，联合研究、设计并实施。

第三，试点单位评估。虽然单个团队或部门范围明确，但正如俗话所说："麻雀虽小，五脏俱全"，对试点单位总体评估的复杂度还是很高的。因此，对于此类评估，建议由公司或集团层面总体负责学习型组织建设推进的部门（或小组）牵头，成立由各部门主要领导和骨干参加的评估小组，在外部专家的指导下进行总体研判，提出初步评估方案，之后由外部机构或内部第三方主导，各个试点单位配合，内外结合，推进评估。

第四，学习项目评估。在组织整体层面上，对一些重点学习项目进行评估，可由责任部门牵头，组织公司内部学习发展专家（有时可联合或聘请外部专家），参考本书上文提到的学习项目评估模型，拟订评估方案，并推动实施评估。

第五，组织专项评估。在建设学习型组织的规划中，如果明确了思路，是从某个视角推进，可定期组织专项评估。实施策略与试点单位的小范围专项评估类似。

第六，学习型组织整体评估。对于学习型组织的整体评估，涉及范围广、视角综合、复杂度高，需由最高领导牵头，组织内外部专家共同研讨、拟订评估方案，由外部机构或内部独立的第三方主导进行评估。

在评估总体策略拟定之后，要制订更为详细的行动计划，形成初步评估方案。

2）获得管理层支持。

即便是对单个团队的学习活动进行评估，如果涉及领导层或者对业务、管理有重要影响，也需要有所在团队领导或管理层的支持，更不要说涉及组织整体的评估了，更是离不开高层管理团队的支持。因此，在拟订初步评估方案之后，如有可能，应尽快与评估单位的管理层交流，清楚他们的诉求和意见，以便就评估

第 9 章 定期评估与复盘，实现持续改善

的目标和方案达成一致，并就所需的资源支持、关键行动举措获得他们的认同和首肯。

3）优化方案并确认，进行评估前的准备。

与管理层会晤后，应根据会议研讨达成的共识，确认或进一步调整、优化评估方案，实现第一次迭代。如有必要，可再次举办会议或向管理层提交正式文件，征得领导的口头或书面认可。

同时，根据确定的评估方案，协调并推动各参与方做好相应的准备工作。其间，如有必要，可召开若干次小范围的会议，了解准备情况，并及时听取实施各方的意见。

（2）第二阶段：周密实施

在各方面准备妥当之后，可按计划启动正式评估工作。对于一些复杂的正式评估，有时候需要召开有一定仪式感的启动会，以告知各方或重申评估的目的，彰显领导团队的支持，明确各方的责任以及所需承担的工作，通报工作进展与计划。

在这一阶段，主要工作包括但不限于以下三项。

1）收集信息。

评估虽然是一个主观的过程，但离不开客观事实、数据等信息。为了尽可能精准地做出评估，需要通过有效的机制，高质量地收集所需的信息。一般地，在评估方案中，应该已经确定了所需收集的信息以及收集方法、质量控制程序等事项。

大致而言，信息收集方法包括问卷调查、资料或档案查阅、数据与报表分析、现场观察、一对一的人员访谈、焦点小组访谈、外部用户或合作伙伴走访等。

对于收集到的重要数据或观点，要进行复核；对于关键事实，

要进行核验。如有可能，要追问观点背后的支持性证据，发掘被访谈者内心深处的标准、期望以及根深蒂固的信念、假设、成见与规则。

需要说明的是，因为我们每个人的观察与解读、决策与行为都存在大量偏差，所以，在信息收集阶段，最好不要"一个人在战斗"，要发挥团队的力量，相互印证、质疑、切磋和探询。

2）初步分析，及时补充调研。

按照传统的线性工作模式，人们往往要等到所有信息收集工作都完成之后再进行分析。但是，这样做效率不高。按照"20/80原则"，也许你花了20%的时间就已经得到了80%的信息。为此，建议你采用敏捷开发的理念，将信息收集工作分成几个阶段，在第一阶段之后就马上进行初步分析，得出一些方向性结论，在评估工作小组范围内进行研讨，或者向管理层进行预汇报。如果大家判断方向大致正确，就可以进行深入调研；如果对一些观点有分歧，或者大家认为有哪些方面需要进一步研究，可以列出来进行后续补充调研。这样可以提高调研的效率和效果。

3）资料分析，形成结论，撰写报告。

在信息收集完成之后，评估小组就可以对其进行系统的分析，形成结论，并撰写评估报告。

在这一步，可能需要就具体结论和高层领导以及被评估单位的管理层提前进行坦诚的沟通，争取他们的认可，以达成共识。这不仅有利于评估工作的结项，也有利于后续行动的落地。

（3）第三阶段：立体应用

如上所述，评估不是目的，要想让评估工作产生实际效果，必须将评估结果充分应用、落实到位，以实现改善。

具体来说，本阶段主要工作包括但不限于以下三项。

1）就评估结果进行沟通，达成共识。

评估结果出来之后，不仅要将其反馈给被评估单位，也要汇报给公司高层。更重要的是，要将"评估结果到底意味着什么"向评估对象的核心管理层进行解读，并且就后续行动计划达成共识，以充分发挥评估的价值。

在征得管理层同意的基础上，可适当扩大沟通范围，以便让更多人了解学习型组织建设的进展，明确取得的成绩，认可学习型组织的价值，从而壮大联盟。

2）推动改进。

如果只是得出了评估结果并将其与相关人员进行了沟通，评估其实并没有结束，因为它并没有产生相应的效果。要想让评估真正产生价值，必须推动相关部门采取相应的改进措施。

一般来说，对于评估中发现的最佳实践、超出预期之处，可组织相关部门撰写案例，同时进行复盘，提炼出可复制推广的经验，形成标准操作规范。对于评估中发现的"短板"或不足，可以组织相关方进行集体研讨，明确原因，找出对策，制定改进措施，并执行到位。

3）后续计划。

如上所述，评估并不是一次性的活动或任务，而是学习和改进不可或缺的环节之一。为此，要评估"评估"工作的效果，总结经验教训，并拟定后续的改进措施，包括评估体系及其相应的标准、评估程序、组织管理等方面的改进。

如有必要，可为下一次评估工作进行准备。

需要说明的是，上述框架适用于正式评估。如果是简单的学习活动评估、具体学习项目评估，可适当简化。

学习型组织建设评估的关键成功要素

如上所述，评估并非易事，尤其是一些复杂的系统评估，更是困难。要想有效地进行评估，除了按照上述"三阶九步法"的行动框架，把每一步做到位之外，还要把握下列12项关键要素。

1. 端正动机

如上所述，评估的真正目的在于促使行动者从自身的实践中学习，并实现未来的改进。因此，各级管理者应该正确认识评估的价值，恰当地看待评估，并将其作为持续改善、做好工作的必备环节，重视评估工作，承担起自己应负的职责。无论是评估者，还是被评估者，都应如此。

2. 自我主导

既然评估是为了实现未来的改善，那么它就应该是每个管理者、每家企业、每个部门自己的事，没有必要向上级汇报，更不能用于考核。因此，如有可能，应尽量让试点团队在行动前自行讨论并设定评估标准。如果是上级或他人给出目标，一方面有可能因为信息不对称而造成目标出现偏差，或者陷入讨价还价、相互博弈的局面；另一方面也容易让负责执行的团队缺乏"拥有感"，从而影响学习型组织建设的进展。

此外，如果评估的结果与个人的切身利益挂钩，那么出于人性的本能，人们会倾向于在评估中得到较好的结果，这有可能出现造假、瞒报，导致评估失去其应有的价值。

3. 提前设定目标与评估体系

不管多么困难，都应该事先为学习活动设定明确的目的或目标。事实上，即使一开始目标设定得并不精准、全面或合理，也没有多大关系。有目标总好过没有目标，因为如果你有目标，就可以在复盘时，通过分析、反思，逐步优化目标；而如果你没有目标，也就没有比较和评价的基准，做得好坏全凭个人的感觉或模糊的预期，很难进行改进和优化。

同时，在设定目标时，也应一并明确具体的评估标准、测量方法与程序，并确保衡量指标与初衷、使命、宗旨、目的保持一致。如果有多个目标，应区分它们相互之间的层次与权重，把握关键。

此外，要平衡长期指标和短期指标，两者都必不可少。长期指标可以为人们指明趋势和方向，短期指标则为人们提供更为具体且明确的行动指引。这些都与后续的评估相关。

4. 不忘初心，保持灵活性和动态调整

心理学家丹尼尔·卡尼曼在《思考，快与慢》一书中指出，人类大脑在遇到复杂的问题时，往往会偷梁换柱，悄悄把难题替换成简单的问题。我们在衡量和评估学习的进展或成效时，也会如此，甚至我们对此习而不察。因此，在进行评估时，要不忘初心，并保持灵活性，进行动态调整，切忌刻舟求剑、一成不变，因为你不可能用静态的数据来解决一个动态的问题。

就像学习型组织建设是一个持续不断的过程，时时刻刻处于变化之中一样，学习型组织建设的诊断与评估也不是一次性的工

作，应该定期进行评估，以便动态调整创建学习型组织的策略重点和工作计划。

在一些大型企业集团，对下属单位或试点单位的评估，目标体系和参考数值不能"一刀切"，应允许各单位根据自己的实际情况，对其进行定制和适当调整。同时，一旦发现有偏差，要及时进行调整、优化。

5. 保持耐心

真正的深层次变革绝不可能一蹴而就，肯定需要付出巨大的耐心与精力，毫无疑问，这也需要时间。因此，设定目标时一定要注意到你的努力与展现出效果之间的"时间延迟"，保持耐心。要知道，越是重要、深刻、巨大、有价值的变革，所需的时间越长，可能遭遇到的阻力也越大。

6. 及时跟进，落实到位

只有将评估后得出的改进建议落到实处，实现了改进，才是评估真正起作用的表现。这就要求我们，在收集信息、分析、得出结论之后，要及时跟进，促进相关方采取必要的举措，以便"学以致用"。

与此同时，试点团队与组织也要恰当地利用评估这一方法，随着工作的进展实时地收集并分析数据，及时评估，快速改进，而不是没有准备，仓促地进行"事后算账"。

7. 符合人性

评估要符合人性需求，避免"上有政策，下有对策"或者玩"数字游戏"、操纵指标。如果人们会因为达到某个数字而得到奖励，或者因为达不到某个指标而受到惩罚，那么他们就有作弊、造假的动机。因此，如果你想设立某些指标，一定要认真思考这些指标有没有遭到滥用的可能性。如果有，应及时考虑优化或补救措施。

8. 确保真实，保持客观、公正

真实是评估的生命线。如果没有真实，无论程序多么完善，都是徒劳的。因此，首先，评估者要对自己诚实，不要有先入为主的成见，不要预设立场，一定要以开放的心态，以学习为导向，秉承客观、公开、公平、公正的态度，防止主观判断或掺杂个人好恶。其次，要创造机制与条件，让大家可以自由地发表意见。最后，要多维度收集数据，并对收集到的数据保持警惕，对于一些关键数据或事实，应采取适当机制进行验证或复核。

9. 依靠团队

由于人的本性中存在高估自己、自以为是以及诸多根深蒂固、难以觉察的思维偏差与心智模式误区，因此，不能仅凭个人主观判断来进行评估，要坚守健全有效的程序，依靠科学的方法。同时，要将评估和改善纳入团队的工作计划，使之成为集体任务，依靠团队而不是个人来完成。

就像前面所讲的那样，评估应是每个团队的分内之事，不要将其分派给某个人或某个部门，那样可能事与愿违。

10. 善于发现进步，及时庆祝每一次进展

许多人在评估时会过度关注差距或不足。但是，根据人类行为研究专家 B.J. 福格博士的看法，要想养成某项行为习惯，就需

要及时庆祝每一次进展，以增强人们变革的信心，激发继续行动的热情。对此，我认为，通过评估，让人们看到切实的进步，明确取得的成效，有时候是很有威力的，因为用具体数据与事实来证明自己的努力，是说服自己和他人的不二法门。

与此同时，通过发现亮点、总结提炼出行之有效的做法，搞清楚成功背后的底层逻辑与关键要素，也是从评估与复盘中学习的重要机制。

11. 宽容失败

只要是创新，就有失败或犯错误的可能。要让创新发生，必须有宽容失败的氛围与机制。如果不能容忍失败，一旦未达预期，就受到惩罚，那么就很难有真正有价值的创新发生。因此，组织要有合适的机制，对失败保持宽容。学习型组织建设如此，对于评估，也是如此。

12. 保持敬畏之心

从我的研究与实践经验来看，评估的确是一件难度很大的系统工程，存在很多不确定性，影响因素众多，而且每家企业各不相同，并且处于动态变化之中，因此，对评估要保持敬畏之心，严肃对待。

通过评估与复盘，实现八项改进

从本质上讲，学习型组织建设不是一个阶段性的项目，而是一个持续改善的过程。为此，必须通过评估，实现后续的一系列改进，才能让学习型组织建设真正成为一个持续不断的过程。

第 9 章　定期评估与复盘，实现持续改善

按照第 1 章所述的激活学习型组织的"四阶八步螺旋"，通过评估与复盘，可以实现下列八个方面的改进。

1. 进一步加强对学习型组织的理解，激发热情

就像南宋诗人陆游在《冬夜读书示子聿》中所说："纸上得来终觉浅，绝知此事要躬行。"的确，不管别人怎么说，想要真正了解什么是学习型组织、如何建设学习型组织，只有自己亲身去实践，并且在实践之后复盘，才能获得更为真切、更为深入的认知。这就是人们常说的"实践出真知"。

通过实践，借由评估这样的机会，人们可以深刻反思，从中获得新知，纠正对于学习型组织的错误认知，澄清认识，这有助于增进理解、推动学习型组织建设。

同时，通过评估，让人们以正式、严谨的程序确认了实践的进展、验证了效果，有利于提升组织成员对学习型组织价值的认可，增强他们对学习型组织建设的信心，激发他们前进的动力。

如上所述，随着学习型组织建设的推进，难度会增加，取得同等成果的时间也会变长。在这种情况下，一方面，要注意到时间延迟和变革难度的增加，调整预期，保持耐心，在设定目标时保持灵活性；另一方面，要更加注重及时庆祝每一次进展，保持热情。

2. 改善组织学习促进与保障机制

通过评估发现不足，并经由复盘，深入反思、分析，找出制约个人、团队和组织学习的障碍因素，有助于优化、改进组织学习促进与保障机制。这就像在土壤里种了一茬庄稼，收割之后，

通过分析、改进土壤质量，让土地更加肥沃，来年才能取得更大的丰收。

3. 优化学习型组织建设规划

在评估以后，通过分析实际结果与预期目标之间差异的成因，可以找出学习型组织建设整体规划中存在的"盲区"、薄弱环节以及有待改进之处，包括目的、目标、策略重点、推进路径、计划、分工等，它们都值得好好检视，并加以修改与优化，从而调整推进方式与节奏以及资源部署。

4. 总结试点经验，推动试点的深入，扩大试点的范围

在评估以后，发现实践中的亮点、取得的显著成效以及最佳实践，然后进行复盘，这有助于摸索出行之有效的做法，总结出试点的推进节奏与工作模式，有利于后续发展出更多的试点。同时，也有利于推动试点单位实践的深入，实现"双环学习"，从而推动深层次的变革。

5. 总结方法与工具使用的经验，形成标准操作规范

通过评估，可以发现最佳实践，并在此基础上总结提炼出方法与工具使用的心得和经验，撰写标准操作规范。

事实上，通过实践，试点单位或团队也提高了对于现有方法与工具使用的熟练度，清楚了个中滋味。如果在评估中，他们可以秉承学习精神，对方法与工具的使用进行反思，进一步提高方法与工具使用的有效性，并结合本企业的实际情况进行适当定制，甚至可以开发出适合自己需要的新方法和新工具。

6. 摸索总结适合自己的组织学习机制，推动整合应用

评估的目的在于学习，因而评估并不是简单地对照目标或标准的稽核，而是一个充满启发、探索和发现的过程。因此，通过评估，可以摸索、提炼出适合自己的组织学习机制，总结、固化以及优化学习型组织建设的推进机制，改进、提升整合应用的模式，以便更好地让学习型组织建设促进业务发展。

7. 发展并壮大联盟

科学严谨且系统的评估，不仅有利于维持试点单位的热情，也可以以无可辩驳的证据，让组织成员看到学习型组织建设的价值，增强试点单位的影响力，这有利于进一步发展并壮大学习、变革与创新联盟。

即使在评估中发现了问题，也千万不要隐瞒，而应坦诚地组织相关人员进行研讨。真实是评估的生命线，我相信，真实才是最有力量的。

8. 摸索形成、优化评估的方法与机制

最后，在对学习型组织建设进行阶段性复盘时，要留意评估体系的适用性，通过对评估的复盘，不断探索、形成并优化评估体系与方法，找到更有力的评估及其落地、改进的机制，让评估更好地为学习型组织建设服务，推动企业发展。

学习型组织建设：始终在路上

在童话故事《爱丽丝梦游仙境》中，爱丽丝进入了红皇后统

治的国度,在那个世界中,所有东西都在快速移动,你只有不停地奔跑,才能维持在原来的位置上。因此,人们用"红皇后效应"来形容这种"不进则退"的状况。我觉得,今天,我们每个人都真真切切地生活在"红皇后的国度"之中。

面对这样的挑战,唯有看准大趋势,拼命努力,不断提高自己的学习能力,方能快速创新、应变。

对于个人来说,就是要成为学习型个人;对于企业来说,就是要成为学习型组织。

这不仅是大势所趋,而且是势在必行。

不管你今天取得了什么样的成就,具备了哪些优势和能力,只要你不学习了,或者学习得慢了,就有可能落伍,甚至被淘汰。

两千多年前孔子曾讲过:"如垤而进,吾与之;如丘而止,吾已矣。"(《荀子·宥坐》)意思是说:你取得的成绩,哪怕只有像蚂蚁洞口的小土堆那样微小,但是只要你不断进取,我就给你点赞;你取得的成就,哪怕像高山一样大,但是假如你止步不前了,我也不赞许你。

这个道理,古今一也。

因此,学习型组织建设是一个持续不断的过程,不可有片刻停歇。就像彼得·圣吉所说:"学习型组织建设只有起点,没有终点。"

学习型组织建设,始终在路上。

第 9 章 定期评估与复盘，实现持续改善

思考与练习题

1. 你是如何看待评估的？评估的真正目的应该是什么？
2. 参照本章所述的"立体评估体系"框架，你所在组织中，推行过哪些评估活动，采用的是什么方法？
3. 从你所在组织的实际状况出发，你认为自己需要在哪些方面对组织学习状况进行评估？
4. 要做好评估，需要参照什么样的框架？对照本章所述的有效评估的"三阶九步法"，你所在组织的评估工作哪些地方做得好，哪些地方有待改进？
5. 要做好评估，需要把握哪些关键要素？对照本章所述的 12 项关键成功要素，在你所在组织中，哪些地方需要强化？
6. 通过评估与复盘，可以实现哪些方面的改进？如何形成持续的激活学习型组织的闭环体系？
7. 为什么说学习型组织建设始终在路上？对于你所在组织来说，应该怎么做？

APPENDIX A

附录 A

学习型组织学习资源

1. CKO 学习型组织网

网址：http://www.cko.com.cn

这是由邱昭良博士发起创立的中文学习型组织研究与实践社群，致力于推动学习型组织在中国的研究与实践，成立于 1998 年，有很多与学习型组织相关的学习资源。

读者也可关注微信公众号"CKO 学习型组织网"（ID：ChinaCKO），及时获取相关学习资源与活动信息。

2. 组织学习协会（Society for Organizational Learning）

网址：https://www.solonline.org

这是由彼得·圣吉发起成立的全球性组织学习实践联盟，其前身为美国麻省理工学院组织学习中心（MIT Center for Organizational Learning）。目前，该网站收录有一些组织学习、系统思考、领导力、教育等专题的学习资料以及《反思》(*Reflections*)杂志（已停刊）历年的论文。

3. infed.org

网址：https://infed.org

这是一个独立的非营利性组织，致力于探索教育、教育学、学习、社群建设和变革，网站上有一系列相关文章。该网站成立于1995年，由马克·史密斯（Mark K. Smith）编辑。

APPENDIX B

附录 B

学习型组织建设系列咨询与培训服务

一、精品培训

邱昭良博士及其创立的北京学而管理咨询有限公司专注于学习型组织的研究与实践,开发了数十门原创版权课程和知识产品,曾为数百家中外优秀企业提供学习型组织建设、知识管理、组织能力提升等方面的咨询与培训服务,可为企业建设与激活学习型组织"全程护航"。

部分课程简介如下。

1. 学习型组织精要

本课程以学习型组织和五项修炼精要为重点,紧密结合企业管理实际问题，采用互动参与、团队研讨、案例解析、工具演练、讲授引导等多种学习方式，不仅启迪新知、激发热情，而且统一管理语言、赋能团队、促进共识、明确策略与方向。

学习目标：

- 让企业中高层管理者明确自己在学习型组织建设中的角色与职责。
- 理解学习型组织与"五项修炼"的精髓，明确建设学习型组织的总体策略。
- 通过演练，掌握提升组织效能、建设学习型团队的常用方法与工具。
- 分享学习型组织建设的最佳实践经验，探索企业或团队实际问题、关键任务的应对思路，提升建设学习型组织的整合应用能力。

目标人群：企业领导、业务部门中高层管理者。

时间：2～3天。

2. 复盘：把经验转化为能力

复盘是个人能力养成和提升的基本途径，也是管理者"带队伍"的重要方法，有利于提升团队协同作战能力，促进知识共享，同时可以总结、提炼最佳实践经验，发现改进与创新的机会点，优化、提升组织能力和运作规范。本课程通过讲授、研讨、互动实操等方式，让学习者理解复盘的精髓，掌握复盘的流程与常用方法，并明确团队复盘的操作"手法"。

学习目标：

- 让学习者深入全面地理解"复盘"的意义与学习机理。

- 通过实际项目复盘演练和点评、辅导，让学习者掌握团队复盘的具体操作流程与常用方法，从而达到学以致用。
- 通过案例分析与实战研讨，让学习者理解"复盘"的关键成功因素及"内功心法"，明确复盘的应用场景和组织内推广复盘的关键要素。

目标人群：企业中层以上管理者、后备干部、项目管理人员、专业技术人才、高潜员工等。

时间：2天。

3. 决策之美®：系统思考应用实务

作为彼得·圣吉所称的"第五项修炼"，系统思考是企业家处理复杂问题、制定睿智决策、推动持续成长、凝聚集体智慧的最新方法。与此同时，系统思考也是管理团队的"共同语言"，有助于培养团队整体思考的能力，克服本位主义和局限思考，提升经营决策品质，有效解决复杂问题。在学习型组织建设过程中，系统思考是必备的核心技能。

本课程以互动游戏、动手练习、团队交流为主要形式，辅之以讲授、点评、辅导，形式活泼新颖。课程中采用的案例均为企业管理中的常见问题，通过系统思考，分析深入到位，具有很强的实用性。

学习目标：

- 理解系统思考的精髓与基本原理。
- 通过实际问题分析以及案例研讨，掌握系统思考的方法与工具。
- 能够运用系统思考的原理与方法，解决动态性复杂问题。

目标人群：企业家、企业中高层管理者、业务骨干。

时间：2天。

4. 自我超越与共同愿景工作坊

共同愿景是引导企业迈向基业长青、激发组织成员热情与智慧、活出生命意义的"修炼"，也是创建学习型组织的关键要素。在建设学习型组织的过程中，真正的共同愿景必须通过一系列深入的集体对话来塑造，而这需要组织成员发自内心的热情与热爱。

本课程以互动讨论、动手练习、团队交流为主要形式，辅之以讲授、点评、辅导，形式活泼新颖。

学习目标：

- 学习掌握实现自我超越与推进共同愿景的基本原理与方法。
- 练习如何厘清个人的目标与价值观，为个人发展指明方向。
- 练习如何通过深度会谈、塑造共同愿景，为组织和团队的发展导航。

目标人群：企业家、企业中高层管理者。

时间：2天。

5. 改善心智模式与创新思维

面对外部环境的快速变化和汹涌的创新大潮，我们迫切需要摆脱"思维定式"与根深蒂固的"心智模式"的束缚，激发员工创造力，提升团队协同力，从"习惯的囚徒"走向"全新的自我"！

然而，心智模式躲在思维的背后隐而不见，要想改善心智模式，必须学会"把镜子转向自己"，使内心深处隐藏的假设、规则、成见、逻辑、偏好等浮现出来，并用新的方式加以检视和改善。这是一个微妙的过程，一旦掌握，威力巨大！

本课程基于国际上最具创新力的公司的最佳实践，整合了大量实用而有效的方法与工具，以互动游戏、动手练习、团队交流为主要形式，辅之以讲授、点评、辅导，形式活泼新颖。

学习目标：

- 学习掌握高效学习的核心要素——心智模式与创新。
- 学习掌握心智模式与创新思维的原理与法则。
- 练习如何改善个人的心智模式，提高学习力。
- 练习如何进行创新思维，提高创造力。

目标人群：企业家、企业中高层管理者、业务骨干、高潜员工。

时间：2天。

6. 系统创新八步法®

本课程包含"校准认知""方法赋能""体系支撑"三大模块八个步骤，让学习者厘清企业的创新方向，明确创新战略；通过实战演练，掌握创新的必备技能；还能让大家从系统视角，在组织或部门内部培养创新沃土，实现对创新的管理与呵护，通过系统化创新，使企业成为创新型企业。

本课程有四大特点：有体系（逻辑框架清晰严谨，易于应用），有方法（强调实战，课上边学边练），有产出（课上就可以产出公司或部门的创新战略，并就一个创新主题，实地产出创新方案和初步原型），有实效（课上产出的方案能够在课后付诸实践，学以致用）。

学习目标：

- 正确地认识创新的内涵与精髓。
- 梳理自己所在部门或业务的创新方向，明确创新战略。
- 通过实际演练，理解创新的流程，掌握必备的方法与工具。
- 明确在自己所在部门或组织中激发创新的关键成功要素，形成后续行动方案。

目标人群：企业家、企业中高层管理者、创新教练。
时间：2天。

7. 团队学习实验室

团队学习，作为"组织学习大师"彼得·圣吉所称的"第五项修炼"之一，是实现个人事业成功、改善组织人际关系的基础，是将个人智慧凝聚成集体智慧、锻造高绩效团队的核心过程，也是创建学习型组织的关键要素。

本课程基于"五项修炼"架构，整合了全球学习型组织实践社群的最佳实践以及常用的方法与工具，结合中国企业的实际状况，通过分享、体验、研讨等方式，让学习者明确影响团队效能的关键要素，掌握团队学习的核心技能，有利于学以致用，提升团队协同作战效能。

学习目标：

- 掌握团队学习的基本原理与精髓、行动框架。
- 增进相互了解，促进团队成员的合理搭配。
- 练习如何进行深度汇谈。
- 掌握团队决策的方法与机制。

- 运用团队学习的方法，研讨并解决团队的实际问题，提高团队协同效能。

目标人群：企业家、企业中高层管理者、业务骨干。

时间：2～3天。

8. 战略之美®：情景规划——决胜未来的战略对话艺术

作为一种新的战略规划方法，情景规划法不仅可以通过深度会谈凝聚集体的智慧，也是展望未来的团队学习演练场，有助于各级业务领导改变心智模式、应对未来不确定性的挑战。它是深化学习型组织创建、推动组织变革与组织发展的"整合应用"模式之一。

本课程在吸收借鉴国内外优秀企业成功运用情景规划法的实践经验的基础上，将其与企业战略管理、团队学习、系统思考等实用方法与工具相结合，方法论体系完备，流程清晰，可操作性极强。

学习目标：

- 理解情景规划法的精髓与核心过程。
- 通过对全球经典情景规划案例的分析以及所在行业的实操演练，学会情景规划方法的运作实操以及相关的方法与工具，掌握如何经由情景开发、测试与战略模拟，提高组织的战略制定的能力和应对不确定性挑战的能力。
- 提升业务高管团队深度对话的能力，促进心智模式的改善。

目标人群：企业家、企业中高层管理者、业务骨干。

时间：2～3天。

9. 知识炼金术®

不同于市面上仅面向内训师、以访谈和引导为主要技术的经验萃取类课程，本课程是面向各级管理者、业务专家以及内训师、培训经理、HR/OD，不仅通过全程演练为你打开"知识萃取工具箱"，让你掌握知识萃取"降龙十八掌"，而且以大量案例、实用的方法与工具，让你掌握系统化地进行知识运营的实操指南。

学习目标：

- 当前，各级管理者、业务专家和培训管理者主要的工作对象就是"知识"——通过本课程，可以深刻地理解知识的内涵与运营规律。
- 如果没有一个整体框架，就是"挂一漏万"或"一盘散沙"——通过本课程，可以掌握一个系统化的知识萃取与运营方法论。
- "工欲善其事，必先利其器"，本课程全程演练，帮你打开"知识萃取工具箱"——通过十余次练习，掌握十余种实用的方法与工具，包括 SCL 模型、快速任务分析、知识萃取选取决策树、结构化专家访谈、案例开发的 STAR-L 模型、知识集市、实践社群、内容策展……
- "他山之石，可以攻玉"——本课程涉及华为、万达、英国石油公司、世界银行等众多优秀企业和组织的最佳实践经验分享，可以了解知识运营的整体架构与最佳实践经验。

目标人群：各级管理者、业务专家、内训师、培训经理、HR/OD。

时间：2～3 天。

10. 欣赏式探询：启动积极变革的力量

欣赏式探询是积极心理学在企业组织发展、创新与变革领域的强有力应用，是基于优势的新变革范式。欣赏式探询通过发现组织变革的"正向议题"，看到自己和其他组织成员最珍视的"优势"，带着好奇心去探询，创造出组织成员共同渴望实现的未来景象，并以开放心态、创新精神，探索让"梦想成真"的行动路径，激发持续变革的内在动力。

本课程以"4D 模型"为框架，紧密结合组织战略与核心工作，通过实际研讨、演练，让学习者亲身体验、理解积极变革的力量，掌握以欣赏式探询激发组织变革的流程以及常用的方法与工具，提高引领和管理组织变革的能力。

学习目标：

- 体验和领悟积极变革的力量，理解欣赏式探询的精髓。
- 通过进行实际问题和战略议题的研讨，掌握欣赏式探询的"4D 模型"行动框架以及实用的方法与工具，提升引领和管理组织变革的技能。
- 通过集体深度会谈，增进相互了解，凝聚团队共识。

目标人群：企业家、企业中高层管理者、业务骨干。
时间：2～3 天。

11. 企业复盘引导师认证计划

12. 知识炼金术®（个人版）训练营

13. U 型领导力：深层次系统变革的历程

14. 对话之美®：团队深度会谈引导技巧进阶训练营

15. 组织学习教练养成计划

16. 系统思考解决复杂问题／设计成长引擎工作坊

17. 混合式学习项目设计与运营工作坊

18. 玩转微课：企业微课创新设计与快速开发

19. 企业大学建设与组织学习体系搭建

20. 化专家经验为组织能力：基于经验萃取的课程开发

21. 项目复盘／经营与战略复盘工作坊

二、学习型组织建设诊断、规划与测评

基于邱昭良博士及团队在组织学习领域20余年的研究与实践以及服务数百家中外优秀企业的经验，我们可以为企业提供学习型组织建设诊断、系统规划以及定期测评等咨询服务。

三、学习型组织建设工具箱

基于邱昭良博士及团队在组织学习领域20余年的研究与实践以及服务数百家中外优秀企业的经验，我们可以为企业提供定制学习型组织建设工具箱的咨询服务。通过调研诊断、确定策略及重点，精心选择、匹配适用的方法与工具（也包括整理、开发组织原创的方法），并通过培训和教练指导等手段，让企业"学得会""用起来"。

欲了解详情或洽询合作事宜，可通过以下方式与我们联系。

E-mail: info@cko.com.cn

网址：http://www.cko.com.cn

参考文献

[1] 邱昭良. 学习型组织新实践：持续创新的策略与方法 [M]. 北京：机械工业出版社，2010.

[2] 邱昭良. 学习型组织新思维：创建学习型组织的系统生态方法 [M]. 北京：机械工业出版社，2003.

[3] 邱昭良. 复盘+：把经验转化为能力 [M]. 3版. 北京：机械工业出版社，2018.

[4] 邱昭良，王谋. 知识炼金术：知识萃取和运营的艺术与实务 [M]. 北京：机械工业出版社，2019.

[5] 邱昭良. 知识炼金术：个人版 成为领域专家的系统方法 [M]. 北京：机械工业出版社，2022.

[6] 邱昭良. 如何系统思考 [M]. 2版. 北京：机械工业出版社，2021.

[7] 邱昭良. 系统思考实践篇 [M]. 北京：中国人民大学出版社，2009.

[8] 马奎特. 创建学习型组织5要素：原书第2版 [M]. 邱昭良，译. 北京：机械工业出版社，2003.

[9] 加尔文. 学习型组织行动纲领 [M]. 邱昭良，译. 北京：机械工业出版社，2004.

[10] 科里逊，帕塞尔. 英国石油公司组织学习最佳实践 [M]. 李准，译. 北京：机械工业出版社，2003.

[11] 圣吉. 第五项修炼：学习型组织的艺术与实践 [M]. 张成林，译. 北京：中信出版社，2009.

[12] 圣吉，克莱纳，罗伯茨，等. 第五项修炼·实践篇：创建学习型组织的战略和方法 [M]. 张兴，等译. 北京：中信出版社，2011.

［13］圣吉，等. 变革之舞：学习型组织持续发展面临的挑战［M］. 王秋海，等译. 北京：东方出版社，2001.

［14］德赫斯. 长寿公司：商业"竞争风暴"中的生存方式［M］. 王晓霞，刘昊，译. 北京：经济日报出版社，1998.

［15］舍伍德. 系统思考：学习型组织必备读本［M］. 邱昭良，刘昕，译. 北京：机械工业出版社，2004.

［16］野中郁次郎，竹内弘高. 创造知识的企业：日美企业持续创新的动力［M］. 李萌，高飞，译. 北京：知识产权出版社，2006.

［17］库珀里德，惠特尼. 欣赏式探询［M］. 邱昭良，译. 北京：中国人民大学出版社，2007.

［18］黑伊登. 情景规划［M］. 邱昭良，译. 北京：中国人民大学出版社，2007.

［19］夏莫. U型理论［M］. 邱昭良，等译. 北京：中国人民大学出版社，2011.

［20］梅多斯. 系统之美：决策者的系统思考［M］. 邱昭良，译. 杭州：浙江人民出版社，2012.

［21］宾汉姆，康纳. 新社会化学习：通过社交媒体促进组织转型［M］. 邱昭良，等译. 南京：江苏人民出版社，2014.

［22］高菲德森，墨瑟. 创新性绩效支持：整合学习与工作流程的策略与实践［M］. 邱昭良，周涛，等译. 南京：江苏人民出版社，2016.

后　　记

1995年，我第一次阅读《第五项修炼：学习型组织的艺术与实务》这本书，首次接触到"学习型组织"这一理念。如果把这算作我和"学习型组织"缘分的起点的话，那这份缘分已经持续了28年。

在这28年中，我以"学习型组织"为主题，攻读并取得了两个学位（硕士和博士），历经多个工作单位和岗位（联想、东方道迩、万达、时代光华、学而），出版了20多本著译作，服务过数百家中外优秀企业、数万名企业管理者和职场人士……因此，本书可以说是学习型组织这一领域的一名"老兵"的新著，就像新开坛的陈酿，希望你能从醇厚中品出新味道。

的确，抱定学习型组织这一主题走了20多年，我感慨万千。就像荀子所说："夫道者体常而尽变，一隅不足以举之。"（《荀子·解蔽》）如果把学习型组织视为我们追求和实践的"道"，那么，它有保持"常"的"体"，也有着难以穷尽的"变"，只是从一个角度或侧面是不可能了解其全貌的。因此，我们必须以系统的视角，既要把握保持恒常、不变的"体"，也要知晓它在各种状况下的"变"。

事实上，学习型组织在这几十年里的确经历了很多变化，但一些根本性的东西并没有变，历经实践的检验，反而更加清晰地浮现出来，恰如古诗所云："千淘万漉虽辛苦，吹尽狂沙始到金。"

从"变"的角度讲，学习型组织确实经历了很多变化：它曾经被尊为国家级荣誉，也曾经默默无闻；它曾经让一些企业蒸蒸日上，也无奈地看着英雄迟暮、主角更替、各领风骚三五年……

但是，"不变"的是，我始终相信它的价值，也明白了它是一个复杂的动态过程，没有任何一家企业可以号称自己一直是一个学习型组织，会永远处于不败之地。同时，就像大文豪托尔斯泰所说，幸福的家庭都是相似的，不幸的家庭各有各的不幸。尽管时代不同、行业各异，不同企业实践学习型组织的途径、策略、方法各不相同，但它们的底层逻辑、基本原理始终是相同的，因为从本质上看，它们都是一个个由人构成的动态变化的复杂系统，符合动态复杂性系统的特征，受这些系统底层规律的支配。

因此，本书以系统思考的方法，总结我20多年来对学习型组织的研究与实践经验，试图揭示激活学习型组织的底层逻辑，但你在实际应用时，千万别忘了你要面临无穷无尽的变化。

本书的出版首先要感谢机械工业出版社的编辑，多年来他们一直无条件地信任我、支持我，时时督促我。要是没有他们的大力协助，这本书很难如期出版。

其次，我要感谢我的硕士生导师、已故南开大学管理学系陈炳富教授，他引领我踏入学习型组织这一研究领域，让我找到了人生使命；感谢我的博士生导师、南开大学商学院李维安教授和已故全国人大常委会原副委员长成思危先生，以及我的博士论文审阅人彼得·圣吉博士，他们不仅在学术上给了我大量深入细致的指导，而且坚定地支持我在组织学习领域的研究与实践。

再次，感谢所有信任、支持我的客户，包括中国航天、中国

后　记

石化、中国建材、华为、正中、施耐德、美团、华润、招商银行等。感谢南开大学商学院院长白长虹教授，《培训》杂志联合创始人常亚红先生，《清华管理评论》执行主编、中国管理科学学会副会长、清华大学经管学院陈劲教授，正中集团董事长、总裁邓学勤先生，北京大学光华管理学院荣誉退休教授董小英老师，UMU创始人、董事长兼CEO李东朔先生，国务院发展研究中心公共管理与人力资源研究所副所长、研究员李兰女士，联想控股有限公司总裁李蓬先生，水滴公司创始人兼CEO沈鹏先生，拉卡拉集团、蓝色光标集团创始人孙陶然先生，CSTD中国人才发展平台创始人熊俊彬先生，金地（集团）股份有限公司副总裁兼任华东区域地产公司董事长、总经理阳侃先生，中国学习型组织先行者叶延红女士，新东方教育科技集团创始人俞敏洪先生，中国建材股份有限公司副总裁张金栋先生，以及上海明德学习型组织研究所所长、亚洲学习型组织联盟创始人、总干事张声雄先生，他们提前阅读了本书，并撰写了热情洋溢的推荐语。他们有的是我非常尊敬的学者、专家，有的是多年以来一直信赖我、支持我的客户、合作伙伴，以及优秀的企业家、挚友，他们的支持与鼓励，是我在组织学习领域持续耕耘、探索前行的动力。

此外，感谢正中集团副总经理朱玉梅女士、金地华东区域地产公司人力资源部张浩武先生、西南水泥有限公司原人力资源部孙卓新先生、云南西南水泥公司党委书记、董事长张子斌先生、南德集团人力资源部王卫杰先生的大力支持与协助。感谢我工作过的单位领导和同事，包括联想、万达、东方道迩、时代光华、捷库等。感谢北京学而管理咨询有限公司的崔玲老师，她不仅审阅了本书全文，提出了宝贵的意见，而且在工作上给予我鼎力支持。

最后，感谢我父母的养育之恩和家人的爱。

为了本书的出版，我准备了好几年时间，而本书的写作也花了两三年时间，尽管本人已经尽了最大努力，但限于个人水平，书中肯定还有疏漏，对此，本人愿负全部责任。如有任何意见或建议，也欢迎大家及时与我联系，共同推动学习型组织在中国的发展。

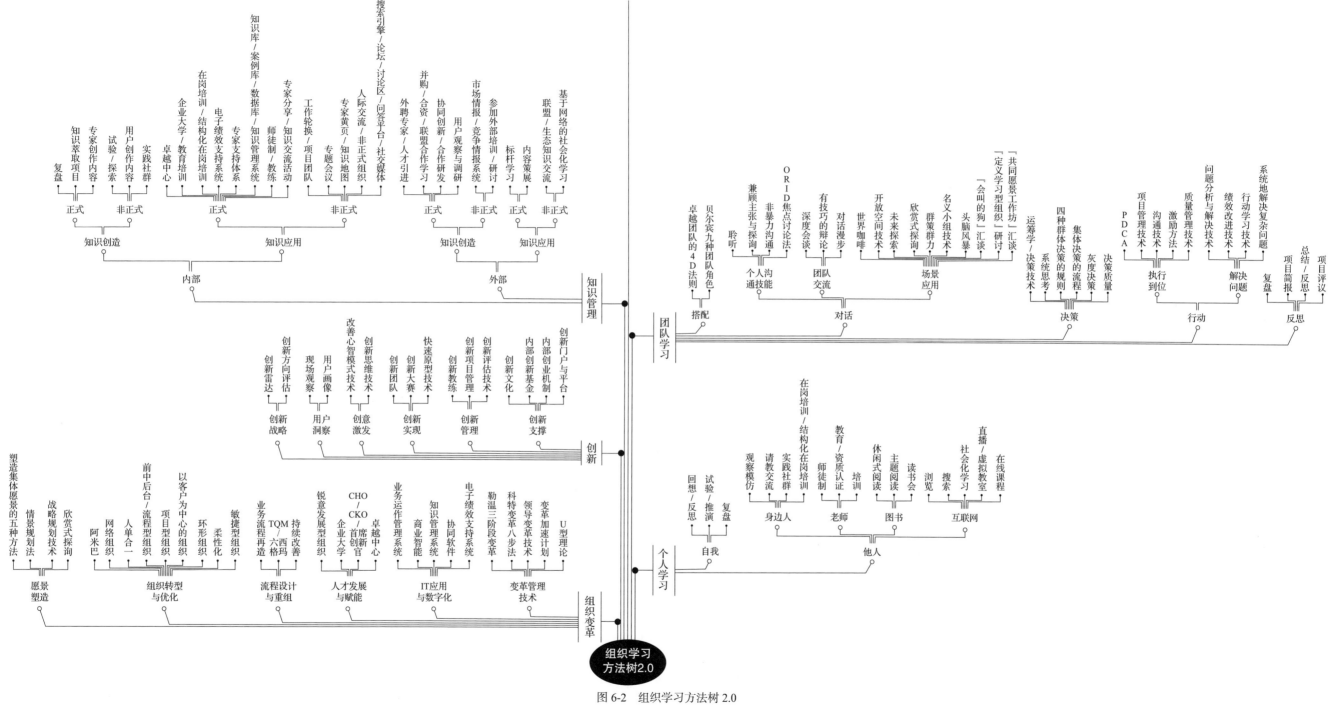

图 6-2 组织学习方法树 2.0

邱昭良博士版权所有,授权使用。未经允许,禁止复制或传播。